大学生健康教育

华 萍 吕 虎 主编

图书在版编目(CIP)数据

大学生健康教育/华萍,吕虎主编. —北京:北京大学出版社,2011.5
ISBN 978-7-301-18722-7

Ⅰ.①大… Ⅱ.①华…②吕… Ⅲ.①大学生-健康教育 Ⅳ.①G479

中国版本图书馆 CIP 数据核字(2011)第 055889 号

书　　　名：大学生健康教育
著作责任者：华　萍　吕　虎　主编
责　任　编　辑：黄　炜
封　面　设　计：林胜利
标　准　书　号：ISBN 978-7-301-18722-7/R·0031
出　版　发　行：北京大学出版社
地　　　址：北京市海淀区成府路 205 号　100871
网　　　址：http://www.pup.cn　电子信箱：zpup@pup.pku.edu.cn
电　　　话：邮购部 62752015　发行部 62750672　编辑部 62752038　出版部 62754962
印　刷　者：北京圣夫亚美印刷有限公司
经　销　者：新华书店
　　　　　787 毫米×980 毫米　16 开本　13.75 印张　249 千字
　　　　　2011 年 5 月第 1 版　2024 年 5 月第 6 次印刷
定　　　价：25.00 元

未经许可,不得以任何方式复制或抄袭本书之部分或全部内容。
版权所有,侵权必究
举报电话：(010)62752024　电子信箱：fd@pup.pku.edu.cn

《大学生健康教育》编委会名单

主　编：华　萍　吕　虎
编　委：（按姓氏笔画为序）
　　　　吕　虎　华　东　华　萍
　　　　余万霰　陈　红

内 容 提 要

  青年期是一个人由家庭走向社会、由青涩走向成熟的转型时期。在这一时期中，情感与社会的碰撞，身体机能的发展，常常会导致青年学生心理情感的冲突；事业、职业的选择，就业和生存的压力，容易聚集为强烈的挫败感，使青年学生形成心身不适；健康与保健知识的不足、疾病防治与急救知识的缺乏，常常使青年学生们遇到问题时束手无策。针对青年学生面临的这些问题，本书共设4篇，分别从生理与心理、饮食、疾病防治与保健、急救几个方面介绍相关的健康与保健知识。通过学习，使青年学生了解健康的概念和标准，了解青年人的生理与心理特征，了解饮食的科学性，懂得常见疾病的防治方法，使青年学生能镇定应对疾病，知晓突发状况的处理措施，从容处理紧急状况，在事业征途求索中，懂得有效地调节自我，良好地适应社会，做一个真正健康的人。

  本书可作为普通高等院校大学生、研究生的健康教育教材，大中专院校相关教师、学生工作者的参考书籍与师资培训教材，亦可作为青年学习了解健康保健知识的读物。

前　言

"健康不仅是身体没有疾病和免于虚弱,还要有完整的生理、心理状态和良好的社会适应能力。"对于大学生来说,维持健康、愉快的生活,身体健康是基础,心理健康是身体健康的支柱,二者相互联系,密不可分。大量的生活经验告诉我们,只有心理健康的人才能把握自己、适应环境,才能面向未来、积极进取、自强不息,显示出生命的价值。

随着社会的不断发展与进步,人们也日益重视自己的健康。1990年,国家颁布《学校卫生工作条例》,1993年,又颁布了《大学生健康教育基本要求(试行)》,国内各大高校都相继开设大学生健康教育课程,为大学生健康教育的开展奠定了很好的基础。时至今日,"大学生健康教育"几乎成为所有高校学生必修的一门课程。1994年,由孙宗鲁先生主持编写、北京大学出版社出版的《大学生健康教育教材》,由于具有很高的理论水平和实用价值,虽经近20次印刷而依然备受欢迎,为大学生健康教育做出了显著贡献。

随着医学科学的不断进步,健康的内涵也不断地拓宽。为提高健康教育水平和适应当代健康教育的需求,在北京大学出版社的大力支持下,组织一些在高校从事健康教育工作多年、业务能力强、实践经验丰富的高级教师和医生,在汲取近年来国内外大学健康教育经验的基础上,编写了《大学生健康教育》一书,以满足教学工作及一般读者的需要。

本书的主要内容分为四大部分:第一篇为生理与心理篇,介绍青年人面临的生理与心理困扰,包括大学生生理与心理特征、情感发展的矛盾与应对、特训自己成就未来等内容;第二篇为饮食篇,介绍饮食与健康的关系,包括饮食与营养、饮食与健康、饮食与美容等内容;第三篇为疾病篇,介绍一些常见疾病的表现特点、治疗与预防保健基础知识;第四篇为急救篇,包括创伤性急救、烧、烫伤急救,中毒性急救,中暑与溺水急救,其他突发状况的急救以及几种常用的简易急救与治疗技术等内容。本书撰写力求语言通俗、文风统一、内容新颖实用,尽可能使读者能较好地读懂本书,并较为全面地了解健康、疾病与保健知识。同时,尽可能做到每个章节之间在相互联系的同时又相对独立,只要感兴趣,从任何一个章节开始阅读,都可能有所收获,使自己的健康意识和保健水平得到提高。

本书编写过程历时一年有余,期间得到了很多同仁和朋友的热诚关心和帮助,得到了北京大学出版社、南昌大学及各位作者所在单位的大力支持,参阅了大量同行资料,在此一并致以衷心的感谢。希望本书的出版为国内高校的健康教育工作尽一份绵薄之力。由于作者水平所限,而现代健康与健康教育的内涵非常之广,在对学科知识的把握和内容的处理中肯定有所疏漏和不妥之处,敬请各位同行专家不吝赐教。

华　萍

2010年8月

目 录

绪 论 ·· (1)
    一、健康与健康标准 ·· (1)
    二、人群健康分类 ··· (4)
    三、保持身心健康适应社会要求 ··· (12)

第一篇 生理与心理篇

1 大学生生理与心理特征 ··· (15)
    一、大学生生理特征 ·· (15)
    二、大学生心理特征 ·· (19)
    三、大学生情绪与情感特征 ··· (24)
    四、大学生处事与行为特征 ··· (25)
    五、大学生记忆特征 ·· (27)

2 情感发展的矛盾与应对 ·· (30)
    一、生理成熟与心理渴求 ·· (30)
    二、培养良好的人际关系 ·· (37)
    三、艰苦奋进与成效甚微 ·· (39)

3 特训自己　成就未来 ··· (45)
    一、分析自己 ··· (46)
    二、确定目标 ··· (47)
    三、保持韧性 ··· (48)
    四、保茎去枝 ··· (50)
    五、聚沙成塔 ··· (50)

第二篇 饮 食 篇

4 饮食与营养 ·· (55)

一、健康饮食的营养成分 ……………………………………………… (55)
　　二、各类主要食物的营养价值 ………………………………………… (63)
　　三、平衡膳食的结构与科学配餐 ……………………………………… (69)
5　饮食与健康 …………………………………………………………………… (71)
　　一、中国饮食的特点与缺陷 …………………………………………… (71)
　　二、选择健康食物的原则 ……………………………………………… (73)
　　三、健康的饮食方式 …………………………………………………… (74)
　　四、食物的性能(特性) ………………………………………………… (75)
　　五、中医学的基本概念 ………………………………………………… (80)
　　六、中国特色的保健饮食 ……………………………………………… (82)
6　饮食与美容 …………………………………………………………………… (83)
　　一、女性饮食 …………………………………………………………… (83)
　　二、男性饮食 …………………………………………………………… (86)
　　三、不同类型皮肤者饮食 ……………………………………………… (88)

第三篇　疾　病　篇

7　呼吸系统疾病 ………………………………………………………………… (95)
　　一、感冒与鼻窦炎 ……………………………………………………… (95)
　　二、急性气管—支气管炎 ……………………………………………… (97)
　　三、肺炎 ………………………………………………………………… (98)
8　消化系统疾病 ………………………………………………………………… (100)
　　一、病毒性肝炎 ………………………………………………………… (100)
　　二、胃炎、胃溃疡与十二指肠溃疡 …………………………………… (102)
　　三、胆囊炎与胆道结石 ………………………………………………… (105)
9　泌尿系统疾病 ………………………………………………………………… (108)
　　一、泌尿道感染 ………………………………………………………… (108)
　　二、尿路结石 …………………………………………………………… (111)
10　生殖健康与保健 …………………………………………………………… (114)
　　一、外生殖器保护 ……………………………………………………… (114)
　　二、乳腺小叶增生 ……………………………………………………… (117)
　　三、痛经及月经异常 …………………………………………………… (118)
　　四、外阴炎与阴道炎 …………………………………………………… (120)
　　五、前列腺炎 …………………………………………………………… (121)
　　六、计划生育与避孕 …………………………………………………… (122)

七、人工流产 (125)
　　八、优生 (125)
　　九、不孕与不育 (127)
11 典型的性传播疾病 (130)
　　一、淋病 (130)
　　二、梅毒 (132)
　　三、尖锐湿疣 (132)
　　四、艾滋病（AIDS） (133)
12 常见皮肤疾病 (135)
　　一、痤疮（青春痘） (135)
　　二、过敏性皮炎 (136)
　　三、湿疹 (137)
　　四、体癣与足癣 (137)
13 其他常见疾病 (139)
　　一、结膜炎 (139)
　　二、龋齿 (140)
　　三、智齿与智齿冠周炎 (141)
　　四、便秘、痔疮与肛裂 (141)
　　五、冻伤 (143)

第四篇　急　救　篇

14 创伤性急救 (147)
　　一、开放性外伤急救 (147)
　　二、封闭性外伤的急救 (158)
15 烧、烫伤急救 (160)
　　一、烧、烫伤分级 (160)
　　二、烧、烫伤急救 (162)
　　三、酸、碱灼伤急救 (163)
　　四、触电急救 (164)
16 中毒性急救 (165)
　　一、急性一氧化碳（煤气）中毒急救 (165)
　　二、急性酒精（乙醇）中毒急救 (166)
　　三、食物中毒急救 (167)
　　四、安眠药物中毒急救 (167)

五、农药中毒急救 …………………………………………………… (168)
17 中暑与溺水急救 ……………………………………………………… (170)
　　一、中暑急救 ………………………………………………………… (170)
　　二、溺水急救 ………………………………………………………… (171)
18 其他突发状况的急救 ………………………………………………… (173)
　　一、窒息的急救 ……………………………………………………… (173)
　　二、晕厥的急救 ……………………………………………………… (175)
　　三、虚脱的急救 ……………………………………………………… (176)
　　四、高热的处理 ……………………………………………………… (176)
　　五、急性腹痛的急救处理 …………………………………………… (177)
　　六、毒蛇咬伤的急救 ………………………………………………… (178)
19 几种常用的简易急救与治疗技术 …………………………………… (180)
　　一、人工呼吸术 ……………………………………………………… (180)
　　二、心前区叩击与胸外心脏按压术 ………………………………… (181)
　　三、冷敷与热敷 ……………………………………………………… (183)
　　四、简易催吐 ………………………………………………………… (184)
　　五、如何给病人注射药物 …………………………………………… (185)
　　六、生命指征的检查 ………………………………………………… (186)
附录 ………………………………………………………………………… (191)
　　一、常用食物的性味、归经与功效 ………………………………… (191)
　　二、部分滋补养生膳的制作与功效 ………………………………… (196)
　　三、疾病常见症状及其意义 ………………………………………… (200)

绪　　论

健康是人类的基本需求,是生活质量的保证,是人生最宝贵的财富之一。健康也是一种基本人权,让尽可能多的人拥有健康,是一项世界范围内重要的社会性目标。

一、健康与健康标准

健康是医学中的一个重要的概念,并且随着社会经济科技文化的发展而被赋予新的含义。在传统健康观念里,没病就是健康,能够参加社会生产、生活的人就是健康的人;进入医院检查、需要治疗的人则是病人。在现代健康观念中,健康是一个整体观念,健康的人不仅是躯体没有疾病,而且应该是一个心理健康、社会适应良好和有道德的人。

1. 世界卫生组织关于健康的定义

1948 年,世界卫生组织(World Health Organization,WHO)在保健宪章中对健康作了如下定义:"健康不仅是身体没有疾病和免于虚弱,还要有完整的生理、心理状态和良好的社会适应能力。"1978 年,世界初级卫生保健大会所发表的大会宣言中对这一概念加以重申。1990 年,WHO 对健康进行了补充阐述:躯体健康、心理健康、社会适应良好和道德健康四个方面都健全,才是完全健康的人。

根据 WHO 提出的健康概念,人的健康应包括以下四个层次:

① 生理健康:机体组织结构完整,生理功能正常协调。

② 心理健康:具有乐观的生活态度,情绪稳定,善于交往,富有同情心、责任心、自信心,人际关系和谐,有较强的社会适应能力和幸福感。

③ 道德健康:有辨别真伪、善恶、荣辱的是非观念,能按社会规范准则约束自己的行为。能为无私奉献的精神而快乐,能为损人利己的行为而懊丧。

④ 社会适应良好:能在不同时间、不同环境上适应各种角色。换句话说,就是能胜任各种角色,其心理和行为能适应变化的环境,能为周围人群和社会所接受。

2. 世界卫生组织提出的健康标准

根据以上健康的定义，WHO(1990)还进一步提出了健康的 10 条标准：

① 精力充沛，能从容不迫地应付日常生活和工作的压力而不感到过分紧张。
② 处事乐观，态度积极，勇于承担责任，事无巨细不挑剔。
③ 善于休息，睡眠良好。
④ 应变能力强，能适应外界环境的各种变化。
⑤ 能够抵抗一般性感冒和传染病。
⑥ 体重得当，身材匀称。
⑦ 眼睛明亮，反应敏锐。
⑧ 牙齿清洁，无空洞；齿龈颜色正常，无痛感，无出血现象。
⑨ 头发光泽而少头屑。
⑩ 肌肉和皮肤富有弹性，步伐轻松自如。

现代社会的发展和进步在给人们带来现代文明享受的同时，也给人的机体带来了各种新的不适应性。随着社会的进步，人们对客观世界认识的不断深化，健康的水平、健康的内涵也在不断发展。围绕健康新概念，WHO(1999)提出了身心健康的新标准，即机体健康的"五快"和精神健康的"三良好"。

机体健康"五快"是指吃得快、便得快、走得快、说得快、睡得快。

吃得快：是指有良好的食欲，不挑食、不厌食、不偏食，能很快吃完一顿饭。

便得快：是指一旦有便意，能很快排泄完大小便，感觉轻松。

走得快：是指运动功能及神经协调机能良好，步履轻盈，行走自如。

说得快：是指思维敏捷，反应迅速，口齿伶俐。

睡得快：是指神经系统兴奋—抑制过程协调良好的表现，上床入睡快、睡得沉，醒后精神饱满、头脑清醒。

精神健康"三良好"是指良好的个性人格、处世能力和人际关系。

良好的个性人格：是指情绪稳定，性格温和，意志坚强，感情丰富，胸怀坦荡，豁达乐观。

良好的处世能力：是指观察问题客观现实，具有较好的自控能力，能适应复杂的社会环境。

良好的人际关系：是指助人为乐，与人为善，对人际关系充满热情。

3. 大学生心理健康标准

我国大学生的普遍年龄在 18～23 岁之间，从心理学的观点来看，正处于青年期，大学生的心理具有青年期的许多特点；但作为一个特殊群体，大学生又不能完全等同于社会上的青年。根据我国大学生的实际情况，评判大学生的心理健康水平应着重从以下几个标准考虑：

(1) 智力正常。大学生通常具有正常、甚至超常的智商,但智商正常并不意味着智力正常。智力包括经验的学习或理解能力,知识的获得和保持能力,对新情境迅速、成功地做出反应的能力,运用推理有效地解决问题的能力等。这是大学生学习、生活与工作的基本心理条件,也是适应周围环境变化所必需的心理保证。衡量大学生的智力是否正常,关键在于其是否正常地、充分地发挥了自我效能,即有强烈的求知欲,乐于学习,能积极参与学习活动。

(2) 情绪健康。情绪健康的标志是情绪稳定和心情愉快。包括的内容有:愉快情绪多于负性情绪,乐观开朗,富有朝气,对生活充满希望;情绪较稳定,善于控制与调节自己的情绪,既能克制又能合理宣泄;情绪的表达既符合社会的要求又符合自身的需要,在不同的时间和场合能适当进行情绪表达;情绪反应与环境相适应。

(3) 意志健全。意志是指一个人在完成一种有目的的活动时,所进行的选择、决定与执行的心理过程。意志健全者在行动的自觉性、果断性、顽强性和自制力等方面都表现出较高的水平。意志健全的大学生在各种活动中都有自觉的目的性,能适时地做出决定,并运用切实有准备的方式解决所遇到的问题;在困难和挫折面前能采取合理的反应方式;能在行动中控制情绪,做到言必行,但不是盲目行动、畏惧困难或顽固执拗。

(4) 人格完整。人格完整是指个体有健全统一的人格,即个人的所想、所说、所做都是协调一致的。换句话说,就是具有正确、稳定的自我意识,有明确的人生观作为人格的核心,并以此为中心,把自己的需要、目标和行动统一起来。

(5) 自我评价正确。大学生在进行自我观察、自我认定、自我判断和自我评价时,能做到自知,恰如其分地认识自己,摆正自己的位置。既不以自己在某些方面高于别人而自傲,也不以某些方面弱于别人而自卑。面对挫折与困境,能自我悦纳,喜欢自己,接受自己,自尊、自强、自制、自爱适度。

(6) 人际关系和谐。人际关系和谐表现为乐于与人交往,既有广泛而深厚的人际关系,又有知心朋友;在人际交往中保持独立而完整的人格,有自知之明,不卑不亢;能客观评价别人和自己,善取人之长补己之短,宽以待人,乐于助人,积极的交往态度多于消极态度,交往动机端正。

(7) 社会适应正常。个体应与客观环境保持良好秩序,既要进行客观的观察以取得正确认识,以有效的办法应付环境中的各种困难,不退缩;也要根据环境的特点和自我意识的情况努力进行协调,或改变环境适应个体需要,或改造自我适应环境要求。

(8) 心理行为符合大学生的年龄特征。大学生是处于特定年龄阶段的特殊群体,大学生应具有与年龄及角色相应的心理行为特征。

大学生心理健康与不健康之间并无明显界限,而是一个连续化的过程。如果将正常心理比作白色,将不正常心理比作黑色,那么在白色与黑色之间存在着一个巨大的缓冲区域——"灰色区",世间大多数人都散落在这一区域内。在大学生群体中,绝大多数个体的心理状态也是在这个灰色区域内,个体在人生的发展过程中面临一些心理困惑是正常的,也是不可避免的,不必大惊小怪。一个人如果产生了某种心理障碍,并不意味着会永远保持这种状态或行将加重。提高自我保健意识,及时进行自我调整,许多心理冲突问题是可以自行解决的。

二、人群健康分类

一个完全健康的人不仅是身体健康,还应处于心理、社会适应和道德等方面的完满状态。在一定条件下,由于受某些特定因素的损害,机体自我调节发生紊乱,产生有一定规律的异常生命活动,这种过程称为患病。除了健康状态和疾病状态之外,还存在一种介于健康与疾病二者之间的生理功能低下的状态。根据人的生理、心理状态等差异,可将人群分为健康状态、亚健康状态和疾病状态三大类。

(一) 健康状态

健康状态是指机体生理、心理都处于最佳状态,细胞、组织间各种代谢正常,机体各种调节平衡,内环境稳定,机体与外环境协调。健康的个体表现为肤色光洁,面色红润,毛发浓密,神清气爽,乐观谦和,稳重进取,和善助人。

(二) 亚健康状态

所谓亚健康状态,是指机体介于健康与疾病之间的一种生理功能低下的状态,又称为次健康。一项 WHO 所做的全球性调查显示,现代社会符合健康标准、真正健康的人仅占 5%,诊断有病的人占 20%,75% 的人处于亚健康状态。从医学临床角度来看,健康状态即"没有明显的自觉或检查到的临床症状和体征";疾病状态即"有明显的自觉症状和临床体征";亚健康状态即"自觉心身时有各种不适感觉,但各种仪器及检验结果为阴性(正常)"。对机体而言,"健康—亚健康—疾病"是一个连续的、动态的变化过程,而且受生理、心理、社会因素的综合影响。当机体受到长期缓慢的心理、社会的不良因素刺激,容易造成神经兴奋—抑制功能失调、内分泌—免疫调节功能紊乱,导致机体免疫功能低下、生理功能状态低下。这类人群常常自觉有不适感,如体乏、失眠、食欲不振、精神萎靡,但在医院进行的各项临床检查却在正常值范围内。亚健康状态是机体生理功能调节机制不稳定状态。健康人体内环境的各种理化性质、各组织细胞之间及整体的功能与代谢在多种调节机制作用下保持相对平衡,此状态称为内环境稳态(自稳态)。亚健康状态的人由于心理、社会不良因素刺激,导致机体内环境稳态失衡,表现为代谢紊乱,机能失常。自稳态失衡的程度及时间与亚健康状态严重程度成正比。亚健康机体生理功能的紊乱呈"游移状态",展现出一系列由量变到质变的复杂机能调节活动。初期机体处于功能代偿期,只有功能紊乱变化,没有结构改变;后期机体处于功能失代偿期,功能紊乱导致结构改变,即可出现器质性病变。健康、亚健康、疾病状态是身体状态的三种延续阶段,在内、外因素作用下可以相互转化。

1. 亚健康的信号

亚健康状态者生理功能低下状态呈波动型,并且随职业、地域、城乡、年龄、性别等差异,出现许多主观不适的症状和心理体验,目前医学上尚缺乏明确的诊断标准,复杂多样的亚健康状态常常就这样被人们忽略了。一般来说,"自觉不爽,检查无病",但又长时间处于以下的一种或几种状态中,可能亚健康已向你发出警报了:失眠、乏力、无食欲、易疲劳、心悸,抵抗力差、易激怒、经常感冒、口腔溃疡、便秘等。处在高度紧张工作、学习状态的人应当特别注意这些症状。对于大学生而言,如出现以下几种或多种症状,你可能是处于亚健康状态;你可以通过得分自我判断一下。

A:早晨醒来有不快感,身倦乏力,总想赖床。5分
B:情绪抑郁,时常发呆。3分
C:多次健忘,昨天想好的某件事,今天怎么也记不起来了。10分
D:对学习和工作没兴趣,应付了事。5分
E:情感冷漠,怕与人交往,不愿面对老师和家长,有"自闭"趋势。5分
F:学习效率低下,尽管刻苦用功,却把握不住全局和关键,成绩一路下滑甚至挂科。5分
G:容易疲倦,时常学习1小时后,就感觉身体倦怠、胸闷气短。10分
H:烦躁易怒,莫名的烦恼,无名的火气,无辜伤人。5分
I:睡眠质量不好,似睡非睡,夜间易醒,多梦甚至失眠。10分
J:胃口差、进食少,即使有自己喜欢吃的菜,诱惑力也不大。5分
K:免疫力低下,时常感觉不适,经常感冒。5分
L:精神欠佳,盼望早早逃离教室,回去休息。5分
M:心神不宁,对喧闹、噪声敏感,渴望宁静环境。5分
N:注意力不集中,想做事时,不明原因地走神,精神难以集中。10分
O:不愿交往,不热衷同学聚会,在他人面前无自信心,感到紧张或不自在。2分
P:心情沉重,整天不快乐,做事经常后悔,难以控制自己的情绪。5分
Q:时常心慌,经常自汗,活动气短,上楼梯时腿像灌了铅一样。5分

如果上述症状累积积分>30分,健康已敲响警钟;>50分,你已经处于亚健康状态,应从均衡营养、有氧运动、平衡心理等方面改善自己的生活状态;>80分,你已经处于亚健康持续状态,需要好好休息,着重调整,并到医院体检。

2. 亚健康状态的分类

亚健康内涵丰富,不仅时空跨度大、症状复杂多样,而且涉及因素复杂。生理、心理和社会三个方面因素在亚健康状态形成中既互为关联又互为因果。生理不适可以引起心理变化,并可以引起在社会生活中的不满意;同样,当社会生活方面不顺利,也可以引

起心理不平衡,最终导致精神障碍和身体不适。

根据 WHO"四位一体"的健康新概念,亚健康状态可分为:

① 躯体亚健康:主要表现为不明原因或排除疾病原因的体力疲劳、虚弱、周身不适、性功能下降和月经周期紊乱等。

② 心理亚健康:主要表现为不明原因的脑力疲劳、情感不稳、思维迟钝、焦虑、自卑以及神经质、冷漠、轻率、孤独、抑郁感强。

③ 社会适应亚健康:突出表现为对工作、生活、学习等日常任务难以适应,人际关系难以协调,集中表现为角色错位和不适应。

④ 道德亚健康:主要表现为世界观、人生观和价值观上存在着明显的损人害己的偏差、越轨。

心理健康是身体健康的精神支柱,身体健康又是心理健康的物质基础。良好的情绪状态可以使生理功能处于最佳状态,反之则会降低或破坏身体的某种功能而引起疾病。而社会适应性归根结底取决于生理和心理的素质状况。

按照亚健康概念的构成要素,可将亚健康状态分为:

① 身心上有不适感觉,但又难以确诊的"不定陈述综合征"。

② 某些疾病的临床前期表现(疾病前状态)。

③ 一时难以明确其病理意义的"不明原因综合征",如更年期综合征、神经衰弱综合征、疲劳综合征等。

④ 某些病原体携带状态,如乙肝病毒携带者、结核菌携带者等。

⑤ 某些临床检查的高、低限值状态,如血脂、血压、心率等偏高,血钙、血钾、铁等偏低。

⑥ 高致病危险因子状态,如超重(肥胖)、过度紧张、血脂异常、高血糖、血压偏高等。

3. 亚健康状态的阶段与表现

亚健康状态最主要的两个特点是感觉不适和能力减退,可分为轻度身心失调状态、潜临床状态和前临床状态三个相互区别而延续的过程。按症状程度和发展阶段,可分为轻度失调状态、中度失调状态、重度失调状态。亚健康状态既可以向好的方向转化,恢复到健康状态,也可以向坏的方向转化,进一步发展为各种疾病。因此,亚健康状态是一种从量变到质变的过渡阶段。

(1) 轻度失调状态:轻度失调状态(医学上称心身轻度失调)约占人群的25%～28%,属于紧邻健康端的机体功能失调。轻度失调状态常以不适感为主,功能减退不明显;常以疲乏、胃口差、睡眠不好、情绪不稳定、易感冒等为主要表现。有些表现为眼干、皮肤粗糙、便秘、尿频、困倦、思想涣散、情绪低落、头脑不清爽。这种不适感时有时无,因人而异,故称为"不定陈述综合征"。这种失调比较容易恢复,恢复了则与健康人并无不同。若不注意自觉调整，不适感状态持续并加重，则可发展进入中度失调状态，即潜临床状态。

（2）中度失调状态：处于中度失调状态（潜临床状态）的人约占人群30%以上，且在40岁以上的人群中比例陡增。中度失调状态机体不适感明显且持续，功能减退明显且低下。如果持续3个月以上出现的不适状态或适应能力显著减退而无明确疾病诊断，或不适症状与疾病没有直接的因果关系，这类人群就处在潜临床状态。中度失调状态的机体症状表现错综复杂，有专家概括为"一疲劳、四减退"：慢性疲劳、活力减退、反应能力减退、适应能力减退、免疫力减退。疲劳是指机体生理过程不能将其机能持续保持在一个特定水平或各器官不能维持其预定的运动强度。连续的体力或脑力疲劳使工作效率下降，这种状态也就是疲劳。疲劳的发展进程是生理性疲劳、过疲劳、慢性疲劳、慢性疲劳综合征、过劳死。随着社会竞争日趋激烈，工作紧张，人际关系复杂，心理压力增大，人们"总感觉累"，经常出现头昏眼花、困倦乏力、精力不济、腰酸腿痛、性功能下降的现象，这是机体生理性疲劳的总体感觉。由于竞争的激烈、市场机制下的工作量倍增以及社会转型，让人们"忽略"了疲惫，持续加班加点，形成体力、脑力的过度"透支"——过疲劳。过度疲劳导致机体"精疲力竭"、"积重难返"，表现出头昏脑涨、视力模糊、眼圈发黑、面生褐斑、口臭、耳鸣、眩晕、睡眠差、晨起倦怠、烦躁、健忘、无欲望、无兴趣等"非常疲劳"症状。人群中正感到"非常疲劳"者高达60%。"非常疲劳"感觉一年中如果持续2～3个月便是慢性疲劳，它会导致免疫力低下，循环系统运输减慢，器官衰退加速，性能力低下。过久、过度的疲劳并伴有系列明显持续症状则为慢性疲劳综合征（CFS）。慢性疲劳是慢性疲劳综合征的前奏。"过劳死"就是在慢性疲劳综合征基础上发展、恶化的结果。有资料显示，70%知识分子正走在"过劳死"的边缘。中度失调状态是机体的持续的心身失调或是机体的慢性疲劳。

（3）重度失调状态：重度失调状态是症状持续、功能失调严重的紧邻疾病端的机体功能性疾病，故又称前临床状态。它表现在身体、心理、社会适应三个方面改变：身体方面症状有断发脱发，面色萎黄，眼肿发青，视力下降，浑身乏力，心悸气短，腰酸腿疼，长期便秘，反复溃疡，虚汗，眩晕，性机能减退等；心理方面症状有情绪低落，精神萎靡，注意力分散，记忆力减退，反应迟钝，烦躁焦虑，神经质等；社会适应方面症状有冷漠，孤独，自闭，猜疑，暴躁，恐惧，消极，人际关系紧张，家庭不和睦等。重度失调状态占人群10%左右，症状明显，病变基本形成，但医院检查呈临界值或症状与病变之间缺乏典型关联，临床难以做出明确疾病诊断。处于前临床状态时，人体调控功能的紊乱或异常比较严重，人体对自然环境和社会环境适应能力降低，对疾病防御能力降低以及稳定内环境的能力下降，进而会引发疾病。临床上对重度失调状态就诊的患者，常常做出慢性疲劳综合征、内分泌失调、神经衰弱症、植物神经功能紊乱、肥胖、更年期综合征等非器质性病变的诊断。这类人群常呈现"六高一低"：高度疲劳（身体和心理），高度透支（体力和脑力），高血脂，高血黏度，高血糖，高血压，免疫力低下。

总之,亚健康的表现存在着"四多"与"四低"现象:"四多"指疲劳症状多,器官功能紊乱多,高负荷(精神负担、体力透支)者多及高体重者多;"四低"指免疫功能低,工作效率低,适应能力低及心理承受能力低。

4. 我国亚健康状态的状况

中国科学院心理研究所新近完成"863"课题《中国人亚健康状态综合评估诊断和预测系统的建立》,历时两年,调查了5万亚健康人群样本,揭示了中国亚健康分布状况。课题负责人张建新表述了课题对亚健康的定义:亚健康状态是一种介于健康与疾病之间的中间状态,是个体在适应生理、心理、社会应激过程中,由于身心系统的整体协调失衡、功能紊乱,而导致其生理、心理和社会功能下降,但尚未达到疾病诊断标准的状态,这种状态通过自我调整可以转化到健康状态,但长期持续存在则可转化为疾病状态。

中国人亚健康状态的分布及现状资料显示,亚健康各种状态存在明显的差异:

(1)地域差异:西北地区人群亚健康指标得分高,整体表现出偏向疾病端的亚健康状况;华中、华南、华东地区人群亚健康指标得分低,表现出更偏向于健康一端。

(2)城市差异:中型城市居民亚健康指标得分高;大城市居民亚健康多呈现行为问题,小城镇居民亚健康多呈现躯体问题。

(3)性别差异:女性比男性表现更多的亚健康症状,且女性多呈现躯体问题,男性多呈现行为问题。

(4)年龄差异:年龄与亚健康状态呈U形曲线的关系。

(5)婚姻状况:身心健康状况,未婚＞初婚＞再婚＞离异＞丧偶。

(6)文化水平:整体情况是受教育程度越高,身心健康状况越好。

(7)职业分布:大学生、城乡无业者、农业劳动者(含农民工)、离退休人士的身心健康状态较差。

(8)经济收入:经济收入水平越高,身心健康水平越好。

5. 亚健康的主要成因和干预

Ⅰ 亚健康的主要成因

亚健康的成因是多方面的,大致可概括为以下几种:

(1)精神压力过大,心理状态失衡。现代社会生活节奏日渐加快,社会竞争日益激烈,人们不得不承受越来越多来自方方面面的精神压力。如不能及时调整自己的心态并随时化解压力,精神长时间处于紧张状态,将影响机体各系统的正常生理功能。

(2)饮食结构不合理,饮食习惯不科学。随着节奏加快、工作量的增加,人们吃营养配比不良的工作餐、快餐的概率越来越大,不吃早餐或车上吃早点的现象越来越普遍。饮食品种单一、高热量、低纤维素和低维生素,以吃饱为原则;多数民众,因为下班后家人能聚齐,也有时间做饭,因此晚餐过于丰盛。尤其青年人,更爱晚上熬夜,常常吃夜宵或膨化食品。饮食不合理是导致亚健康最常见的原因之一。

（3）生活无规律，生活方式不良。由于忙于工作、学习、应酬，作息时间很难固定，干扰生物钟的活动规律，导致神经系统和内分泌功能紊乱，进而降低免疫功能。

（4）环境污染，生活空间狭小。在拥挤喧嚣的都市，处处充斥着大气污染、噪声污染、电磁污染、光电污染，使人的神经紧张、焦躁，神经系统抑郁、烦躁，进而影响心血管系统。

（5）社会复杂多变，感情不稳。社会变革时期，旧的体制和观念被打破，新的体制和观念建立不完善，人们处于新旧观念更替中，许多事情把握不住，时常处在应激状态中。社会交往趋于应酬化、利益化、交易化，人的情感无所附依和宣泄，甚至被亲朋欺骗和背叛。感觉人与人之间关系不稳固，产生孤独、自闭、冷漠、猜疑、空虚、甚至厌世等不良情绪。

（6）心理调节能力欠佳。人在社会生活中心理需要安全感、成就感、荣誉感，需要被保护、被尊重，需要情感交流；当这些需要得不到满足时便会产生挫败感，形成内在压力，影响情绪和行为。

Ⅱ 亚健康的高危人群

资料显示，以下人群容易处于亚健康状态：① 精神负担过重者，长期压力过大的人；② 脑力劳动繁重者；③ 人际关系紧张者，造成负担比较重的人；④ 长期饮食不平衡，以及吸烟、酗酒者；⑤ 长期从事简单工作的人（缺少沟通和刺激）；⑥ 长期生活无规律者；⑦ 体力劳动负担重的人。

Ⅲ 亚健康的综合干预

摆脱亚健康状态不是靠医生的诊治，也不是靠药物的治疗，关键是自我调适。

以下措施有助于摆脱亚健康的困扰：

（1）合理的膳食和均衡的营养。保证合理膳食、培养良好饮食习惯，是保证健康的基础。

（2）调整心态，持积极乐观的生活态度，提高心理承受力。在人的生活历程中，各式生活与工作压力是不可避免的，遭遇挫折也是必然的。因此，应正确对待压力和挫折，把压力和挫折看做是生活和工作的一部分，学会减压和扛住挫折，以保持良好的心境；必须学会应付各种挑战，善于协调情绪，控制心境，通过心理调节维护心理平衡。积极乐观的生活态度、广泛的兴趣爱好，既可以修身养性，又能够辅助治疗一些心理障碍。

（3）调整生活规律，劳逸结合。劳逸交替是健康之母，人体生物钟正常运转是健康保证，而生物钟"错点"导致机体新陈代谢紊乱，便是亚健康的开始。

（4）消除疲劳，保证充足睡眠。疲劳是亚健康的主要因素。体力及脑力的透支，导致身心疲惫，触发机体机能超负荷运转。过度疲劳形成机体调节机制失衡，引发机体机能失常的一系列不适症状出现。及时休息，消除疲劳，阻止调节机能失常。睡眠是放松心身、休息大脑、松弛肌肉最为经济有效的方法。

（5）增加有氧锻炼，调适心身。现代人长时间忙于工作，锻炼身体的时间越来越少。加强自我运动可以调节神经—内分泌的张弛活动,使机体生理代谢保持内稳态,从而提高人体的抵抗能力。

(6) 戒烟限酒。医学研究证明,吸烟导致抗病能力下降,尤其是呼吸系统。少量饮酒有益健康,但嗜酒致使肝脏功能减退。

预防亚健康可简要概括为"十四字方针":①"平心",即平衡心理、平静心态、平稳情绪;②"减压",即适时缓解过度紧张和压力;③"顺钟",即顺应好生物钟,调整好休息和睡眠;④"增免",通过有氧代谢运动等增强自身免疫力;⑤"改良",即改变不良生活方式和习惯;⑥"及时体检",即及时进行体检以发现身体异常情况。

(三) 疾病状态

1. 疾病的概念与特征

所谓疾病,是指机体在一定病因作用下,导致机体自稳调节紊乱而产生的有一定规律的异常生命活动过程;同时引发机体一系列代谢、功能、结构的变化,呈现出一定的症状、体征和社会行为异常,并伴随机体与环境的协调障碍。

疾病的这一概念有以下特征:① 有病因:疾病是由损害因素(病因)所致的机体生理功能障碍及形态结构破坏,没有病因是不会发病的。某些疾病的病因未明,一方面可能是目前尚未找到病因;另一方面可能病因是多因素、综合性的。② 内稳态破坏:损害因素导致机体自稳调节功能紊乱,内环境稳态失衡;当损害因素消失,机体内环境稳态恢复,健康也随着恢复。③ 功能结构改变:损害因素引起机体代谢改变、随之影响功能,由量变到质变,形态结构也发生改变(即器质性变化)。这些变化程度不同,有时会因忽视而没有被察觉。④ 出现症状体征:机体功能结构改变可表现出一定的症状、体征和社会行为异常,可影响人的劳动能力、工作效率和精神、心理活动。⑤ 有转归:疾病时机体存在损伤与抗损伤的斗争,斗争的结果决定疾病转归的方向。

2. 导致疾病发生的因素

导致疾病的因素(简称病因)是指能引起机体疾病,并赋予该病以特征性的因素。疾病发生的条件(简称诱因)是指病因作用于机体的基础上,影响疾病发生的因素。如营养不良、过度疲劳、吸烟酗酒、精神心理异常等可加强病因作用、促进疾病发生,称为诱因。病因是机体发病必不可少的因素,诱因是疾病发生中起到触发作用的因素。如果只有诱因而没有病因,则永远不会发病。病因是机体患病的内在因素,诱因是机体患病的外在因素,外因通过内因才能起作用。但有时强烈的病因作用于机体,即使没有诱因也可发生疾病,如高温烧伤、高压电击伤、毒物中毒等。

病因大致可归纳为以下几类:

(1) 物理因素:机械力(如创伤、骨折),高低温(如中暑、冻伤),电及电离辐射(如触电、放射病),高低气压(如高原病)。

（2）化学因素：如 CO、氰化物、农药中毒。

（3）生物因素：如微生物和寄生虫感染及其毒素中毒。

（4）营养因素：营养素摄入不足和营养过剩都可引起疾病。如维生素 A、B、C、D 缺乏引起的缺乏症，矿物质钙、铁、锌、硒缺乏导致生长发育的停滞，大量摄入高热量食物可引起肥胖、动脉硬化、高血压等。

（5）免疫因素：免疫功能过强可导致自身免疫病，免疫缺陷则易发生肿瘤和各种感染等。

（6）精神、心理、社会因素：心理—社会因素导致机体出现躯体功能性障碍和躯体器质性疾病。心理应激、情绪不稳同样会导致身心疾病。社会—心理有害因素长期作用于机体，导致机体自稳态破坏，调节机制失灵，形成代谢紊乱，功能低下，逐渐"积重难返"，引起躯体疾患，称为身心疾病。近年来，身心疾病日益受到人们的重视。不良的精神因素可引起神经衰弱、高血压、消化性溃疡、甲亢、冠心病、糖尿病、肿瘤等。

3. 疾病的经过与转归

疾病一般有一个明显的发生、发展和转归的过程。医学临床上将疾病的全过程分为潜伏期、前驱期、发病期和恢复期四个时期。

（1）潜伏期：是指从病因作用于机体开始到病人出现最初（非典型性）症状为止的一段时期。各种疾病都有潜伏期，短则几天，长则几年。在潜伏期内，机体可通过动员各种防御力量（免疫抵抗力）与病因作斗争。此期如防御力量战胜了病因，则疾病中止于潜伏期而不发病；反之疾病发展出现明显症状，进入前驱期。

（2）前驱期：是指从非典型性症状出现开始，到典型症状出现为止的阶段。常见的症状有全身不适、乏力、发热、畏寒、头痛、食欲不振等。这些表现往往成为患者就诊的信号。

（3）发病期：疾病出现典型症状和体征。医院明确诊断并施以治疗。

（4）转归期：即疾病走向最终的结局阶段。疾病的结局如何，主要取决于机体损伤和抗损伤力量的对比、治疗措施是否及时及其力度等。疾病的结局：康复、迁延、死亡。

康复：是疾病良好的转归。完全康复即病因消除，症状消失；受损组织细胞的功能、代谢和形态结构完全恢复正常；机体对内外环境的适应能力恢复正常。

迁延：是致病因素及其损害并未完全消失，但主要症状消失，机体仍遗留不同程度的形态结构异常和功能、代谢障碍，只有通过代偿功能才能维持相对正常的生命活动。但其代偿储备是比较低下的，在负荷较大或过大时则不能完全维持正常的代偿，并有可能转为失代偿状态。

死亡：是疾病不幸的结局，是生命活动的中止。死亡有两种概念：脑死亡和传统的死亡。

传统死亡的概念是将死亡看成是一个过程，而不是瞬间发生的事情。死亡的过程可分为三个阶段：① 濒死期。生命垂危,主要器官功能衰竭,随时都有可能走向死亡。② 临床死亡期。生命全部外部表现消失,即自主呼吸、心跳停止,反射活动消失。③ 生物学死亡期。所有器官功能完全丧失。

脑死亡是指机体作为一个整体功能的永久停止,包括大脑皮层功能和脑干功能的丧失。判断脑死亡的依据主要有：自主呼吸停止；不可逆昏迷；脑神经反射消失；瞳孔散大或固定；脑电波消失,呈平直线；脑血液循环完全停止。

三、保持身心健康适应社会要求

大学生正处于身心发展的高峰期,身体较为强壮,机体代偿能力较强,往往不易觉察各种危害因素对自身造成的潜在危害或损害。不少大学生认为自己无病即是健康,仅仅注重躯体症状的改变,常常没有关注自我不适；对于心理、社会、环境因素对机体的影响缺乏关注和判断；只注重未来人才竞争焦点是知识和能力,而忽略自身的健康水平。"身体是革命的本钱",没有健全的身躯,自身的知识和能力难以得到施展。

青年大学生应该认识到,人们在工作、学习和日常生活中,并不总是一帆风顺的,经常会遇到各种障碍,出现许多困难。人生的目标有些比较容易实现,有些需要通过努力才能实现,有些经过各种努力还是难以实现。当某个时期,不能实现的目标过多时,人们会感到严重的挫败和沮丧,会有筋疲力尽感,会灰心、自疑、丧失自信和斗志。人生有不同的阶段,有不同的能力,有不同的目标,有不同的境界。要学会在不同的人生阶段,根据自己的能力水平制定合理的目标,然后通过坚持不懈的努力,达到自己的目标,获得成功的喜悦感。要善于以此为基点,再制订高一些标准的新目标,努力而顺利地完成,如此反复,知识和经验不断积淀,能力不断增强,为人生下一阶段的过渡奠定坚实的基础。人生如阶梯,一步一基石,一段一情境,一景一境界。有人将人生境界归为：你不想要的而要得到的(没满足感)；你想要的而要不到的(痛苦)；你想要的而要得到的(成功、喜悦)。可以说,人的一生既有顺利时的喜悦,也有不如意时的痛苦,成功的喜悦和失败的忧伤永远与人相伴。生活的酸甜苦辣、五味杂陈是人生各阶段的常态。人居于群体,出没于社会,掣肘因素随时出现。理想与现实的差距、目标需求与社会制约的矛盾、学识经验与社会环境的矛盾、学习工作的竞争与就业压力等常给青年大学生造成沉重的心理压力与精神负担。因此,青年大学生应当具有遭遇挫折的思想准备、正确处理挫折的能力,并能适时地进行自我调整,适应社会需要。本教材的宗旨就是：培养有深厚文化底蕴的,身心健康的,有良好心理素质和社会行为习惯的,能适应社会发展的知识型大学生。

(华　萍)

第一篇
生理与心理篇
Shengli Yu Xinlipian

1

大学生生理与心理特征

青年期指19~28岁的年龄期,是心理逐步完善和适应的重要时期。在这一时期,青年人开始步入社会,逐步适应和承担社会各项职能;心理发育趋向定型化,形成独立的人格特征;性生理及性心理发育成熟,进入恋爱婚姻、成家立业的人生时期。要经历生理、心理、学习、恋爱、婚姻、职业选择、前途追求等各种发展阶段。国内大学生年龄一般在18~23岁之间,正从青春期发育后期迈向青年时期,机体发育已经达到较高水平,心理发展则处于迅速走向成熟但又没有真正成熟的过渡阶段,他们思维敏捷、感情丰富、富于理想、进取心强,是一生中心理发育最活跃的阶段,由此构成了大学生特有的生理、心理特征。

一、大学生生理特征

男、女出生后一段时间内,除生殖器(第一性征)区别外,外观上基本上没有太大的差异。经青春期发育后,男女性别差异日益明显,逐渐显露出明显的性别特征。在青春期结束时,身体的形态和机能已基本上达到成人水平。

(一) 内分泌变化特点

青春期生长突增及生殖系统的发育、成熟等一系列变化,都是在神经、内分泌系统的调控下进行的,特别是与体内激素的变化有密切的关系。现已公认,"下丘脑—垂体—性腺轴"的发育成熟及功能的发挥,是青春期神经内分泌变化的关键。在青春期,下丘脑的神经内分泌细胞受到中枢神经系统及其他有关因素的影响,产生并分泌出多种释放激素或释放抑制激素,调节垂体前叶(腺垂体)多种促激素的分泌,再影响体内性腺和其他靶组织的功能,使青春期的生长发育顺利进行。随着青春期发育,许多内分泌腺,如垂体、性腺(睾丸、卵巢)、肾上腺、甲状腺的重量与容积都有明显增长;体内各种激素水平,如促卵泡激素、黄体生成素、睾酮、雌二醇等,比青春期前有显著上升。同时,生长素、甲状腺素等与性激素配合作用,共同促进青春期生长发育。进入青年期后,机体各种激素基本达到成年水平;在性激素的作用下,青年男女呈现出明显不同的性别特征。人体内主要的内分泌腺如图1.1所示。

1. 促性腺激素

促性腺激素(GTH)包括黄体生成素(LH)和促卵泡激素(FSH),青春期后分泌量急剧上升,进入青年期后分泌量维持在一个稳定的水平。FSH在女性中可促进卵泡发育,在男性中促进精子形成;LH在女性中促进排卵与黄体(由卵泡排卵后形成,分泌雌激素和孕激素)形成、促进胆固醇转变为孕酮并分泌孕酮,在男性中则促进睾丸间质细胞发育和分泌雄性激素。

2. 性激素

性激素主要由性腺(睾丸、卵巢)分泌,少部分由肾上腺皮质分泌,包括雌激素、孕激素和睾酮。其中雌激素和孕激素合称为雌性激素,睾酮又称为雄性激素。

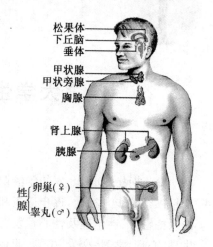

图1.1 人体内主要的内分泌腺

(1)雌激素:青春期前,女性体内的雌激素大部分由肾上腺皮质激素转化而来,青春期发育开始后主要由卵巢中成熟的卵泡和黄体分泌(男性体内雌激素由肾上腺源性雄激素在末梢血中转换而来)。雌激素化学成分为十八碳类固醇,真正由腺体分泌的有三种,按活性强弱依次为雌二醇(E_2)、雌酮(E_1)、雌三醇(E_3),三种激素在体内可相互转变。在青春期前,女性血中E_2浓度处于很低水平,进入青春期开始上升,约在14~15岁时达到成人水平。在月经开始后,体内雌激素呈周期性变化,在排卵期及黄体期中段有两个浓度高峰。雌激素的主要生理功能是促进乳房、子宫、阴道及其腺体发育;使女性生殖器官发育成熟、功能完善和发生性欲;促进骨盆生长及脂肪的沉积,调节体脂分布;维持女性独特的外表特征。雌激素对体格的发育也有作用。多数学者认为,低水平的雌激素有助于长高,高水平时则会抑制生长。

(2)孕激素:人体内真正的孕激素是孕酮,主要由黄体分泌(妊娠后期主要由胎盘分泌)。在青春期前处于极低水平,月经初潮后孕酮含量持续上升,以后维持在一个稳定的水平。雌激素与孕激素协同作用,可促进子宫内膜增生、促进乳腺组织发育增生;受孕后,使子宫的生理状态适合受精卵着床和生长,维持妊娠,阻止排卵、抑制动情和停止月经,防止子宫收缩。

(3)雄性激素:雄性激素包括由睾丸分泌的睾酮、雄烯二酮、去氢表雄酮和肾上腺皮质分泌的雄激素。睾酮由睾丸间质细胞分泌,是活性最强的雄性激素,具有促进男性生殖器官发育、促进精子形成、激发和维持男性第二性征等作用;与生长激素协同作用,可促进蛋白质合成以及骨钙沉积。女性卵巢也分泌少量睾酮,但女性体内的雄性激素主要来源于肾上腺皮质,称为肾上腺源性雄激素。在女性,雄性激素与雌激素协同作用,控制阴毛及腋毛的生长与分布;促进骨骼生长和少女阴蒂的发育。睾酮分泌过多时,有女性男性化和骨龄提前等表现。

3. 生长素、甲状腺素与催乳素

(1) 生长素(GH):生长素由垂体分泌,是调控人体从出生到成年的正常生长所必需的物质。儿童期和成人期含量低,在婴儿期、青春发育前和青春期含量高,大约在骨龄13~14岁时达高峰。GH促进生长的作用主要有三条途径:① 促进氨基酸进入细胞,加速蛋白质合成。② 刺激骨内胶原蛋白的合成,加快躯干和长骨的生长;促进软骨生长和骨质生成。③ 抑制葡萄糖的利用,从而升高血糖;刺激胰岛素(促进组织摄取葡萄糖,促进糖原合成,增高脂肪酸合成和蛋白质合成的速度)分泌,使之与GH协同作用促进蛋白质合成。GH分泌有一定节律,总体上是在睡眠时分泌增多;在青春期,白天也有几次分泌。儿童期和青春期保持足够的睡眠有助于生长激素的分泌,从而促进身体长高。当GH分泌不足时,可形成垂体性侏儒(侏儒症);GH分泌过多时,可造成儿童期巨人症和成人期的肢端肥大症。

(2) 甲状腺激素:由甲状腺分泌,并受垂体分泌的促甲状腺激素调控。甲状腺激素主要包括甲状腺素(T_4)和三碘甲腺原氨酸(T_3)。T_3在血中及甲状腺内含量甚微,但活性相当于T_4的3~5倍。甲状腺激素在体内具有广泛的生理作用,对人体的生长发育、神经系统与心血管系统的功能状态、某些物质代谢起一定调节或促进作用。在胎儿和婴儿初生时,甲状腺激素对大脑细胞的蛋白质合成、神经细胞大小与数量增加均有重要作用;但大脑发育成熟以后,其作用降低。青春期,甲状腺激素与GH协同作用,促进骨骼的生长和成熟。甲状腺激素可促进GH的分泌,儿童期甲状腺功能低下可影响身高的增长和大脑发育(呆小病)。

(3) 催乳素(PRL):催乳素由腺垂体分泌,直接作用于乳腺细胞;青春期前,男、女体内催乳素水平几乎一致。青春期,约在女性乳房发育达Ⅲ~Ⅳ期时,催乳素明显上升,初潮前后或初潮后不久可达成人水平;而男性在整个青春期催乳素水平几乎无变化。催乳素呈脉冲式分泌,入睡后1~1.5小时开始上升,在早晨5~7时达高峰,醒后急剧减少。妊娠和哺乳是促进催乳素分泌的重要影响因素。PRL主要生理作用包括:① 发动并维持已发育完全的乳腺分泌乳汁。在正常生理情况下,催乳素释放抑制因子(PIF)对PRL的抑制作用始终占优势,故女性青春期后,虽然乳腺已发育成熟,但并无乳汁生产。② 在女性青春发育的后期,与其他激素协同作用,促进乳腺发育与成熟。③ PRL对人类卵巢功能也有一定的影响,小量的PRL对卵巢雌激素和孕激素的合成有促进作用,而大量的PRL则有抑制作用。

(二) 大学生体格发育及生理功能特点

1. 第二性征的表现特点

经过青春期发育，大学生第一性征已充分发育，进入大学时第二性征表现明显；大学期间随着年龄增长，两性的第二性征更加趋于成熟。男性第二性征的主要征象有身材高大、体型魁梧、肩部较宽、肌肉发达、喉结突出、胡须丛生、发音低沉，出现阴毛(多数呈菱形或盾形分布，部分也可为倒三角形)。女性第二性征的主要征象有身材窈窕、乳房隆起，肩部相对较窄、臀部和骨盆较宽，体形柔软而丰满、嗓音尖细，出现阴毛(多数成倒三角形分布，部分人可形成菱形或盾形分布)。

乳房发育隆起是女性重要的性征之一，性成熟未哺乳女性乳房多为规则半球形或圆锥形(位于第2~6肋之间)，乳房紧张而富有弹性，哺乳后乳房弹性和紧张性略有下降。乳房前面正中有突出的乳头，其顶端有多个输乳管开口。当文胸形态不好或穿戴不当时，可能会形成乳头凹陷。女性乳房发育的迟早、大小与遗传、种族、营养、体育锻炼等多种因素有关；在月经周期的不同阶段，随体内雌激素、孕激素水平的变化，乳房呈周期性变化。

2. 形体发育与生理功能特点

无论男孩或女孩，进入青春期后身体都会迅速发育，在生殖器官发育和第二性征出现的同时，男、女身高和形体的差异也越来越明显，生理功能、运动素质和身体成分等诸多方面也呈明显变化。青年期形体发育与生理功能特点主要表现在以下方面：

(1) 身高：18岁时，女性身高达成人身高的99%以上，女性停止生长(20~24岁)后，男性还可继续生长多年(至28~30岁)。

(2) 体重：体重增长是青春期显著特征之一，是身体在量方面增加的综合表现，是反映组成人体各部分总重量的指标，易受环境因素的影响。进入青春期后，男女两性体重增加均明显加快；进入青年期后，体重增长趋于平稳。

(3) 机体成分：人体的主要成分可分为瘦体重和脂体重两大类。瘦体重包括肌肉、细胞外液、骨骼，主要是蛋白质、无机盐和水；脂体重主要是脂肪。青春期前，两性体脂量只有微小差异；进入青春期后，瘦体重和脂体重发生深刻变化，并具有显著的性别差异。经过青春期发育，男生瘦体重增长比女生明显；女性体脂迅速增加，成人期进一步蓄积。女性体内脂肪多分布在腰部、臀部、大腿及胸部，形成女性特有的体型。女性体内脂肪含量(15%~25%)明显多于男性(10%~20%)。近年来，部分女生为追求"骨感美"、"形体美"而节食的做法，很容易导致营养负平衡，不利于身体健康。

(4) 神经系统：经过青春期发育，大脑及神经系统基本发育成熟，大脑重量已基本接近成人，但大脑的机能仍然在不断的完善和发展中。大脑、小脑、脊髓的结构日趋完善，神经活动网络联系逐级建立，兴奋—抑制活动日趋平衡，理解记忆、音乐绘画、情感等高级神经活动日渐增强，并趋于最佳状态。

（5）生理功能和运动能力：青年男女各系统生理功能和运动能力也存在一些差异。伴随着心血管及胸廓、肺形态学方面的生长发育，青年人心、肺功能相应增强。心率随年龄增加而下降，但女性各年龄组的心率都高于男性；血压则随年龄增加而逐渐上升，青年及成年期女性血压低于男性，性别差异较为显著。成年女性肺活量约为男性的70%。女性肌力明显低于男性。女性运动能力，如立定跳远、100米及800米跑等，均随年龄增长而增加，但增加速度比男性缓慢。对于需要克服自身体重的屈臂悬垂、仰卧起坐等项目的测试成绩不如男性，可能与女性体脂增加较多而肌肉力量增加不明显有关。女性在运动耐力方面优于男性。

二、大学生心理特征

青年人在身体急剧变化的同时，心理和行为也发生深刻的变化。主要表现为从半幼稚、半成熟的状态发展为成熟状态，人的自觉意识迅速发展，人生观逐步形成，开始在社会生活中扮演适当的角色，为未来的职业选取奠定基础。这一阶段中，青年人的内心深处常常充满矛盾，他们与外界也常常发生冲突，是容易发生各种心理行为问题乃至精神疾病的高峰期。

（一）青年期心理活动特点

1. 认知与思维特点

（1）智力：在绝大多数研究中，男女之间一般的智力能力（如智商）没有明显差别，而在某些方面的能力上各有千秋。女性在语言能力方面要优于男性，但空间能力、数学能力相对男生略逊一些；推理能力方面，女性在与语言有关的推理能力较强，而在与数学内容有关的推理能力略差。

（2）有成熟的言语能力：青年人掌握的词汇已很丰富，且内容日渐深刻；口语语音基本定型，口语表达中的独白言语趋于完善；书面语言表达基本成熟。

（3）获得成熟的记忆力：与少年期相比，青年人的记忆力达到一个新的成熟阶段。识记的目的性增强，有意识记超过无意识记而居于支配地位；记忆效果也进入最佳时期。

（4）有较高水平的思维能力：青年在感知、记忆和语言能力迅速发展的基础上，抽象逻辑思维由经验型迅速向理论型转化。同时，青年的思维具有更强的组织性、深刻性、批判性，独立思考的能力得到高度发展。他们逐步学会有意识地进行逻辑分析与综合判断，有独到见解，喜欢怀疑和争论，喜欢探求事物现象的根本原因。他们敢于挑战老师和家长，呈现出"初生牛犊不怕虎"的闯劲。但是，由于缺乏交流技巧，容易遭遇挫折。随着思维能力的提高,年轻人已经开始思考人生和世界,提出许多关于"人生目的"、"人生意义"、"生活理想"等问题。由于这些问题的解决是一个充满矛盾的过程,所以他们通常都会经历一段苦恼、迷茫、沮丧与不安的时期。

(5) 基本形成稳定性和概括化的观察力:稳定性和概括化是观察力趋向成熟发展的重要标志之一。青年人的抽象逻辑思维能力和注意的稳定性较为发达,他们借此组织、调节和指导观察活动,其观察的概括性和稳定性得到显著提高。

2. 情绪与情感发展特点

情绪是决定心理健康的最重要的心理因素。一切心理健康出现的问题,无不与情绪有着直接的关系。青年人思想活跃,感情丰富,情绪和情感虽然还缺乏成年人的理智,但已趋向成熟和稳定。主要特点有:

(1) 热情奔放,容易激动:青年人富于热情,情感易被激发,行动迅速,表现为奔放、果断。但由于生理和自我意识上的急剧变化,情绪常带有冲动性,易过于激动,容易从一个极端走向另一个极端,可能做出"出格"的事情。

(2) 有鲜明的社会责任感和正义感:由于智力和社会高级需要的不断增长,青年人形成了许多具有明确道德意识的社会性情感,如集体荣誉感、社会责任感、义务感、正义感和民族自豪感等,其深刻性和持久性明显高于少年期的水平。

(3) 情感调节和控制得到提高:青年人的情感持续时间延长,不再像青少年那样容易转换,受外部情境的影响也日益减少。情感类型逐步从外倾型向内隐型过渡,能根据条件的需要在一定程度上支配和控制自己的情感,常常表现出外部表情与内心体验的不一致。

3. 意志力发展特点

随着青年人身心发育的成熟,意志力也得到迅速发展。主要特点有:

(1) 自觉性和主动性增强:青年人在遇到困难时,乐于独自钻研,轻易不会求助于他人,表现出良好的主动性;同时青年人的意志不再依靠外力的督促和管理,自觉性日益增强。

(2) 行动的果断性提高:由于认识与思维能力的发展和逐渐成熟,青年人面对充满矛盾的问题时,能够按照一定的观点、原则、经验较为迅速地辨明是非,做出决定并执行决定。与青少年相比,青年人的轻率和优柔寡断都相对减少,动机的表现过程也逐渐内隐、快捷。

(3) 控制力增强:青年人控制和支配自己行为的能力也比青少年增强,能较好地使自己的行为服从于原定的目的和计划,能较好地调节自己的激情。

(4) 坚韧性提高:由于神经系统功能的高度发达,以及动机的深刻性和目的水平的提高,青年人在面对困难时常常勇于坚持,凡事不肯轻易服输,即便受挫,亦不易灰心,表现出比青少年更强的坚韧性。

（二）青年期个性发展特点

青年期是自我意识发展最重要时期，在社会、文化、家庭、伙伴和学校教育的影响下，青年人逐渐发展形成相对稳定的个性特征，逐渐适应成人的社会要求，成为一个成熟的社会个体。

（1）自我意识趋于成熟。自我意识是认识的一种特殊形式，是个体对自我的认识，或者说是对自我及其与周围人群关系的认识。个体进入青年时期，随着对外界认识的提高、知识和生活经验的积累、智力的发展以及独立安排自身生活道路这一客观要求的逼近，青年人的自我意识日渐成熟。能全面认识自己的身心特点和社会价值，在自尊的同时尊重他人；评价自己和评价他人的能力趋于成熟，在评价的深刻性和全面性上有很大的发展。但是，在相当长的一段时间内，青年人的自我意识还不是很稳定。在对自己做出评价时，有时会过分夸大自己的能力，突出优点，对自我评价过高，导致沾沾自喜，甚至居高自傲、盛气凌人的心理。由于对事物识别能力不足，看问题时往往片面主观，加上心理的易损性，一旦遇到暂时的挫折和失败，往往又会走入另一极端：灰心丧气、怯懦自卑、抑郁不振，甚至自暴自弃。评价别人时也常带有片面性、情绪性和波动性。他们对于周围人给予的评价非常敏感和关注，有时甚至别人一句随便的评价，都会引起内心很大的情绪波动和应激反应，以致对自我评价发生动摇。如何建立起对自己的正确认识，变得自信而强大，是青年期常遇到的心理问题。

（2）理想、人生观和世界观初步形成。理想是指一个人对奋斗目标的向往与追求，它包括生活理想、职业理想、道德理想和社会理想。几种理想在一个人身上不一定同时存在，不过一个人一旦形成了远大的社会理想，他的其他个人理想就会服从于这一远大理想，并且人也变得高尚起来。与青少年相比，青年人的理想从不确定的、具体形象式的逐步向清晰的、抽象概括性的发展，从不稳定志向逐渐向稳定的理想发展。随着青年人自我意识、自我塑造能力的发展，对人生和世界的基本看法逐渐开始形成，对生活道路已经有了初步选择。青年人世界观的初步形成表现在他们对自然、社会、人生和恋爱都有了比较稳定而系统的看法；对自然发展的基本法则以及社会发展的历史已有了系统的认识；对社会发展的进程、规律和当前的社会发展状况及社会结构有了最基本的了解；对自己和他人在社会生活中的相互关系及社会价值已有初步估计。在人生观和恋爱观上，对人生的认识已比较明确，择偶标准趋于全面，恋爱中的理智性增强。

（3）兴趣和能力提高，性格趋于稳定。与少年期相比，青年期兴趣的范围已基本稳定，兴趣的持久性大为提高；性格也基本定型；观察力、记忆力、思维能力、注意力等一般能力的发展在青年期都先后达到高峰。

（4）性意识基本成熟。性意识是自我意识的重要组成部分。随着生理上的发育成熟及社会生活的全面影响，青年人开始出现性欲及与此相联系的一系列复杂的内心情感体验，希望与异性接触和交往，并产生对异性追求的需要。青年男女之间开始萌生爱情,他们把特定的异性视为自己持续交往的对象,相互爱慕,进入初恋或恋爱。这个阶段的爱情多为内心隐蔽的爱情,多以精神内容为主,重视纯洁的感情。由于青年人生理、心理及社会活动特点,有时会出现一些困扰。如部分人对自我形象不满意,常表现为对自己的身高、体重、长相、第二性征发育状况等感到不称心,有自卑感,羞于见人;当他人谈及形象问题时敏感多疑、脸红、心跳、局促不安;少数男女青年甚至为微不足道的皮肤瘢痕或色素沉着而背上沉重的思想包袱。由于缺乏必要的性知识,对于性成熟带来的变化具有很大的神秘感和好奇心,并且常常会感到困惑、担心、多疑甚至产生疑病观念;对异性的爱慕和好奇会引起腼腆、拘束、情绪不稳定等。如果青年人对性问题的社会道德认识肤浅的话,一旦受到社会上的不良影响就会矛盾激化,以致误入歧途。即使是一般的处理不当,也会对自己的心理和身体两方面造成损害。因此,男女青年在交往时应正确对待和处理好可能出现的性方面的种种问题,尽可能避免由此产生的各种不良影响。

(三) 大学生心理特点

生理发育的成熟使大学生们心理体验上出现成熟感,自尊心和谋求独立自主的信心进一步增强。身体机能的旺盛使大学生充分体验到自身巨大的青春活力,对自己的力量深信不疑。由于智力水平的高度发展,大学生们兴趣广泛、思维活跃、活动面宽,力求更好地显示自身的成长和能力。然而,由于社会经验的不足,可能会出现众多的矛盾与冲突,如富于热情与脱离实际的矛盾、要求获得尊重而又不懂得如何尊重他人的矛盾、独立自主与遵守纪律的矛盾等。除了与心理和生理成熟相关外,大学生心理发展还受到社会政治、经济、文化生活的影响。在社会环境、大学学习与生活方式等诸方面因素的影响下,大学生个性心理出现了一些重要的变化,形成了大学生们特有的心理特征。

(1) 思维活动进一步成熟。知识量的急剧增加使大学生们抽象逻辑思维不断取代经验型思维而逐渐占据主导地位。通过学习和广泛的社会实践,掌握了更多的抽象概念(如原理、法则、公式、定律等),并在实践中经常加以应用,因而大学生善于进行系统的、论证性的思维;不满足于现成的结论和现象的罗列,要求揭露事物的本质和规律。他们的思维具有更高的理论深度,希望对事物的因果关系进行规律性的探索。独立思考的能力得到发展,喜欢用批判的眼光看待周围的事物,敢于发表个人独立的见解;好争论、勤思考,对别人的意见不轻信和盲从,能进行"自我评价"与"自我批判",并能改正自身的不足与错误(有时会过于自信和固执己见)。思维具有一定的创造性,能够较为灵活地应用各种思维技能,提出大胆的设想和新颖独到的见解,并尝试用新的方法去解决问题(有时会带有主观片面性)。

(2) 自我意识进一步增强。大学生们常常会进行独立思考,考虑自己的情况,设想自身的发展,或进行自我设计;已经具有一定的自我评价和自我教育能力;善于根据社会、学校和团体对自己的要求不断评价自己的思想行为。自尊心的增强和自我控制能力的不足,使部分大学生们要求他人尊重自己而自己却不懂得如何去尊重他人,这常常是导致矛盾的重要因素之一。自信心和独立性的进一步增强,使很多大学生表现出顽强、刚毅和坚忍不拔的精神,这对于学习和事业的发展有积极的促进作用。但也有部分人表现为过于自信、目空一切、自命不凡,这种盲目自信一旦受到挫折,就可能产生悲观失望情绪,严重者甚至会导致心理失常。

(3)憧憬未来并富于幻想(理想与现实的矛盾)。大学生们朝气蓬勃,富于幻想,胸怀远大的理想与信念,对未来充满美好的向往。他们往往又是急躁的理想主义者,对现实生活中可能遇到的困难和阻力估计不足,以致在升学、就业、恋爱等问题上遭受挫折;一旦困惑于现实生活中某些不正之风,又容易引起激烈的情绪波动,出现沉重的挫折感,有的甚至悲观失望,严重的会陷入绝望境地而不能自拔。

(4)理想更加明确并具有社会意义。大学生们的理想与人生观、价值观结合紧密,理想明确而丰富多彩,大多数具有社会意义。有些人的理想只停留在职业理想和生活理想的层次,有的人则树立了崇高的社会理想。

(5)社会情感得到充分发展。大学生们的情感由原来对亲人的挚爱之情,拓展到对同学、老师,进而对明星、科学家和领袖人物的崇敬和追随,由自爱到爱集体、爱家乡、爱人民、爱祖国、爱整个全人类。此时,大学生们的道德观也发生了变化,他们对成功人士、名人崇拜,对坏人坏事疾恶如仇;追求公平公正,一旦发现某人有私心杂念,就会嗤之以鼻。正是因为在现实生活中无法妥协和容纳不同意见的人与事,所以很容易受到伤害。大学生们热情奔放,情绪情感体验快而强烈,情景性强、被感染性大。积极的表现为豪情满怀、勇往向前,这可以成为事业的巨大动力;消极的表现是不够冷静、容易冲动和狂热,由此可能会做出一些蠢事。大学生情绪动荡多变和不稳定性使他们缺乏经受挫折的思想准备,当遭遇挫折时容易颓废而一蹶不振。

(6)爱情逐渐成为大学生情感体验的一个重要方面。大学生非常珍惜友谊,与志趣相投的同学结交为知心朋友,愿意向知心朋友吐露内心感受和体验,并愿意为朋友分担喜忧。根据年龄和心理成熟程度,大学生们往往很自然地进入初恋期,或依恋期与爱情期共存的阶段。依恋关系的典型是初恋,行为表现是密切交往与个别接触,情感特点是相互倾慕和纯洁天真。爱情期的表现行为是相互敬爱、相互帮助和相互鼓励,情感特点是情深意笃和忠贞不渝。大学阶段的年轻人生理发育已经基本成熟,但心理的发展尚不够完善。因此,恋爱时以热情稳重的态度对待自己和对方,进一步增进相互了解是非常重要的。

由于所处的环境、学习等因素的变化和面临社会生活事件的差异,不同年级的大学生心理特点也有所不同。

刚进入大学的一年级新生心理状态通常具有"依赖性"、"理想化"、"盲目自信"等特点。面对"理想"与"现实"之间的巨大差异,常常会引发复杂的心理矛盾(例如,自豪感与自卑感同在、新鲜感与恋旧感并存、被动感与轻松感交织等)。绝大部分大学生能很快适应大学生活与学习方式,独立生活能力得到增强,能正确面对现实和解决面临的矛盾。也有少数人不能适应新的环境,从而出现焦虑、苦闷、缺乏自信等不良心理,难以完成学习任务。

进入二年级后,大学生自信心得到普遍加强,强调自我独立和自我表现的倾向逐渐凸现出来。在学习成绩、兴趣爱好、与周围同学的关系等诸多方面产生了很大的分化与差异,多数人都在逐步向提高和深入方向发展。也有部分学生丧失学习兴趣,对所学专业信心不足,对恋爱问题处理不当等,并导致心理矛盾的激化,甚至产生不同程度的心理障碍。

高年级的大学生通常更加成熟一些,能够较为理智地对待各种问题。由于即将走向社会,他们大多都具有紧迫感、责任感和忧虑感。面对即将到来的毕业、就业与择业、恋爱对象选择等困难问题和对前途的担心,多数大学生心情是很不平静的,心理状态也不稳定。此时的大学生可能在思想上发生较大的波动。

三、大学生情绪与情感特征

在平日的生活、工作、学习等活动中,一个人会与现实事物发生多种多样的联系和关系,现实对人具有这样或那样的意义,人对这些事物就抱有这样或那样的态度和认识。例如,顺利完成工作、考试成功、获得奖励等会使人感到轻松和愉快,失学、失业、失恋、失去亲人等可带来痛苦和悲伤,面对挑衅引起激动和愤怒,遭遇危急引起恐慌和震惊,美好的事物使人产生愉悦之情,丑恶的现象使人产生憎恶之感,人际关系的不协调使人感到压抑与焦虑,和谐的人际关系令人舒畅和充满信心。所有这些喜、怒、悲、恐等体验都是人们对事物态度的一种带有独特色彩心理体验的反映形式。人们对客观事物所持态度在内心所产生的这些特殊心理体验就是情绪和情感。

大学生们精力旺盛、充满活力,其情绪与情感表现出明显的特点:

(1) 独立性与依赖性并存。大学生们自认为自己已经长大成人,强烈要求自作主张,竭力摆脱家长的管束,在思想言行等各方面都表现出极大的独立性、表现出强烈的心理"断乳"愿望。然而,他们对父母、成人或长辈又存在较多的依赖性。因为青年人阅历还不够丰富,面对陌生或复杂的环境时,往往缺乏信心,难做决断。同时,在经济上大多还靠父母,对家庭的依赖作为一种惯性影响仍然存在。要摆脱这种影响并非易事,报考大学、选择就业、甚至择偶都要听从父母的意见,由此可能产生诸多矛盾。

(2) 求知欲强与识别力偏低。青年大学生通常都具有极强的求知欲,这有利于学习和增长知识;但由于识别能力偏低,往往瑕瑜不分,糟粕不辨。这一矛盾在青年人心理发展的过程中表现得较为突出,因此,大学生必须正视这一问题,多听长辈的劝导。

(3) 不善于处理情感与理智之间的关系。青年人情感丰富,情绪不够稳定,往往容易感情用事。虽然他们也懂得一些世故道理,但还不善于处理情感与理智之间的关系,时而显得成熟懂事,时而又显得幼稚,由于常常不能坚持正确的认识和理智的控制而成为情感的俘虏,事后却往往为这种情感与理智的矛盾追悔莫及,苦恼不已。他们的情绪与情感生活非常容易受到干扰和破坏,如受到感情上的伤害时,极易产生不正常的情绪状态,表现为苦闷、孤独、抑郁、寂寞、自卑、烦恼、嫉妒、敏感、多疑等,并常常用消极、悲观的心态来观察周围的世界。

(4) 性意识的发展与道德规范的矛盾。大学生们身体发育几近成人,尤其是性机能已基本成熟。性意识的觉醒使大学生产生了对异性的爱慕,并且这种爱慕会越来越强烈,于是男女交往、恋爱、婚姻等问题自然出现。这个时期的男女交往有一个特点,就是极其敏感、容易冲动,常表现为激情;而他们此时思想尚未真正成熟,道德观念不强,意志力薄弱,强大的生理冲击力有时会使他们做出违反道德规范的行为,给身心健康带来严重的不良后果。这个时期应特别注意将性科学知识教育与伦理道德教育结合起来,使他们的性意识发展走上健康的道路。

(5) 心理上具有一定的封闭性。心理上具有一定的封闭性是青年时期情感特点之一。处于青年期的学生自尊心强,思想情感、个人秘密不愿轻易向他人吐露;如果长辈不能正确对待,很容易造成他们心理上的闭锁。这种闭锁导致了他们与父母、师长及熟人之间产生距离;由于感到缺乏可以倾诉衷肠的知心人,于是产生一种难以名状的孤独感。这种状态与青年随生活空间的扩大而出现的强烈的交往需要构成了一对难以排解的矛盾。心理封闭性的主要表现为情绪心境化(心境是一种微弱而持久的情绪状态)和文饰现象(即所谓的"喜形不露于色",过分的文饰自己的情绪常常会被认为是世故与圆滑)。

大学生在情感发展过程中表现出来的丰富的心理特点并非孤立存在,它们错综复杂交织在一起,构成了影响心理发展的各种矛盾,带来了诸多的烦恼和郁闷。大学生注意把握这些特点,学会情绪的自我控制和调节,将有利于性格的自我塑造和健康成长。

四、大学生处事与行为特征

大学生特有的心理与情感特征深刻地影响着他们的行为方式,构成了他们为人处世的一些特点。

(1) 交往行为多元化、时尚行为较为明显。大学生的交往人群逐渐从传统的本班、本专业、本年级、本学校同学间交往为主逐渐向社会扩展。市场经济的发展、供需双向选择也大大拓宽了大学生视野和活动领域,使他们可以广泛地结交与自己志趣相投或利益一致的各种人群,逐渐形成一个较为开放的交际圈。而随着交际活动方式的日益丰富和交际范围的逐渐扩大,大学生们的交往已不限于娱乐礼仪,在交往的同时也在吸收和传递各种信息。社交行为可反映大学生的人生观、道德观、生活习俗、知识水平、个性和能力等。大学生们追求与时代发展相适应的风尚,这些追求可以在衣着、服饰等生活领域,可以在语言、娱乐、宗教、文艺活动等方面,也可以在价值观、伦理观等方面直接或间接地反映出来。例如,当今的大学生们较为青睐牛仔裤、长筒靴,辩论赛、社会实践等成为大学生广为开展的业余活动,部分学生以使用"港语"、"粤语"、"网语"和模仿港台地区或国外的习惯为时尚等。

(2) 行为的内向性与夸张性并存。随着年龄的增长,大学生开始探索自己的内心世界,并有意识地将真实的思想感情加以掩饰和控制,外在行为常与内心想法或看法不一致。有时对某次集体活动不赞成甚至反感,但仍然会参加,或虽然内心很喜欢欣赏某些美术、音乐作品,但由于缺乏相应特长,害怕在活动中暴露出来,因而尽可能避免参加此类活动,并常会以"不喜欢"之类的理由来掩饰等。这实际上是用一种夸张性来掩盖自卑的心理。大学生们具有较为强烈的自尊与自信,这是当代大学生们的心理特征之一。但过于自尊常常会形成一道无形的屏障,有时会导致同学之间相处的不融洽,外部行为表现出"独来独往"、"内向"的特征。

(3) 趋众行为明显。趋众行为是指个人在群体中常常会不自觉地受到群体的压力,从而在感知、判断、信仰、宗教及行为上表现出与群体中多数人的一致性,表现为符合群体要求的行为。趋众行为包括遵从、顺从和服从三种主要形式。如某年级组织同学进行某项社会实践,A、B、C同学认为该社会实践活动内容不妥,后经反复研究讨论,A同学认为活动内容安排有道理而放弃原来意见与同学同往(遵从);B同学认为活动不妥,但又觉得大家都去而自己不去会使同学扫兴,还是决定去,但内心仍保留自己的看法(顺从);C同学表示不参加此活动,后经同学劝说被迫与大家同往(服从)。行为趋众性是大学生处事与行为活动的一个重要特征,人们所说的"一窝蜂"、"赶时髦"等都是趋众行为。学生们在某种环境中常感受到某种气氛无形的影响。当周围为良性气氛时,所产生的趋众行为是积极的,如很多同寝室同学生活态度积极向上、学习成绩都普遍较好;当周围存在不良环境气氛,则常常给教育带来消极影响。大学生当中还存在一种与趋众行为相近的集群行为,通常可因某件意外事件而引发(一般是自发行为)。由于人们对意外事件没有心理准备,而正常的判断依据和个人能力又难以应付突发事件的变化,常常会导致混乱。在混乱中人们又会互相寻求暗示,此时如有某人有明显的行为,许多人就会模仿照办。不良集群行为在大学生中发生,与年轻人阅历浅、感情易冲动和弥散、自控能力较弱等因素有关。

(4) 学习行为既有创造性又有随意性。大学生所处年龄阶段是人的一生中最具活力和创造性的黄金时期。他们很少保守,对事物充满好奇与憧憬,愿意大胆探索,在学习行为上表现为喜欢怀疑和争论,不盲从已有的结论,敢于批判等,这些都具有积极的意义。同时,大学生学习行为的另一特点是没有足够的耐心进行有计划、深入地研究和探讨问题,容易表现出忽冷忽热、兴趣不稳定等。对某个问题怀有浓厚兴趣时可以废寝忘食,当失去兴趣时积极性会一落千丈,甚至对某个学科或某门课程产生厌倦心理。一些新的科学、新的概念(如系统工程、控制论、潜科学、生物信息学等)常常吸引青年学生去研修,但不少人常常是一门课程或一个概念尚未弄清楚,又急于去涉足另一个新领域;甚至一些有目标、有计划的必修专业课程也容易受到兴趣影响,随意性较大,难以持之以恒。

(5) 赌气行为与反社会行为时有发生。赌气行为和反社会行为是青春期逆反心理的表现之一,在大学生当中也同样存在。如部分学生沉迷于恋爱而荒废学习或服饰、行为等过于前卫而遭到同学、老师或家长的批评或指责时,常常不会冷静分析,而是抱着"我偏要这样做"的逆反心态,不顾后果,因此常常会产生非常消极的后果。

五、大学生记忆特征

人的大脑是一个记忆的宝库,人们感知过的事物、思考过的问题、体验过的情绪情感、学习过的知识等都可以保留在脑海中,成为过去的经验,并在相应刺激下重新呈现出来,这就是记忆。与少年时期相比,大学生识记的目的性增强,有意识记超过无意识记而居于支配地位,记忆效果也进入最佳时期。有意识记包括机械记忆和意义识记两个方面。由于大脑机能高度发达,青年人机械记忆处于人生的高峰期。然而,意义识记则需要记忆者运用已有的知识经验积极进行思考,在弄清楚识记材料的意义及其内在联系的基础上,才能更好地记住。由于社会经验和知识积累的不足,学习记忆的积极性和自觉性依然有待提高,学习记忆方法的不当(如不能及时经常地进行复习,学习材料与学习时间分配不合理,常没有明确提出识记要求,记忆目标不明确等),也影响了大学生的有意识记忆效果。

记忆作为一个心理过程,从"记"到"忆"是有一个过程的,这其中包括了识记、保持、再认和回忆几个阶段。有很多人在学习过程中,只注重了学习当时的记忆效果,而忽视了记忆中更重要的阶段——保持和再认(记忆的牢固度问题),忽视了心理学中关于记忆遗忘的规律。

记忆的保持在时间上是不同的,可分为短时记忆和长时记忆两种。输入的信息在经过个人注意过程的学习后,便成为短时记忆(持续时间在4～16小时之间),如果不经过及时的复习,记住的东西就会遗忘;而经过及时的复习,这些短时记忆就会成为一种长时记忆,从而在大脑中保持着很长的时间。那么,什么是遗忘呢?所谓遗忘就是我们对于曾经记忆过的东西不能再认,也不能回忆起来,或者是错误的再认和错误的回忆等。德国心理学家艾宾浩斯(1885)发现,遗忘在学习之后立即开始,而且遗忘的进程并不是均匀的,最初遗忘速度很快,以后逐渐缓慢。并根据他的实验结果绘成描述遗忘进程的曲线,即著名的艾宾浩斯遗忘曲线(图1.2)。

这条曲线告诉我们,在学习中的遗忘是有规律的,这就是遗忘的发展规律,即"先快后慢"的原则。观察这条遗忘曲线,就会发现,如不抓紧复习,学到的知识在一天后,就

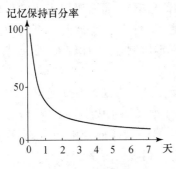

图1.2 艾宾浩斯遗忘曲线

只剩下原来的25%。随着时间的推移,遗忘的速度减慢,遗忘的数量也就减少。关于艾宾浩斯遗忘曲线的定量性研究显示,遗忘曲线呈指数型下降,表示遗忘在学习的最初阶段最容易发生,而在经过一段时间之后,记忆趋于稳定,遗忘的速度几乎变为静止而不再继续。曲线的形状可以用下面的公式来描述:

$$R = e^{-\frac{t}{s}}$$

其中,t表示自学习之后的时间,s表示学习刺激的强度。从公式中,我们可以知道,遗忘取决于两个因素:学习后的时间和学习的强度。

(1) 学习后的时间。学习后的时间越长,学习的内容被遗忘的越多,但随着时间的延续,遗忘的速度在减慢,曲线渐渐趋于平稳,遗留的知识可能会被长期记住。

(2) 学习的强度。学习的刺激强度越大,则遗忘越慢。这里的刺激强度应当理解为在学习过程中经大脑加工的信息数量和深度。只有在大脑充分加工并理解信息的基础上,信息才可以更长时间保存,而机械地重复无法直接加强刺激的强度。

艾宾浩斯遗忘曲线是一个具有共性的群体规律,遗忘曲线并未考虑接受试验者个人的个性特点。由于每个人的生理特点、生活经历不同,可能导致各人有不同的记忆习惯、记忆方式、记忆特点。因此,如果遗忘曲线与个人的记忆特点相吻合,记忆效果则较好;如果与个人记忆特点相悖,记忆效果则会大打折扣。因此,我们要根据自己的特点,找到属于自己的遗忘曲线。根据记忆生理心理过程、影响记忆的因素、青年期记忆特点等,可采用以下几种方法提高记忆效率。

1. 科学识记

(1) 有明确的识记任务。从主观来看,学习动机是促进学习的内部驱动力,表现为对学习的需要、学习态度和兴趣等。积极的动机和明确的识记要求可优先唤起大脑的兴奋,有利于增强记忆。

(2) 尽可能理解性记忆。在理解过程中,将新的知识同已有的知识相互联系,通过整理归纳,使所学知识系统化和条理化,将抽象的概念形象化,有利于记忆。

(3) 读和背相结合记忆效果更好。阅(诵)读和尝试回忆的时间分配不同,记忆效果有显著差异;尝试回忆的时间比例越大,记忆效果越好。Gates的研究表明,最佳时间分配比例是20%的时间阅读和80%的时间背诵(尝试回忆)。

(4) 识记次数适当。研究表明,通常能记住所需的次数再加50%最合适,如识记10遍刚好能背诵,再加5次的记忆效果最好。过度学习容易引起大脑保护性抑制。

(5) 科学分配学习材料,排除先、后学习材料对识记和回忆的相互干扰。类似的记忆材料不要安排在一起;先后识记两种材料的难易程度合理安排,根据本人的具体情况将难度较大的学习材料分散学习;加强对识记材料序列的中间部分的识记;先后两种材料之间保持短时间的间隙(5~10分钟)。

2. 合理组织复习、防止遗忘

(1) 及时复习、经常复习:及时复习,可防止在学习后发生急剧的遗忘。同时在大部分被遗忘前还应经常复习、不断强化记忆,从而牢固掌握知识。

(2) 复习时间应分散:研究表明,分散复习的效果优于集中复习,每次复习内容集中效果不佳,两门以上的功课复习时间也不宜过于集中,要有短暂休息;做到"学而时习之",以平时分散复习为主,再配合阶段复习,学习记忆效果较好。

3. 采用记忆术

所谓的记忆术是指将那些没有意义或各不相关的项目,赋予其意义或联系而特别设计的记忆方法。关于增强记忆的方法,较为常用的有如下几种:

(1) 减少记忆模块数量。短时记忆容量通常是 7 ± 2 个项目。如果需要记忆的材料超过上述容量范围,就会增加记忆的难度。如果将超过记忆广度的材料组成一些大的模块,使记忆的模块减少,会有效提高记忆能力。

(2) 谐音记忆。即利用识记材料的谐音帮助记忆。如圆周率(π)的数值为 3.141 592 629 32……有人将它分成几组编成打油诗,念成谐音"山巅一寺一壶酒,尔乐尔,酒杀尔……",就很容易记住了。

(3) 串联记忆。为帮助记忆某些单词或事物的名称,人们常常把第一个音节或字母串联起来组成一个字(或单词),这就是串联记忆法。如 north、east、west、south 四个单词的头一个字母串联起来组成一个单词 news,只要记住后者,前面 4 个单词也就容易记住了。

(4) 联想记忆。世界上的事物往往并不是孤立存在而是彼此联系的,或时间上的联系,或空间上的联系,或外部特征的联系,或内在意义的联系,等等。运用联想常可由此及彼,或找出其中规律,从而化难为易、增强记忆。

(5) 先两头后中间。心理学研究表明,通常靠前、靠近的事物容易被记住,这就是记忆的系列位置效应。因此,当学习较长的材料或进行较长时间的学习时,可适当地将材料或时间分成较短的段落,或在学习完全部材料后再集中时间练习或复习中间部分,可有效提高记忆效果。

(吕 虎)

2

情感发展的矛盾与应对

生理上的发育成熟使年轻人渴求在情感上获得独立,开始出现性欲及其与此相关联的一系列复杂的内心情感体验,渴望与异性建立亲密的交往。由于个性的稚嫩、独立处事能力相对不足以及成人社会的复杂性等,大学生常常会面临着诸多的矛盾、挫折与冲突,甚至由此产生诸多心理行为问题乃至精神疾病。合理应对这些矛盾与冲突,对青年学生的身心健康非常重要。

一、生理成熟与心理渴求

经过青春期的发育,大学生机体发育已经达到较高水平,心理发展(尤其是性心理发展)则处于迅速发展但又没有完全成熟的过渡阶段。青年期性心理的核心问题是性欲的满足与社会要求的冲突和平衡。

(一)青年期性生理一般特点

性生理发育是性心理和性行为的生理基础。性生理发育有两个明显的标志:一个是功能性的,即男性的遗精和女性的月经来潮;另一个是特征性的,即男性体格高大,出现胡须、腋毛、阴毛和喉结等,女性体型丰满,乳房发育,出现腋毛、阴毛等。

1. 月经、月经期表现与保健

月经是指有规律的、周期性的子宫内膜脱落和出血,是女性青春期开始的标志,也是女性发育正常、身体健康的重要标志。规律的月经出现是生殖功能成熟的重要标志。女性第一次月经来潮称为初潮,初潮多发生在13~14岁。月经初潮的早晚主要受遗传因素控制,营养、体重、体质也起着重要的作用。超过18岁仍未月经初潮,可能是生殖系统发育不良,或是身体患有某种疾病,应到医院就诊查明原因。

正常月经血呈暗红色,除血液外,还有子宫内膜碎片、宫颈黏液及脱落的阴道上皮细胞。月经血中含有前列腺素和来自子宫内膜的大量纤维蛋白酶。由于纤维蛋白酶对纤维蛋白有溶解作用,因此,月经血一般不会凝固,但出血过多时可出现血凝块。

正常月经具有周期性。出血的第 1 日为月经周期的开始,相邻两次月经间隔时间为一个月经周期,一般为 21～35 日,平均 28 日(少数女性月经周期可为 2～3 个月)。每次月经持续的时间称为经期,一般为 2～7 日,多数为 3～5 日。一次月经的总失血量,称为经量;正常经量为 30～50 毫升,超过 80 毫升称经量过多。月经期一般无特殊症状,由于前列腺素作用及盆腔充血,有些女性会有下腹部及腰骶部下坠感或子宫收缩痛,约 10% 左右的女性可出现头痛及轻度神经系统功能不稳定症状(见第 10 章的"痛经及月经异常")。

月经周期的调控非常复杂、精密,因此,女性应注意预防月经失调和可能发生的疾病。经期机体抵抗力下降,容易发生疾病,应注意避免精神及体力过度疲劳,避免剧烈运动、寒冷刺激,避免经期性交,不宜游泳等。

2. 遗精与流白

遗精是指精液在无性活动或无性交时排出体外的现象。性成熟后的男性青年大多数都会有正常的遗精,通常是 2 周或更长时间发生一次。性器官不断产生精液,如果没有排出体外,就会被吸收或积聚起来。当精液积聚较多时,会引起射精阈值降低,同时睡眠中大脑皮层的抑制作用下降,当身体转动、内裤过紧或棉被摩擦就有可能刺激射精,即遗精。如果遗精时正好有绮梦,即称为梦遗。当遗精频率达到一周数次,或一日数次,或在清醒状态下由于性的欲望、意识就会发生遗精,应向医生请教。

流白是在性兴奋时,尿道旁腺的分泌物由尿道口溢出的现象。不少男青年在看到性刺激画面或阅读一些言情小说时,尿道口就会流出几滴无色透明、黏稠、滑腻的液体。流出的清亮分泌物是性兴奋时尿道球腺和前列腺产生的分泌液,其中不含精子。这是一种正常的生理现象。

3. 手淫

在性朦胧期的青少年和性发育旺盛期的青年中存在手淫现象。手淫是指利用手或其他物品抚摸刺激外生殖器以满足性快感的自慰现象。男性通常是摩擦阴茎,女性通常是抚摸外阴及乳房。青少年通过手淫获得美妙的感觉以满足对性的好奇心;青年通过手淫获得满足感以释放性能量。手淫是在缺乏性配偶时对性渴求的一种替代形式。青年在追求异性、恋爱、结婚等情形下,手淫的欲望减退并消失。偶尔手淫在生理上通常不会产生不良影响,少数人会出现神疲、体乏、困倦等症状,稍作休息便可恢复正常。然而,肆意而频繁的手淫,不仅存在观念上的偏差,也存在性心理、性行为的非正常体验感。作为社会性的人,既有欲望和满足欲望的需求,也有控制欲望和驾驭满足欲望手段的能力。过度沉迷于手淫者,不仅影响健康,也影响性心理、伴侣关系、性格成长、社会伦理认知,而在下面几方面表现较为突出:

(1) 心理方面。有的青少年及青年手淫后在心理上留下严重的犯罪感,事后常有后悔、羞愧、自责、惶恐等精神折磨和心理阴影。由于对性的初识,好奇,羞涩,及性欲的成熟,于是情不自禁或无师自通地刺激玩弄性器官,获得舒畅或者减压感。然而,当比对社会中"性"存在"异性两两形式"时,内心顿时产生不道德感、犯罪感,于是羞愧、自责的情绪萦绕于胸。对于性格内向、意志力薄弱的人来说,虽然暗下决心改正,但满则溢的性能量让他重蹈覆辙。这种反复而矛盾的心理,让他备受折磨,最终导致性心理方面的障碍。

（2）身体方面。过度手淫可导致全身的精神方面和躯体方面症状。主要有失眠、多梦、记忆力减退、注意力不集中、心悸、恐慌、头昏、理解力降低、面色无华、有气无力、腰膝酸软甚至频繁梦遗等。

（3）性兴奋方面。肆意手淫将导致性兴奋异常。一方面是性兴奋超常（性兴奋阈值低或称性敏感）,手淫者在实施手淫时常伴有性憧憬和性幻想;低于常人的性诱惑刺激便会引起其大脑皮层性兴奋中枢的广泛兴奋,导致性行为和射精;男性表现为早泄,女性表现为假兴奋（心理性兴奋）。另一方面是性兴奋低下（性兴奋阈值高）,长期频繁的强烈手淫刺激造成性兴奋中枢和射精中枢过度兴奋而疲劳,性兴奋阈值升高;男性表现阴茎不能勃起（阳痿）或勃起不坚,女性表现为性高潮障碍。

（4）生殖系统疾患方面。沉迷于手淫者,无论男女均可导致泌尿生殖系统的充血、炎症、内分泌紊乱等表现。常见表现有：男性有前列腺炎、精囊腺炎、尿道炎、精索静脉曲张等,女性有阴道炎、尿道炎、盆腔炎,小腹坠胀感、会阴坠胀,月经不调等。

（5）松懈婚姻关系方面。手淫者从主观意识上淡漠了对配偶的关注,从心理上疏远了对配偶的情感,从感情上淡薄了对配偶的依恋,从生理上漠视了对配偶的义务。过度手淫导致的男性早泄、阳痿、勃起不坚,易造成婚姻中的女性不满、猜疑、暴躁、不信任等;过度手淫导致的女性假高潮、高潮障碍、性冷漠,会造成婚姻中的男性冷淡、无趣、不满、烦躁等,最终使婚姻关系受到影响。

青年男女要纠正不正确的手淫习惯,必须增强自身的意志力和自我约束力,增加社交活动,把主要精力放在学习和工作上,让性能量合理有序地转化为其他的能量。同时要学习科学的性知识,及时正确地进行心理疏导。

4. 性梦

性梦是指人们在睡眠状态下所做的一切与性因素有关的梦。性梦是人类正常潜意识的性行为,是弗洛伊德所述的本我的自然舒展。性梦的梦境可以是清晰的,也可以是模糊的,可以是完整的,也可以是支离破碎的。梦境中可以是与喜欢的、崇拜的异性交谈、游艺,甚至肌肤之亲,也可以是与不明异性畅谈、旅游,秋波频传。其实,有性梦不一定出现性高潮,有性高潮（男性射精和女性阴道大量分泌）不一定做性梦。性梦和道德毫无关系。国外调查资料显示,男女在45岁以前有过性梦的人分别是100%和75%。为什么大家都做性梦呢？从角色来讲,人分为自然人和社会人两种;从人格来讲,人分为本我的人、自我的人、超我的人三类（弗洛伊德学说）。人是高级动物,在成长过程中学会了种种自我控制和自我禁忌,大脑高级的控制能力只有在睡眠状态下才得以解除,自然人或者说本我的人最原始的本能反应和欲望逐渐显露。男女性梦存在一些差异,男性比较直露,女性比较含蓄,男性充当参与者多,女性充当参观者多。性梦是人类性欲望正常的表现形式,对此不必有心理与道德上的负担。

(二) 性欲与性冲动

性欲是一种产生性要求的心理体验,性冲动则是性兴奋逐渐增强而准备付之行动的一种心理状态。性欲和性冲动是青年人生理发育成熟和各种心理因素综合作用的自然结果。青年期,随着性发育成熟而出现成熟的性欲。成熟性欲是指企图与异性进行肉体接触的欲望,是正常性爱的基础;成熟性欲支配的性冲动是两性的正常性交往。成熟的生理性冲动是人体最强烈的冲动之一,当与成熟的性欲结合时,就形成了男女爱恋、婚姻、性生活的基本动力。然而,青年人又往往缺乏必要的性知识,对于正在萌动的性冲动缺乏心理准备,因而带有很大的神秘感与好奇心。如果对性问题的社会道德认识较为肤浅的话,一旦受到社会上的不良影响就会激化矛盾,以致误入歧途。因此,应正确对待和处理好可能会出现的性方面的问题,避免产生与此有关的各种不良影响。

1. 自我控制

性欲和性冲动是由于性成熟后体内性激素水平迅速升高所主宰的。然而,人具有思想和理智,所以人的本能可以受到大脑的理性控制,不会让它四处泛滥。只要生理发育正常,到达一定年龄后就会产生性欲,包括对性问题感兴趣、看言情小说、做有性内容的梦、出现性幻想和性憧憬等,性欲强烈时还会发生手淫等自慰现象。这些都是合理的、顺理成章的、自然而然的事情。关键是应该如何看待和处理这些问题。既不能将性欲和性冲动看做是思想不健康或低级下流的事情,从而自责或产生内疚感;也不能让欲望控制自己,突破性文明和性道德约束,追求所谓的性自由和性解放,从而出现不健康性行为、感染性传播疾病等,使自己身心受到严重伤害。因此,对于过强的性欲念和频频发生性冲动需要进行自我控制。性欲和性冲动的自我控制主要是心理方面的,一般包括以下几个方面:

(1) 建立正确的道德价值观念,明确权利和责任的关系。作为一个有性需求的人来说,能够对自己的性需求、性器官、性能力感到有信心,感到惬意和自在是很重要的。但是,在我们就自己的性行为做出决定时应如何思考、想象、感受和行动呢?回答这个问题有两条途径:一条途径是当作出性决定时,仅凭个体当时的感觉、情感冲动,并未深入考虑此决定与双方今后生活状况和幸福感的关系;另一条途径是建立正确的道德价值观,在能够明确行为结果、负责自己的行为、拥有双方一致的未来设想的基础上,释放性冲动和决定性行为。前者随意随机随性,往往不计后果,缺乏责任意识;后者有情有节,分寸拿捏恰当,做到了理性与感性的融合。有人会说:我是人,不是圣人,更不是神仙,当性欲与性冲动来临时,根本考虑不了那么多。当心中有合理的道德价值观时,随机出现的性冲动会反馈到大脑,大脑能整合(性行为与环境、性行为与结果、性行为与幸福、性行为与伦理关系)并决定是否释放这次性冲动。任何有理性的个体,在做出决定之前,应该考虑到行为对自己及对方的影响,并拥有承担行为责任的信心和能力。一个性成熟的个体有满足性欲的权利,但切不可忘记同时应该承担的社会和家庭责任。在做出性行为决定时,年轻女性意味着要做妻子和母亲,而年轻男性意味着要做丈夫和父亲。如果自己还不能立刻承担这些义务和责任,就要慎重地做出性决定。

(2)了解性生理、性心理、性道德、性卫生知识,提高性素质。青年学生应该了解与性有关的事实真相,对性知识有清晰和正确的认识,并有效地应用有关性的科学知识,做出明智和合理的决定。如果对人类性行为已知的事实始终无知,在做出性决定时常会遇到困难或做出不适当的决定。因此,青年学生应该掌握一些经过科学研究已证实的事实,学习和了解一些正确的性生理、性心理、性道德、性卫生知识。如此,可以养成良好的性适应能力和控制能力,以便能够适应复杂的社会文化环境。当两性相互吸引而发生性冲动时,或在偶然的诱因影响下,可以自我控制,防止越轨行为发生。

(3)不断升华自身的性观念。在文明社会中,人类的性是由于各种综合因素作用而产生的需要。它不仅是个人问题,也是严肃的社会问题。性,是一种广泛的活动,是构成人类精神需要和精神文明的一部分。大多数的文化体系和宗教信仰都具有各自的基本道德伦理准则:尊重人生和尊严;设身处地地为他人着想;调整自己的行为和需求,以适应别人的权利和需求,即使这样做可能会推迟或干扰自己即刻的愿望满足。有人可能会认为满足性欲是个人的事情,为什么要考虑那么多?当一个人知道伴随性活动可能发生的一些问题,如妊娠、传播性病等,不仅涉及自己也涉及另一个人时,他所做的决定就必须是符合社会道德伦理和个人的道德准则,而不应该是一个纯粹自私的决定。

性是爱的一部分,是爱的升华。在与异性进行交往时,人们心中应该具有一定的准则,并且要理智地执行准则。性道德并不是要禁止自己的性欲望和性行为,而是应该将性欲望和性行为建立在双方的爱慕、无伤害和彼此负责的基础之上。青年人应正视自己身心方面在性问题上的成长与发育,但绝不可放纵自己的性欲。现今年轻人中存在一种错误的想法,误将婚前性关系看做是彼此了解性生活是否和谐的方法和婚后获得幸福的保证。有这种想法的人不懂得每对夫妇之间从性生活中获得乐趣是一个需要长时间的摸索与逐步建立的过程。大学生的性关系通常只能偷偷摸摸地进行,心情也常常是异常惶恐,失败的机会很大。此外,为了性适应才有婚前性关系,或是为了证明对方是否爱自己而要求与对方产生性关系的人,其对待性爱的态度本身就极不严肃,缺乏真诚和信任。

(4)培养和建立正常的两性交往习惯。人们在日常活动中,都要作为一个具有特定性别的人与他人打交道。实践证明,如果男女青年缺乏正常交往,会进一步强化他们对异性的神秘感与好奇心。开发和组织青年男女共同参与丰富多彩的活动,是使青年男女之间的交往成为正常的社会交往和社会适应的重要方式。如何与他人(同性和异性)相处将取决于每个人的类型：可信赖或不可信赖的人,忠诚的或欺诈的人,关心他人或不关心他人的人,乐于助人或自私自利的人,……每一种人的类型都会自然而然地反映在他所做出的决定,特别是那些影响到他人生活的决定时所采取的方式中。对于朝气蓬勃、对未来充满信心的年轻人,应该在家长或老师的指导在下,培养和建立正常的两性交往习惯,这对以后的人际关系发展具有重要意义。

2. 约会礼仪

随着青年生理发育的成熟,产生对异性的向往或爱慕之情是合情合理的。而约会则是青年男女对异性发生兴趣后必然采用的方式,是一种沟通信息的社会活动,更是男女择友和恋爱的必经之路。男女青年往往是先有一些好感而想要进一步了解对方,才开始约会。早期约会是男女了解的开始,约会对象不一定是单一的,可以多人聚会结交不同的朋友。当对约会对象及自己的需求有所了解后,可考虑采取单独约会的方式。但是单独约会是双方进一步了解对方,不是求爱,没有任何承诺。男性能否约得女性为伴,女性能否获得男性的邀请,是青年人衡量自己受欢迎程度的指标之一。接连遭到拒绝,或从未受到邀请的男女青年可能会失去自信或产生自卑,因此,约会是青年人走向心理成熟的一种锻炼。

因为约会是男女相处的必然且正当的途径,因此,青年人应该对此抱有正确的认识和态度,并遵守公认的准则和礼仪,包括尊重对方的感情,遵守社会伦理道德标准和法律规定,不做欺诈、哄骗或占人便宜的事情;男女双方在约会时必须相互尊重和体贴;注意自身的语言与举止文明,这才是爱情的起点。如果没有人邀约你,或是你的约会提议遭到拒绝,也不应引起沮丧颓废或自卑的情绪。一个具有自信、真正能接纳和肯定自己的人,应能懂得时机未到和本人条件不合格的区别,要将眼光放在未来。

3. 肌肤接触

就两性关系而言,两性间的亲密程度包括理性亲密、感情亲密和肌肤亲密三个层次。理性亲密是指双方意见和思想的交流,这一层次的交往容易建立,但不一定会达到深层次。感情亲密是指双方彼此间真正的感情投入,真正的相互爱慕、关怀和接受,是一种较难建立但却极为重要的情感交流。肌肤亲密是指交往双方从牵手、拥抱、亲吻到爱抚或性交等活动。近年来,青年男女之间存在的一种理性亲密被省略,感情亲密不被重视的倾向,有些人甚至以肌肤亲密作为起点。更可怕的是,有人既以肌肤亲密作为两性交往的起点,又以肌肤亲密作为终点;或者企图通过肌肤亲密迫使对方接受自己。实际上,过早的肌肤亲密常常会阻碍男女之间的理性亲密和感情亲密的发展。大部分的精力和时间花费在肉体上的缠绵,很难期望双方在彼此关系上再有新的拓展。因而仅有肌肤亲密,没有思想和情感交流的两性关系是十分脆弱的,经不起考验的。

男女交往过程中,随着时间的推移,感情不断加深,自然而然地会发生不同程度的肢体接触,从最初的牵手、拥抱,再到亲吻、爱抚,甚至性交。所谓爱抚是指通过肉体的接触去挑逗对方的性欲并满足自己的性欲。通常情况下,男性对爱抚的反应非常敏感,有时甚至接吻即可导致性冲动,并渴望进一步发生性关系。故男女在交往时切忌过早亲密,以防失去理智,导致不可控制局面发生。在大学生的性关系中,绝大部分都不是事先有预谋的,常常是情不自禁;一旦有了开始,往往一发不可收拾。对于恋爱中的男女,这一点值得高度注意。因此,对于肌肤接触的一个基本原则是:亲密应把握度,并做到自制和自觉。一般而言,男性在肌肤亲密方面比较主动,应该负有较大责任。女性也应理智拒绝对方进一步的行为,此时对方会因为你的自重而更加尊重你。青年人必须懂得珍惜情感,辨别合宜行为,杜绝不合时宜要求。热恋中的男女注意遵守以下"规则",将对双方都有益处:

(1) 尽量避免男女长时间单独相处,特别是晚上单独在卧室内谈心。
(2) 尽量避免观看成人影视、色情小说、裸体图片等具有性刺激的东西。
(3) 尽量避免使用挑逗性的语言、行为和态度,做到尊重自己也尊重别人。
(4) 女性应该避免穿过于暴露的衣服,以免令对方想入非非。
(5) 要留意性欲被挑逗的危险,不要过于信服自制力。

4. 拒绝的艺术

现实生活中,青年男女的性与爱常常会发生各种各样的问题,原因之一是没有适时、当机立断地"拒绝"。在两性交往中,大多数青年都渴望自己受到欢迎,被关注,认为这是对自身价值的肯定。害怕没有人约会或不被关注,害怕自己没有魅力、被别人拒绝,因此,不敢对别人说"不"。不少女性青年在这种心态的影响下,不但不能拒绝约会,甚至对方要求身体过度接触时也不敢抗拒,以至于造成身心伤害,留下以后更难处理的问题。

女性青年特别值得注意的问题是,必须学会拒绝对方过于频繁的约会、过度肌肤接触及婚前性行为的要求。但是,应该注意拒绝的艺术,不要伤害对方的感情和自尊心。假如对方说"如果你爱我,你就给我",你则回答"如果你爱我,就请你尊重我"。如果对方说"你常不应约,你可能不爱我了",你可以说"恋爱只是生活的一部分,还有更多更重要的事情要做"。如此,既不会伤害对方的感情,又可以避免一些后悔莫及的事情。

5. 保持贞操

爱情反映为对异性的情爱,是人类特殊的感情,是复杂的精神表现之一,是青年男女探索和追求人生的一个重要领域。在两性生活中,无论是男性还是女性,都存在一个贞操感的问题。贞操感是对两性关系严肃、负责的重要标志之一。生理贞操感是对两性关系中肉体的尊重与珍视,心理贞操感是对自己性爱情感的尊重与珍视。无论男性还是女性,只要同异性发生过两性关系,就是生理失贞。心理贞操是指对爱情的严肃、忠贞、专一、负责的态度，以及性爱中心扉第一次开启。现实社会中，人们常常只注重生理失贞而忽略心理失贞。同时，格外重视女性的生理失贞而未涉及男性生理失贞，甚至以此苛责女性并达到迫害程度。殊不知两性关系，有男必有女，生理失贞同时出现。生理贞操固然重要，而心理贞操意义更为重要。现实生活中有很多事例证明，一次生理失贞造成的心理失贞，常导致人们对情爱性爱态度的改变，甚至堕落或走向性犯罪的道路。例如，一个女大学生被骗入黄色娱乐场所，在胁迫威逼下失去贞操，仍然誓死不从，而老鸨则想尽一切办法让她无羞涩、无胆怯、无感觉，就是让她心理失贞。所以，心理上的"失贞"对一个人的影响是长久的，后果也是严重的。

前段时间社会上存在一种反对贞操感的现象，"性自由"活动盛行不已，甚至到了泛滥程度。人们在性行为中将爱情、婚姻割裂开来，未婚同居、婚外性、多个性伴侣、性游戏（换妻）等现象层出不穷，只注重性生活而忽视精神生活。这种"性解放"现象导致婚姻解体、重婚、情杀、私生子、弃婴、嫖娼等腐朽社会现象的出现以及艾滋病、性病、传染病等疾病的恶性蔓延。针对这种现象，有人提出：保持贞操到底是社会进步还是社会倒退？网络讨论曾经热烈无比，多数人认为对于男女社会道德、社会责任的要求应该一致，男女都应该坚守贞操，保持贞操是社会的进步、和谐的象征，保持贞操是美好爱情的基础，是婚姻稳固的黏合剂。无论男还是女，贞操都是值得努力保持的。

二、培养良好的人际关系

现代人的生存压力除了工作、学习，人际关系同样是一个重要的方面。很多人的烦恼、焦虑来源于人际关系。人际关系和谐与否，常常决定着一个人的健康、幸福与成功。和谐的人际关系表现为"人人为我，我为人人"，乐于助人，乐善好施，是建立良好人际关系的性格品质。在人际交往中，还应学会互尊互助，磊落坦诚，重情重义，看重他人的优点，包容他人的缺点，要有宽容之心，懂得真诚鼓励和善意批评。青年大学生由于社会阅历浅，综合知识和处事经验不足，在处理人际关系上可能出现种种矛盾和冲突。

应该如何培养良好的人际关系？以下原则可能会对青年人有所帮助。

（1）由彼观彼、善解人意。人们往往习惯从自己的角度观察问题，自己的利益、自己的愿望、自己的情绪、自己的理解等等，从这些角度观察周围的每一个人。因而常常很难了解他人，公说公有理、婆说婆有理的现象比比皆是。现实中一切双边的、多边的人际关系冲突几乎都是这样发生的。只要站在客观的立场看待冲突就会发现，冲突的双方几乎完全不理解对方。要处理好自己和他人的关系，就必须学会互相学习，改变从我出发的单向观察与思维方式，善于从对方的角度观察对方，也即由彼观彼。换位思考（善解人意），从他人角度出发，更好地把握与他人关系（同学关系、师生关系、上下级关系、邻里关系）发展的方向和性质，沟通互融。如此处理双边关系，就会有更多的和谐，更容易受人喜爱。不能由彼观彼、善解人意，就难以建立良好的人际关系。

（2）己所不欲，勿施于人。在人际交往中应建立以尊重对方为前提的人际关系。做到爱人如己，己所不欲、勿施于人，无论是对同事、对同学，还是对部下、对朋友、对合作伙伴、对恋人都应该遵循。不懂得这一点，则难以适应社会、难以成就自己。能做到融会贯通地实施"己所不欲，勿施于人"，就可能最大限度地帮助自己成功。

（3）己所欲而推及于人。懂得了己所不欲勿施于人，还要懂得己所欲而推及于人。自己不喜欢的事情，不要强加给他人；自己渴望的事情，要想到他人也可能渴望。当你渴望安全感时，就要理解他人对安全感的需要，甚至帮助他人实现安全感；当你渴望被尊重、被理解、被关切和被关爱，就要知道如何给予他人尊重、理解、关切和关爱。孟子说："爱人者，人恒爱之。"给予他人尊重、理解与关切，就能够很好地调整和融洽彼此的关系，也能很好地调整自己的状态。这个良好状态既来自于对方的回报，也是自己"给予"的结果：善待别人，也就善待了自己。

（4）诚心欣赏、善意批评。得到欣赏是一个人生活与奋斗的巨大动力，每个人都希望得到理解与欣赏。小时候，父母的欣赏会使孩子积极上进、奋发努力，老师的欣赏会使学生废寝忘食地努力学习。成年后，社会的欣赏是一个人工作的最大动力之一。善于欣赏他人，诚心赞美他人，就是给予他人的最大善意。每个人都有某些长处值得他人赞美，一个关心他人的人，不难发现他人有可赞美之处。当一个人做一件事情（甚至是微不足道的事情）取得成功时，真心给予肯定和赞赏，他人获得的是喜悦和自信；长此以往被赞美的人在喜悦的心境下不断做事，成果和自信心像滚雪球一样增加，成功便水到渠成了。俗话说，天才也需要赞美。赞美容易被人接受，而批评不易被人接受，但建设性的批评对促进人际关系的融洽是不可或缺的。批评需注意分寸，掌握技巧，说话态度要诚恳，使他人感受到帮助是真心的，切不可损伤他人自尊心。

（5）诚实、守信。诚信待人不仅仅是为了在他人那里造成一种印象，也不仅仅是为了塑造自己的美德与品格，而是为人处世的最基本准则。这种质朴自然、真心流露的诚信，本身就是生活的需求。在诚信待人的状态中，我们找到心理的安详和思想的纯朴、情感的通畅。诚信待人，诚信做事，可以使一个人理直气壮，正气凛然，心胸开阔，心无挂碍。只有诚实、守信，才能取得成功，"狼来了"的故事可能言犹在耳。

（6）以德报德，以直报怨。在生活中，有人有恩德于你，有人有怨于你。应该如何对待这些德和怨？常有的方式是：以德报德，以怨报怨，以德报怨。以德报德，是没有疑义的。俗话说"滴水之恩当涌泉相报"，这也是中华民族传统美德。以怨报怨，"冤冤相报何时了"。以德报怨，则会使得世界上没有是非可言，甚至可能助长邪恶。《论语》中曰："何以报德？以直报怨，以德报德。"以直报怨，就是秉着正义凛然态度，维护自己的尊严，谴责加害于你的不良行为，坚持自己处世的信条。

（7）要雪中送炭，不要锦上添花。当别人需要帮助时，你要尽力去帮助；雪中送炭，急别人之所急，才是助人为乐之本。当别人顺风扬帆时，不必随大流凑热闹，多一点不多，少一点不少。爱心是火种，它可以传递；爱心是河流，它可以流淌。真心献出的爱，使世间变得更美好。乐于助人的人会受到社会的欢迎,受到大家的拥戴,无论今后在生活上还是工作、事业上都会受到大家的关爱和支持。

(8) 和气宽仁。古人讲和气生财,它不仅在商业中有效,在其他方面同样重要。和气的性格来源于宽厚仁慈的心,来源于善解人意的情。人是世间最复杂的动物群体,社会的主要组成要素。能和气待人,便能大度处世,更能宽仁地对待世界。一个人与人群、社会融洽和谐了,心境自然宽松开阔。

(9) 不求取免费的午餐。世界上没有免费的午餐,人们似乎都懂得并认可这个道理。然而,当事情针对自己时,很多人常常会忘记这个道理。别人有成就,我应该分享;别人有钱,我应该沾光;别人有名声有地位,似乎都应该瓜分。一分耕耘才有一分收获,无功受禄、不劳而获的人古往今来都令人讨厌。有些人天下午餐我皆分一杯羹,否则心理的嫉妒和不满不断膨胀,贬低、拆台、谩骂,甚至是恶毒攻击,同时自己的心理也备受这种不良情绪的折磨。踏实勤奋,自己耕耘,冬播春收,放下坐享其成之心,心境自然就会清静和坦然。

(10) 不靠言语取悦于人,而靠行动取信于人。在处理人际关系时,有些人喜欢急功近利,追求短期效应,恨不能讨好一切人,应酬好一切关系。殊不知人是感情动物,钱债好还,情债难了。短期的奉承应酬,是一种虚情假意,是人际关系的拙劣表现。

三、艰苦奋进与成效甚微

人们在工作、学习和日常生活中并不总是一帆风顺的,常常会遇到诸多的矛盾与挫折,有时候艰苦奋进与不懈努力的结果却可能是成效甚微或是失败。在漫长的人生道路中,人们需要实现诸多的目标。有些目标并不需要经过特别的努力就可以实现;有些目标的实现一时受阻,但经过努力最终可以达成。许多时候,人们的行为受到干扰或受到阻碍而不能实现目标,从而感到挫败、沮丧,并产生紧张状态(如心理压力、精神负担)和情绪反应(如消极颓废、郁郁寡欢、焦虑急躁、失望恐惧等),这就是所谓的挫折。挫折本身并不都是坏事,挫折的体验可能成为警示信号,给人们带来选择的暗示;同时也能激发自身的心理防御机制,避免可能发生的行为偏差;能引导个体的认识产生创造性变迁,增强个体解决问题的能力;能锻炼人们的意志,提高克服困难和适应环境的能力。因此,大学生们必须具有遭遇挫折的思想准备和应对挫折的能力。这也是青年人走向社会、走向生活的基本能力之一。

(一) 挫折产生的原因与影响挫折程度的因素

1. 挫折产生的原因

产生挫折的原因众多,归纳起来主要包括以下几方面:

(1) 自然环境因素。由于各种无法克服的自然环境条件限制,导致个体目标不能实现。如旱灾、水灾、虫灾等使庄稼歉收,城市拥挤的空间和噪声影响人们健康而无法控制,食品添加剂普遍采用及食品污染的广泛性让人们无从选择等。

(2) 社会环境因素。由于社会制度、生活方式、人际关系、风俗习惯、经济条件、宗教、种族、道德等社会环境限制,使人们的行动和目标的实现只能局限在一个有限的范围内,因而造成挫折。如青年由于受到父母管教和纪律约束等而不能随心所欲,由于种族差异而受到歧视,由于与领导之间的关系紧张或与周围人们的关系不协调而无法逃避等。

(3) 主观内在因素。受到个人心理、生理条件的限制,使个体目标无法实现,这些因素包括个人能力、体质条件、选择目标不当(个体所界定的目标超越本身的能力)和行为途径不正确等。

2. 影响挫折程度的因素

挫折是一种主观感受,影响挫折程度的因素主要包括以下两个方面:

(1) 个体抱负水平。对某人构成挫折的事情,对另一个人不一定构成挫折,形成这种差异的首要原因是个体的抱负水平。抱负水平是指一个人对自己所要达到的目标确定的标准。通常抱负水平高的人要比抱负水平低的人更容易受到挫折。例如有两位考生,A 发誓要考上重点大学,而 B 则对自己能否考上专科院校都信心不足,结果 A、B 两人都被普通本科大学录取,A 认为是失败而感到挫折,B 则认为是成功而欣喜若狂。理想与空想是有差别的,理想是建立在自己可及的目标上更高一些的标准,空想是脱离自己实际情况的不可实现的过高标准。因此,不要对自己有过分要求,应根据个人的实际情况确定适当的抱负水平,将目标和要求界定在自己力所能及的范围。

(2) 对挫折容忍力。是指个人承受环境打击或经得起挫折的能力。挫折容忍力较低的人遇到轻微的挫折就会意志消沉、颓废沮丧、一蹶不振,甚至人格分裂,进而形成行为失常或心理疾病。挫折容忍力较高的人,能忍受较重大的挫折,坚忍不拔、百折不挠,保持心理平衡。个人挫折容忍能力是个体在后天生活过程中为适应环境而习得的能力之一,可以通过学习和锻炼得到提高。有两种人挫折容忍力较强,一种是在生活道路上历经磨难与艰辛的人,他们在同逆境的搏斗中提高了自己应对环境、战胜困难、摆脱挫折的能力;另一种是有教养或修养好的人,从小受到家庭和学校良好教育,受到一定的社会训练,形成了坚强的性格,学会了处理挫折的技巧。也有两种人容忍挫折能力较差,一种是从小受到过分溺爱和保护,在生活中很少或根本没有遇到过挫折,一帆风顺的人;另一种是从幼儿时期以后就缺乏爱抚,受到不断发生的挫折困扰,因而变得冷漠、孤僻和自卑的人。心理健康的人应该能认识到,挫折是现实生活中的正常现象,不必逃避,也无法逃避,应面对现实,并在可能的范围内予以克服。能够忍受挫折打击而保持人格完整与心理平衡,是社会适应力良好和心理健康的重要标志之一。

（二）面对挫折的行为反应与心理防御机制

1. 面对挫折的行为反应

不论是何种原因造成的挫折,对个人情绪和行为都会造成重大影响,从而使个人产生消极或积极的反应。在积极或比较积极的反应中,一种是进取的姿态,力图克服障碍或避开障碍而达到目标,并由此取得良好的心理平衡;另一种是退而求其次,用其他的成功来补偿,或理智地放弃原来的目标,从而维持较好的或暂时的心理平衡。如果再次失败,但依然能够理智的抑制自己原先的需求,放弃预期目标,也能维持暂时的心理平衡。如果这一点无法做到,就可能失去心理平衡,造成严重的心理挫折,在心理上产生挫败感,并由此产生消极的不良反应,使人陷入一种紧张焦虑、烦恼不安、恐惧抑郁、茫然无措的痛苦状态之中。人们面临挫折产生消极反应的常见表现包括攻击、倒退、固着、焦虑等,这些反应行为一般以综合形式出现,相互掺杂,也可以某种反应为主。

（1）攻击。人们遭受挫折,尤其是挫折感较强时,攻击是常见的表现形式之一。挫折容易引起愤怒情绪,进而出现攻击行为,这些攻击行为包括直接攻击和转向攻击。直接攻击行为直接指向造成挫折的人或物,方式包括动手打人、嘲笑谩骂、怒目而视等。一般来说,对自己容貌、才能、权力及其他方面较自信者,容易将愤怒的情绪向外发泄,采取直接攻击。有时由于种种原因而不能对造成挫折的人或物直接加以发泄,而把矛头转向其他替代物或人,使其他人或物无辜受害而成为替罪羊,这就是转向攻击。例如,在单位受了气,愤怒情绪未消,回家后就将气出在家人或家具上;再比如有些孩子受到父母责罚后会将矛头指向学校和社会(这也是青少年犯罪的原因之一)。还有一种情况是将攻击行为指向自身(自我惩罚)。例如,少数大学生面临失恋、就业不顺、考研失败、人际关系紧张等挫折时,会将情绪向自身发泄而出现自虐行为,这种行为倾向非常强烈时,便可能导致自杀。一般情况下,对自己要求过高、过多挑剔自己的人,或较为自卑、性格明显内向的人,遭受挫折时容易出现情绪的自我发泄。

（2）倒退。倒退是指受挫折者以退缩方式来应对挫折情境。表现形式包括冷漠、幻想、退化、易受暗示等。由于个体长期遭受挫折,或挫折情境表明已无希望,或以往体验过攻击无效,或因攻击而招致更多的痛苦等,于是表现出对挫折情境漠不关心的冷漠态度。这是一种比攻击更为复杂的反应,当事人内心痛苦可能更甚。也有些人企图以自己想象的虚幻情境来应对挫折,借以脱离现实。退化则是指人们受到挫折时,表现出与自己年龄不相称的幼稚行为,再现童年时期的一些习惯与行为方式,以幼稚简单的方式应付挫折情境。比如有人受挫折后蒙头大睡或装病不起,女性受挫后爱哭泣,或跑回娘家等都是常见的幼稚退化行为。疑病症也是一种倒退的表现,因为患者认为自己有病就可以得到他人的帮助,像儿童依赖父母一样依赖他人。也有些人受挫折后会盲目地相信别人(缺乏自信心),盲目地接受他人的指示。

(3) 固着。固着是指人们受到挫折后,反复进行某种无效的动作,尽管这种动作无任何结果,对目标的实现和需求的满足无任何意义,但仍然要这样做,并且常常不能被更为适当的行为所代替。固着行为具有强制性、呆板。人们处于惊慌失措时,常表现出固着行为,如看见房子着火时光知道拍大腿喊叫而不知道叫人去救火等。

(4) 焦虑。焦虑是个体对自己或自己所关心的人的生理、心理、社会等方面的完美状态受到威胁时所激起的一种不愉快的情绪状态。焦虑由紧张、不安、急躁、忧虑、抑郁等交织在一起,使人陷入茫然无措的痛苦状态,并且常常不清楚导致焦虑的对象或原因。焦虑者表现出不安感,或绝望、惊慌等。焦虑对个体学习、工作和适应环境有积极和消极两方面的作用。适当的焦虑水平可以使人发挥潜能,增加个体随机应变的能力;过度焦虑时常常会产生一些情绪、行为不稳问题,影响人的正常生活。

2. 挫折的心理防御机制

处在挫折下的个体,心理活动中存在一种适应性倾向,即自觉或不自觉地用自己较能接受的方式来解释和处理主客观之间所发生的问题,以减轻内心的不安和烦恼,避免引起太大的痛苦和不安。这种保持情绪活动平衡和稳定的心理机能就是心理防御。心理防御机制是一种非常普遍的心理现象,个人所掌握的防御机制是长期生活中所习得的,并反映出本人的性格特征,任何人的心理活动中都可见到它的存在。以下分别讨论心理防御机制的一些主要表现。

(1) 压抑作用。指个人将意识不能接受的、使人感到不安的冲动、欲望、思想、情感或痛苦的经历,不知不觉地从意识当中予以排除或压抑到无意识中去,以致当事人不能察觉或回忆,使自己避免痛苦。弗洛伊德认为,压抑作用是由于不愉快或痛苦的经验所产生的焦虑引起的。凡是与社会抵触的心理冲动或欲望,如果任其发展下去,由于为社会所不容,就不可避免地会导致挫折并因此而造成焦虑和痛苦。因此,每当有这类冲动或欲望萌发时,个人常常无意识地将其压抑,以保持自身行为与社会规范一致。然而,那些被压抑到无意识中的观念、冲动、欲望并没有消失,只不过是在意识监控下暂时潜伏;如果有机会仍然会活动起来,并影响个人行为,如失言、失态、笔误、动作失误、记忆错误等,都是无意识内容进入意识领域而引起的轻微、短暂的心理扰乱现象。压抑作用是所有心理防御机制的基础和最基本方法。

(2) 升华作用。就是将个人的一些本能的、意识不能接受的并且与社会道德规范或法律相违背的冲动或欲望意识,采用另一种崇高的、具有创造性的、有社会价值的目标来取代,或采用其他能够为意识和社会所接受的方式表现出来,以保持内心的宁静与平衡。由于升华作用,原来的动机冲突得到宣泄,不但消除了动机受挫折而产生的焦虑和痛苦,而且使个人获得成功的满足。这是一种积极的、建设性的心理防御机制。

(3) 幽默作用。是指在适当的场合,以适当的言行成功地转变窘境,使原先的困境大事化小、小事化了,最终渡过难关。一个经典的例子就是,古代希腊哲学家苏格拉底正在与学生讨论学术问题,听到叫骂声,接着他那脾气暴躁的夫人提着一桶水过来将苏格拉底浇成了落汤鸡。这使得苏格拉底的学生们都非常尴尬。可苏格拉底只是微笑着说"我早就知道,打雷之后一定会下雨"。本来尴尬的局面大家一笑了之。这也是一种积极、成熟、需要技巧的心理防御机制。

(4) 合理化作用。又称为酸葡萄心理、甜柠檬心理、文饰作用等,这是日常生活中人们使用得最多的一种心理防御机制。合理化作用是指个人自己需要的理由来解释自己不符合社会价值标准的行为或未能达到的目标,其目的是减少或避免因挫折而产生的焦虑,保持个人自尊。如有的人在追求异性被拒绝时,常常会贬低对方,说对方无德无貌,并非自己所求;有人学习成绩不好,会认为学习成绩好不一定工作就好、学到的书本知识在将来没什么用途等;也有的人在考试失败时,不认为是自己没有能力或不认真学习,而是认为老师没有教好、评分不公平。这些"吃不到葡萄说葡萄酸"、得不到的东西就是坏的心理态度都是酸葡萄心理。也有些人不说自己得不到的东西不好,而是百般强调自己得到的东西都是好的,借此来减轻内心的失望与痛苦,这就是典型的甜柠檬心理。适当应用这种防御机制可减缓内心痛苦,有助于内心的平衡;但过多的应用则会极大地妨碍人们的追求,影响学习、工作的动力。

(5) 补偿作用。个体在生理上或心理上存在某种缺陷,因而用种种方法来弥补这种缺陷,以减轻心理不安。盲人视觉缺陷而触觉异常灵敏,就是生理补偿作用。有些父母因自己年轻时没有机会受到良好教育而感到遗憾,就渴望子女能上大学补偿自己的缺憾。一个相貌平平的人,无法与人争奇斗艳,于是奋发读书,学业上的成就使他获得了荣誉和声望,补偿了心理的不足。补偿作用不适当应用可能会导致心理畸形,一个自惭形秽的人可能会发展成为好斗、富于攻击性的自高自大者。

(6) 否认作用。就是将已经发生的令人痛苦的事实加以否定,认为其根本就不存在或没有发生过,以此来减轻或逃避内心的不安与痛苦。这是一种无意识的、较为简单的、原始的心理防御机制,日常生活中也较为常见。"掩耳盗铃"、"眼不见为净"等就是否定作用的表现。

(7) 投射作用。是指将个人所不喜欢或不能接受的,而自己却具有的性格特点、欲望冲动、思想观念等转移到别人身上,说别人有这种性格或恶念,以此来避免自己内心的不安。所谓"以小人之心,度君子之腹"就是这种机制的表现。短时或偶尔应用这种机制,有可能暂时减轻自己内心的痛苦、维护个人自尊;如果经常应用,养成习惯,则会严重妨碍自己的社会适应性。

(8) 摄取作用。即在不知不觉中吸收外在的东西,变成自己的东西。这是与投射作用相反的一种机制。如儿童在成长过程中,受到环境影响,从中吸取他人尤其是父母的言行、态度、品格,进而形成自己的人格。所谓"近朱者赤,近墨者黑"就是指摄取作用。这也提示人们,交友应慎重。

(9) 反向作用。指个人所表现的外在行为与自己的内在动机恰好相反,自己明明需要或爱好的东西,在外表行为上反而极力反对。如一个经常自我夸耀的人,其内心就可能存在严重的自卑感。人的某些行为如果表现得过分,说明他潜意识中可能有刚好相反的欲望。

(10)抵消作用。以某种象征性活动或事情来抵消已经发生的不愉快的事情,好像那些不愉快的事情根本没有发生过似的,以此减轻心理上的不安。如国内过年过节或外出时,就不能讲不吉利的话等。

就心理防御机制本身而言,并不能认为是异常或病态,只有运用不当或过分,从而影响个人对社会适应性时,才会成为病态表现。从个体遭遇挫折时解决问题的效率和维护个体身心健康的角度而言,心理防御机制的应用有积极和消极两种作用。积极的作用能暂时减轻或消除痛苦和不安,对情绪起到缓冲作用;消极的作用实质上带有"掩耳盗铃"的自我欺骗,多半是逃避现实的。青年朋友们应该学习掌握和善于使用积极的防御机制来应对可能面临的挫折情境,以求得自身心理平衡和自我心理结构的完善。这是青年人人格发展的重要内容。

(华 萍)

3

特训自己　成就未来

我国20世纪著名的哲学家冯友兰先生曾说过:"在人生成功的过程中,需要具备三种因素:第一是天才,第二是努力,第三是命。"冯先生所说的"天才"更贴切的说法应该是才能,包括先天和后天才能,才能是一个人成功的第一因素;第二是努力,也就是勤奋;第三是"命",就是一个人所遭遇的社会大环境,或者说是"机遇",社会大环境的变化及限定条件是一个人所无法改变的。

有这样一个例子:在亚马孙河,每年总有一些鱼从海洋回游到河的上游产卵。一条大鱼所产的卵可以孵化出上百万条小鱼,它们顺流而下,回归大海。刚到海口,大部分小鱼就会被守候在那里的成群大鱼吃掉,剩下的继续不断地为生存奋斗。一年后,还能存活并再回到江河上游产卵的鱼可能只有一、二条。这是自然界生态平衡的结果。如果存活较多,这种鱼总数就会增多;若存活较少,这种鱼总数就会减小。是什么原因使这一、二条鱼能逃过那么多劫难而存活下来?一是它们侥幸"在正确的时候,出现在正确的地方",未成为大鱼扑食的对象;二是每当遇到大鱼扑食时,它们总能逃脱。前者是不能预见、无法控制的机遇;后者与小鱼的素质有关,体力更强壮、感觉更敏锐、反应更灵活,即"基因"优良的小鱼更容易存活,这也是"物竞天择"。小鱼能存活,主要原因是侥幸。"基因"再好,如果出现在错误时间、地点,也难跑掉。这种机遇并不是超自然的安排,而是随机的。

人的命运与鱼相似而又不同。相似的是两者都既取决于机遇,也取决于自身因素;不同的是人类自身因素所起的作用大大增加。人类几千年来积累的传统文化有很多优秀的道理,它们的核心之一就是如何才能够争取到好的机遇,避免不利的事发生。也就是说,人知道该怎么去制造机遇和抓住机遇,怎样避免危险。所以,人确实有办法能改变自己的命运。办法就是继承和学习人类几千年文化的积累,不断学习,完善自己,学会处于最佳位置去迎接机遇,学会抓住机遇并充分发挥自己的才能。大学阶段是人生发展过程中最为重要的阶段之一,大学时代各种知识的积累、社会经验的获得、良好生活方式的形成、良好心理素质的形成与社会适应能力增加等,对自己今后的人生道路是否顺畅具有极为重要的作用。

一、分析自己

有能力的人到哪里都不愁找不到好工作,而欠缺工作经验、能力欠佳的年轻人,如果没有一个正确的职业规划、良好的求职动机、成熟的求职技巧,到哪都可能会遇到不少困难和挫折。以下提出一些求职过程中的共性建议。

首先从找工作开始。不管是学习专业还是寻找工作都有一个原则,这就是热门的未必是适合自己的,待遇好、工作轻松、环境好的岗位未必就是最有利于自己发展的岗位。适合自己的发展、能学到东西是找工作时第一位要考虑的因素。等到发展到一定的程度,待遇自然会好起来。对于现在的年轻人而言,找到工作其实并不难,难的是找到自己喜欢的工作。当今的年轻人大多喜欢"钱多、活少、离家近、坐坐办公室"的"白领"或"金领"工作,这在现实中是不太可能的。所以,先考虑找一份适合自己发展、能累积到很多实践经验的基层工作。有了这些宝贵的经验,再去寻找更理想的工作,或是在原有岗位往更高的岗位发展就不难了。

如何才能找到适合自己的工作呢?首先,要了解一下自己的综合实力;其次,要密切留意社会上的岗位需求。具体而言,就是要先回答三个问题:

① 想做什么?也就是自己的兴趣爱好是什么,目前自己所了解到的所有职业中,哪些是自己非常乐意去从事的。

② 能做什么?这个问题就不是太好回答了。喜欢的未必是自己有能力去胜任的,尤其对于没有工作经验的应届生而言,一定不能眼高手低,必须客观判断自己知识结构与水平、能力水平,目前有哪些技能可以去胜任社会上的具体岗位。例如,打字快、写作都比较拿手的女生,可以先从文秘类、客户服务类的岗位开始逐渐发展自己;表达能力强、善于交际、外向型的人可以考虑从事销售工作开始;……

③ 市场需要什么?这是所有问题的关键。社会发展的不同时期、不同地区、不同的生活水平,所对应的岗位需求各不相同。了解社会招聘需求的最佳途径之一,就是经常翻阅当地主流权威的招聘报纸或浏览当地比较著名的人才招聘网站。每周一次或每月一次的人才现场交流会,或是学校组织的现场招聘会也是非常好的方式,除了能了解岗位需求之外,还能在现场与用人单位直接面对面地交流和接触,了解各个岗位的技能要求,提升面试、沟通等有帮助的经验。切记:千万不要一直待在家里找工作!

只要回答好这三个问题,找出三个答案中的"交汇点",就可知道"路"在何方了。当然,现实和理想是有很大区别的。在复杂多变的职场竞争中,多数人还是要重点把握好"我能做什么?"、"市场需要什么?"这两个问题。想要找到既是自己想做的,又是自己目前可以胜任的,还是市场供不应求的岗位,对于应届生、职场经验不多的年轻人而言,难度很大。因此,青年学生要注重在基层岗位上的积累和锻炼,分步、分阶段地给自己做职业规划,逐步向自己理想的岗位目标努力、靠近。

接着探讨一下简历和面试相关问题。当青年学生在书写自己的求职简历和面试时,以下一些问题可能需要特别注意:

① 面试前是否已经仔细了解过对应单位(学校、机关或企业)的情况(如对方的企业文化、主营业务、未来的发展方向等)?如果对该单位一点也不了解,仅仅知道招聘岗位就去面试,对方单位大多不想要这样的人。因为至少他们会感觉不到应聘者的诚意。

② 招聘岗位的要求,自己真正符合的有多少?不少求职者,其应聘简历都是"仙女散花"式地乱投一气,很少有人真正冷静地、逐条地分析对方单位的任职要求。比如说,对方单位写的五条要求,是不是真正每一条都符合呢?如果五条中有四条是可以胜任的,那么还有一条是不是硬性条件呢(比如很多岗位必须持有上岗证才能上岗,如果没有证书肯定不会被录用)?如果低于四条,用人单位在有充分选择余地的情况下,通常也不会考虑了。

③ 自己的求职简历是不是千篇一律?绝大多数求职者的简历通常是一个版本走天下,应聘 A 岗位是这个简历,应聘 B 岗位还是这个简历,很少考虑过要根据对方单位的具体情况以及应聘岗位的具体要求,为其"量身订制"一份有针对性的简历。实际求职过程中,只有有针对性地根据每条招聘要求突出自身的优势或胜任的具体条件的简历,才有可能吸引人事主管的眼球,才有可能在面试中让考官感受到应聘者的诚意和用心。

④ 面试时与考官交流的技巧问题,包括基本的礼仪、个人的言行举止等。一个非常重要的问题是,回答问题(包括自我介绍)一定要围绕着对方单位的情况(对招聘单位的了解):"我觉得自己凭什么可以胜任你这个岗位,我的胜任条件有哪些?……",自己对招聘单位企业文化和发展方向的认同,如果能够从事该工作,自己有哪些想法和打算,等等。要让对方感受到你有一种"与公司(单位)共同发展"的意识,把自己的命运与公司(单位)的命运紧密相连,同坐一条船,有着一颗心。可以询问工资待遇,但千万不要让对方产生一种你很计较工资待遇的感觉。

二、确定目标

《庄子》的第一篇"逍遥游"中讲了这样一个故事:齐国有一个人专门收集各种各样的奇闻,他后来听到一件事,大鹏每年要飞到南极去,它首先要凭借水势,把三千里的水都激起来,这样才能升空;升空以后又得在空中一圈又一圈地盘旋,把大气搅成龙卷风,这样才能把自己托起到九万里的高空,才能起程飞到南方去。因此,大鹏要飞到南极非常困难,要下很多功夫。麻雀看到大鹏很吃力,嘲笑这些大鹏说,你看这些大鹏多可怜,要把三千里的水搅动,又要把大气搅成龙卷风,才能飞得起来,不像我想飞就飞,多自在!庄子的结论是:大鹏的志向很高,为了实现它,要付出极大的努力,麻雀永远不会理解大鹏的生活方式。一个眼光短浅、毫无志向、贪图眼前小利,还嘲笑志向高远的人,不可能有所作为。这就是庄子所讲的麻雀哲学。

一位哲人曾经说过："伟大的目标可以产生伟大的动力,伟大的动力导致伟大的行动,伟大的行动必然会成就伟大的事业。"一个人有目标才可能实现目标,才可能取得成功。不知道设立自己的目标,是大部分人平庸的主要原因。一个人为自己确立什么样的目标,受自身价值观和世界观的影响。价值观是一个人的是非标准,是一个人做各种判断和选择的依据。世界观包括六个层次:个人观、他人观、组织观、社会观、自然观、宇宙观。一个人的价值观不同,世界观不同,其判断标准和选择依据就会有很大的不同。有的人在一生中都一丝不苟地追求卓越,有的人则满足现状,得过且过,随波逐流。这种不同的人生态度,一定会产生不同的人生结果。这就是为什么有的人成功,而有的人不可能成功的根源。

一个人要实现人生梦想,要取得成功,首先要具体地思考自己想拥有怎样的人生,确定自己一生的使命,即设计自己的人生发展规划。为了形成清晰且可行的使命,一个人需要对自己进行系统分析,包括自我优势、弱势分析和自我机遇、挑战分析。通过全面详细的分析,规划自己的人生发展目标,然后为实现目标制订具体的战略、计划、步骤和方法。这种过程就叫做目标管理。或者说,一个人实现成功梦想的过程,是一个设定目标、组织资源、整合过程、实现目标这样一个不断往复的循环过程。目标既是一个循环过程的起点,也是这个过程的终点。每一个新的过程都是在更高层次上重新循环。善于规划的人,会将目标分割成一个个里程碑,再将里程碑分割成 TODO 列表。曾经一度流行的 GTD 方法学,其核心理念就在于,如果把任务分割了,你就有了"进度条",你就知道,事情在不断的进展,你总会完成任务或到达目标,你会有一个时间估计。反之,如果没有这个分割,整个的任务或目标对你来说就只有两种状态——"完成"和"未完成"。如果不幸是一个比较漫长的目标,那么你会发现"进度条"总是"未完成"状态,漫长的等待会耗尽耐心,让你下意识地产生"这事什么时候才能完呢?"的疑惑。没有分而治之,你就不知道未来还需要付出多少努力才能达到目的,这会让你心生怯意,不敢进一步投入时间和精力。在这样的心理下,不少人就会选择保守策略——退出,以免到头来花了时间还一事无成。而所谓的规划,其实就是针对人们这种心理弱点的做事方法。如果你对整个目标的几个重大步骤有清晰的界定,能够对每个步骤的耗时做出一个恰当的上限估计,你就不会被不确定的未来、不确定的时间投入感到恐惧,就不会被这种不确定感压迫而过早退出。

三、保持韧性

当然,一个人确立了自己的目标,不等于一定就能够成功。这是因为,一个信念不够坚定的人,确立一个目标之后还容易受两种因素的影响:一是他人的态度,包括正面的和负面的;二是出现未能预期的情况。因此,要保持韧性,管理好自己的意志力和执行力,不要放弃,不要寻找任何借口为自己开脱,才能够具备成功的条件。不懈寻找解决问题的办法,是最有效的工作原则。我们都曾经一再看到这类不幸的事实:很多有理想、有目标的人,他们努力工作、奋斗,用心去想、去做……但是由于过程太过艰难,他们越来越倦怠、泄气,终于半途而废。到后来他们会发现,如果当时再坚持一点,能看得更远一点,就会获得成功。

这里需要强调一个重要的概念——目标力。成功者基本都是有目标力的人!对于有目标力的人可以从以下五个方面描述:① 拥有梦想,富有理想,具有追求;② 具备目标管理能力、战略思维能力和统筹能力;③ 具有计划的能力和技术;④ 具有排除各种干扰的判断能力和平衡能力;⑤ 具有坚定的信念、坚强的意志和吃苦的精神。一个人要想取得成功,就要从这五个方面进行个人目标管理。

有这样一个有趣的故事,能够形象地说明目标力。

"一群青蛙不小心掉到了一口井里,它们开始玩命地往外蹦,蹦了一段时间之后,越来越多的青蛙停了下来,不再继续努力争取。这些青蛙认为,从这么深的井里蹦出去是不可能的。它们不但自己放弃了,而且还说服别的青蛙放弃。它们理由显得很充分:傻瓜才干徒劳无益的事情。它们主张:适应环境,随遇而安。它们认为,就地解决生存问题才是明智的和现实的选择。这样一来,绝大多数青蛙都不再继续做没有结果的事情了,不再蹦了。可是,有一只青蛙不听别的青蛙的劝告,不顾一切地一意孤行,始终如一地坚持往上蹦,而且是充满信心地往上蹦。这只青蛙为自己设定了明确的目标,那就是一定要从这个井里蹦出去,而且它对这一目标坚定不移,它每一天的一切行为,包括吃、喝、睡等动作,都是为了实现它的最终目标。一天一天的过去了,这只青蛙独自在不停地蹦。别的所有青蛙的劝告、挖苦、讥讽和阻拦,都不能够让它松懈下来。它向上蹦的高度,不知不觉中在慢慢增加,虽然每天增加的高度几乎无法观察得到,但是它在进步。有一天,它终于蹦出了这口井。它成功了!"这只青蛙的成功证明了两点:不可能的事情是可能的;是目标力把不可能变成可能。这个故事说明,目标力是成功的前提,也是成功的起点。

成功,就是不满足现状和不断努力的结果;就是通过奋斗去实现自己追求、满足更高层次需要的梦想。走向成功的条件就是不满足,就是有更高的追求。清代乾隆年间的一本《解人颐》中收录了一首打油诗:"终日奔波只为饥,方才一饱便思衣。衣食两般皆俱足,又想娇容美貌妻。娶得美妻生下子,恨无田地少根基。买到田园多广阔,出入无船少马骑。槽头扣了骡和马,叹无官职被人欺。当了县丞嫌官小,又要朝中挂紫衣。若要世人心里足,除是南柯一梦西。"精练地概括了人类需要的4层次论:温饱、情爱、财产、地位。并指出,生命不止,欲望不息。马斯洛(1943)将人的需要分为5个层次:生理需要、安全需要、感情需要、尊重需要、自我实现需要;而且认为,人的这些需要会从低层次到高层次逐步满足,随着低层次的需要的满足会不断产生更高层次的需要。

意志力和执行力是成功的必要条件。成为积极或消极的人,完全在于自己的选择。

没有人与生俱来就会表现出好的态度或不好的态度、意志坚强或不坚强,都是自己决定要以哪种态度去看待环境和人生,用哪种精神去对待困难和厄运。无论是一个企业、一个团队或一名员工,如果没有顽强的意志力和完美的执行力,就算有再多的创造力、想象力,也可能不会有什么好成绩。法国著名小说家小仲马,是文坛大师大仲马之子,他年轻时艰辛创作,写了数不胜数的文章,但他并不透露自己的特殊身份,努力换取来的只是一封封退稿书,但他从不自暴自弃,直至《茶花女》问世,轰动整个欧洲文坛,一鸣惊人。著名数学家欧几里得在证明"勾股定律"这一几何问题时,虽然硕果只有一个小小的方程式,但却付出了无比的艰辛,草稿纸竟装满了几个麻袋。

四、保茎去枝

要取得成功、成就未来,就要学会有所为、有所不为,学会面对一些事情,这些事情是通过我们努力可以实现的。有很多处在迷茫期的同学,他们的迷茫都是相似的:面前有两条路,到底选哪一条?"转行或是不转行?""学C++还是学Java?""做管理还是做程序员?"有些问题其实不是问题,比如"学C++还是学Java",答案是两个都学,而且还要学更多的东西。有些问题不是一个简单的答案能够回答的,比如"转行还是不转行",需要考虑很多自身因素。

在人才市场竞争日益激烈的环境下,只有具备一技之长的人才能在社会或职场上立足。要获得一技之长,比别人做得更好,就必须在某些方面投入足够的时间和精力。然而,一个人的时间和精力又是有限的,一个人职业生涯的黄金时间是有限的,而且不能重来,所以必须将有限的精力和时间投入到一个或有限的几个目标中去。这样才能形成个人的核心竞争力。从很多人的经历中可以发现,凡是事业有成的人都是那些能够沉下心来做事的人。他们往往选择一个或有限的几个目标,充分发挥自己的特长,坚持不懈地努力,很少被其他事情所干扰和诱惑,几年坚持下来就会有所成。反观那些碌碌无为的人,他们并非不聪明,并非没有理想和抱负,并非没有目标,而是目标太多而且经常变化,结果在犹豫不决中迷失了自己。刚入职场的人,往往没有什么方向感,没有什么目标。如果询问他们的目标是什么,得到的回答往往是要赚多少钱,要晋升到某个职位之类的,或者干脆不知道。如果一个人没有目标,那么什么都可以是他的目标,干到哪儿算哪儿,这样的人很难取得成功。

五、聚沙成塔

所有的人都渴望在人生的舞台上扮演令人瞩目的角色,做生活的主角,成就一番大事业。想要获得成功,拥有一个成功的人生,方法有很多,其中非常重要的一点,就是要把每一件小事都做到位,哪怕是按时起床、按时交作业这类小事都把它做好,大事就一定能够成功。很多人不敢做大事的原因,往往是不愿意,或不懂得如何把小事都做完美。

"莫以微小而不为,细微之处见精神。"《劝学》中说:"不积跬步,无以至千里;不积小流,无以成江海。"人不是生来便分为做大事的和做小事的,伟人们也是从小事做起的。只有专心致志地做好身边的每一件小事,通过生活的锻造,学习的积累,工作的磨砺,才能增长才干,丰富经验,才能有大的发现和大的作为。关注小事,从身边的每一件小事做起,用专注和坚韧的常态之心,把身边的每一件小事做好做出色。当我们怀着这种"做好身边的每一件小事"的想法面对生活时,终有一天,生活会给我们美妙回报,让我们登上主角的舞台,在成就大事的辉煌中成就自己!当年,福特先生大学毕业后,到一家汽车公司应聘,之前面试的几个人的学历都比他高,他觉得自己没什么希望了。当敲门进入董事长的办公室时,他发现门口地上有一张渍纸,弯腰捡起来扔进废纸篓里,然后才走到董事长的办公桌前,说:"我是来应聘的福特。"结果令人惊讶的是他被录用了。董事长给出的理由是,虽然前几位学历比福特高,且仪表堂堂,但眼里只能看到大事,而看不见小事。他认为一个只能看到大事的人,会忽略很多小事,是不会成功的,而能看见小事的人,将来自然能看到大事。果然,福特后来创建了"福特汽车公司"。

靠专业技能的成功是最具可复制性的,它需要的只是在一个领域坚持不懈地专注下去,只需要选择一个适当的方向,然后专心致志地钻研下去,最后必然会有所成就。世上有很多成功带有偶然因素、运气成分或受出身环境的影响,但至少利用专业技能这一项,已被无数人复制了无数遍,否则就不会存在学校和教育。而专业技能的掌握需要拥有一个好的知识结构体系,这个知识结构体系是由许多基本元件构成,也就是我们所学的每一门课程所组成。因此,大学生们必须认真学好每一门课程,这样才能具备良好的知识结构和相应的工作与创造性学习能力,为未来的成功奠定基础。

人生要成功,知识智慧是基础,品德诚信是灵魂,能力提高是关键,人际关系助成功,机遇来临要抓住,勤奋拼搏伴一生。而所有的这些都萌芽于小事之初,扎根于做好每一件小事之中。只要努力学习,规划好正确的人生目标,做好每一件日常生活、学习与工作中的各种事情,每一个人都将会取得成功。

(华　东)

第二篇
饮食篇
Yin Shi Pian

饮食与营养

食物是指各种供人食用或饮用的物质,包括原料性食物、成品性食物、药食两用性食物。食物在体内经消化、吸收、代谢,促进机体生长发育、新陈代谢,益智健体、防病抗衰的综合过程称为营养。食物中的有效成分称为营养物质,又称营养素(食物中维持机体生长发育、新陈代谢所必需的物质)。人类对于食物共同的、最基本的营养要求(或者说食物所具备的营养功能)包括:① 供给能量,维持体温,满足生理活动和从事生活、劳动的需要;② 构成组织细胞,供给机体生长发育和自我更新所需要的材料,并为制造体液、激素、抗体等创造条件;③ 保护器官机能,调节代谢反应,使机体各部分工作能协调正常地运行。

一、健康饮食的营养成分

人类吃的食物可分以下五类:① 谷物粮食,富含碳水化合物;② 动物性食物,如,瘦肉、禽、蛋、鱼类,以及乳类和乳制品等,富含动物蛋白质;③ 豆类,富含植物蛋白质;④ 蔬菜、水果类,富含矿物质、膳食纤维和维生素;⑤ 油脂类,包括植物油脂和动物脂肪,含人体所需的不饱和脂肪酸、饱和脂肪酸、固醇等。食物中所含的主要营养素有几十种,概括起来包括以下七大类:糖类、膳食纤维、蛋白质、脂类、矿物质、水、维生素。人体对不同的营养素需要量相差极大,如蛋白质、脂肪每日需几十克,而硒、碘等矿物质每日仅需若干微克。营养学家把每日需要量在 1 克以上的营养素称为常量营养素,包括五大类 40 多种;将每日需要量从微克到毫克量的营养素(维生素和微量元素)称为微量营养素。

(一)碳水化合物(糖类与膳食纤维)

碳水化合物是粮谷类、薯类、某些豆类及蔬菜水果的主要成分,对人体有多种重要的生理功能。食物中的碳水化合物可分为两大类:一类是人类机体可利用的碳水化合物(糖类),如葡萄糖、果糖、蔗糖、麦芽糖、乳糖、淀粉、糖原等,是人类主要的能源物质;

另一类很难或不能为人体所利用(膳食纤维),如果胶、树胶、海藻酸盐、半纤维素、纤维素等,这类碳水化合物对人类的消化过程具有重要而有利的辅助影响。

碳水化合物在自然界分布很广,人类所需的碳水化合物主要由植物性食品提供。米面、杂粮、根茎、果实等食物中,碳水化合物含量都很丰富;特别是谷物类粮食,淀粉含量约占70%。动物性食品中,只有肝含有糖原,乳中有乳糖,其他食物中碳水化合物含量甚微。由于糖类物质在体内可转变为脂肪,摄入过多会导致机体肥胖。

碳水化合物的主要功能:

(1) 为机体提供生命活动所需的能量。成年人机体每日所需的总能量约为3000～3500 kcal,食物中可供能量的营养素只有糖类、蛋白质和脂肪,它们每克的产能量分别为4、4、9 kcal。膳食中碳水化合物供给量主要与饮食习惯、生活水平、劳动性质(脑力劳动或体力劳动)及环境因素有关,一般碳水化合物供能约占全日总能的55%～65%。

(2) 减少蛋白质消耗。如果糖类物质和脂肪摄入量不足,机体便分解蛋白质来供给能量。当蛋白质与碳水化合物一起被摄入时,可增加三磷酸腺苷(ATP)的形成(ATP是一种重要的储能、供能物质,体内能量的利用过程主要通过ATP的合成与分解来实现)。因此,糖类物质可减少蛋白质消耗,有利于氨基酸的活化以及组织细胞更新所需蛋白质的合成。

(3) 抗生酮作用。缺乏碳水化合物,脂肪在体内大量不完全氧化代谢而形成酮体(包括丙酮、β-羟丁酸和乙酰乙酸),酮体在体内达到一定浓度,可发生酮体中毒。

(4) 保护肝脏、提高肝脏功能。摄入足够的碳水化合物可增加肝糖原的贮存,提高机体对毒物的解毒能力,保护肝脏少受化学药品的毒害。

(5) 提供膳食纤维。膳食纤维吸水力很强,可促进胃肠蠕动,吸附肠道代谢产生的毒性物质,减少毒性物质的吸收,加快毒素排出,因而有利于美容养颜;能吸附肠道中胆酸使之由粪便排出,使血清胆固醇下降,减少胆固醇沉积在血管壁的量,有利于防止动脉硬化等心脑血管疾病;可使糖尿病患者血糖含量降低,改善糖尿病症状等。

(6) 调节某些生理功能。有些低聚糖(由2～10个单糖分子组成),能调节肠道正常微生物群结构与功能、增强机体免疫力、防止肥胖症、预防某些维生素缺乏和预防龋齿等。人们将这些低聚糖称为功能性低聚糖。

(二) 脂类(脂肪和类脂)

脂类是一大类难溶于水的化合物,包括脂肪(甘油三酯、脂肪酸)和类脂(磷脂、鞘脂、糖脂、固醇和脂蛋白,也包括脂溶性维生素)两大类。脂类在维持细胞正常结构和生理功能中有极其重要的作用。根据其生物学功能的不同,人体的脂类物质可分为贮存脂、结构脂和活性脂质。

脂类物质的主要功能:

(1) 作为机体的能源物质。脂肪是机体的"燃料仓库",饥饿时机体首先消耗糖原、体脂(甘油三酯、脂肪酸),保护蛋白质不被消耗。除红血球和某些中枢神经细胞外,人体其他细胞均能直接利用脂肪酸作为能量来源。脂肪也是体内过剩能量的贮存形式,人体内有一类专门化的脂肪细胞,贮存的甘油三酯可达细胞体积的 80%~90%。长期摄入能量过多、活动过少,可增加脂肪贮存,使人体发胖。肥胖者的脂肪组织(皮下、腹腔、乳腺中)积储的脂肪可达 15~20 kg,足可供给一个月所需的能量。

(2) 人体的皮下脂肪可作为机体抗低温的保温层,皮下和肠系膜脂肪还可起到缓冲作用。

(3) 皮脂腺分泌的脂质可以保护毛发和皮肤,使之柔软,并能防止水分丢失。

(4) 维持细胞的正常结构与生理功能。主要由磷脂构成的双层脂质分子层构成生物膜(细胞质膜、核膜和各种细胞器膜的总称)的基本骨架,固醇和糖脂也参与生物膜构成。生物膜具有屏障作用,使膜两侧的亲水性物质不能自由通过,对维持细胞正常结构和功能极为重要。鞘脂对维持神经系统结构完整和功能正常具有重要作用。

(5) 调节体内多种生理功能。体内有一类很重要的类固醇激素,包括雄性激素、雌性激素和肾上腺皮质激素,在体内发挥多种重要生理功能;胆固醇就是类固醇激素、维生素 D_3 等活性物质合成的原料。人体所必需的脂溶性维生素在体内发挥多种生理活性。还有的脂质可作为酶的辅助因子或激活剂(如磷脂酰丝氨酸作为凝血因子激活剂),有的脂质可作为细胞内信号,有的还具有很强的激素样作用(如前列腺素等)。血浆脂蛋白也称载脂蛋白,在血浆中起脂类运输作用。

有几种多不饱和脂肪酸在人体内不能合成,必须由食物提供,称为必需脂肪酸。目前确认的必需脂肪酸是亚油酸和 α-亚麻酸。必需脂肪酸是组织细胞的组成成分,是合成前列腺素的前体,与类脂代谢关系密切,是维持正常视觉功能不可或缺的物质,它可软化血管、减少血栓形成,可促进精子形成,还可减少由于 X 射线、高温引起的一些皮肤伤害作用等。油脂中必需脂肪酸、不饱和脂肪酸、脂溶性维生素含量高,其营养价值也高。膳食油脂主要来源于各种植物油及动物脂肪,食用油原则上应提供适量的必需脂肪酸和不饱和脂肪酸。植物油中的必需脂肪酸、不饱和脂肪酸含量高于动物脂肪,并且含有丰富的脂溶性维生素,因此多吃些植物油有利于健康。但是,有些植物油以某种脂肪酸为主,而其他一些脂肪酸含量偏低,或几种必需脂肪酸比例不当。因此,包括中国在内的不少国家都提倡,根据多种植物油的特性以适当比例配制成调和油,可大大提高植物油的营养价值。很多学者认为,动物油脂与植物油混合使用更有利于健康。

日常食用的猪油、牛油、豆油、花生油、茶油、玉米油和菜子油等动、植物油脂,脂肪含量占 98% 左右。膳食中油脂的摄取量因年龄、季节、劳动性质和生活水平而定。一般认为,油脂提供的能量应占每日总能量的 20%~25%,动物油脂占总油脂总量的 9%~10% 较为适宜。油脂摄入过多或过少,均不利于健康。

(三) 蛋白质

蛋白质是构成生物细胞的重要成分,是完成各种生命活动不可或缺的组成部分,也是人体不可缺少的营养素。机体生长发育需要蛋白质组成新的组织细胞,生物体内起催化和调节机能作用的绝大部分酶是蛋白质,含氮激素(如生长激素、促甲状腺激素、肾上腺素、胰岛素等)的成分也是蛋白质或其衍生物,机体体液免疫主要由蛋白质(抗体和补体)来完成,体内各种物质的运输离不开蛋白质,遗传信息的表达同样受到蛋白质的控制。当碳水化合物或脂肪供能不足,或蛋白质摄入量超过体内蛋白质更新的需要时,蛋白质也是热能来源。

人体的蛋白质主要由20种氨基酸组成,其中有8种氨基酸(亮氨酸、异亮氨酸、赖氨酸、蛋氨酸、苯丙氨酸、苏氨酸、色氨酸、缬氨酸)人体不能合成而必须由食物供给,称为必需氨基酸。各种食物蛋白质所含氨基酸的组成比例不同,因而营养价值也不一样。通常将营养价值较高的蛋白质称为完全蛋白质或优质蛋白质,其氨基酸组成比例与人体蛋白相似、含有全部必需氨基酸,作为膳食中唯一的蛋白质来源时,能维持动物的生存并能促进幼小动物的生长发育,如蛋、乳、鱼和瘦肉。营养价值较低的蛋白质被称为不完全蛋白,不完全蛋白中缺乏部分或全部必需氨基酸,氨基酸组成不平衡,作为膳食中唯一的蛋白质来源时,可维持动物生存,但不能促进其生长发育,常见的不完全蛋白如一般植物性蛋白及由结缔组织而来的胶原蛋白等。

蛋白质生理需要量是指维持生命和保证生长发育所需要的蛋白质摄取量。人体每日摄入蛋白质的量,最少应保持蛋白质生理需要量水平,才能维持人体正常的生理功能;否则将会出现生长缓慢、体重减轻、免疫功能下降、疲劳乏力、皮肤粗糙等一系列蛋白质缺乏症状。由于个体差异和食物蛋白品质优劣不同,膳食中蛋白质供给量应在生理需要量上加一定的安全系数。WHO推荐蛋白质安全摄取量(以优质蛋白计)为每日每公斤体重0.75克(可满足人群中97.5%个体的需要)。我国居民膳食蛋白质来源多为植物性的,其质量和消化率不如动物蛋白,推荐摄取量为每日每公斤体重0.9~1.2克。从事高强度劳动者、儿童、青少年、孕妇等人群蛋白质需要量较大,摄入量应在此基础上适当增加。

(四) 矿物质(无机盐)和水

人体具有一定的化学组成,这些元素在体内按严格的规律和方式,有条不紊地进行一系列相互联系的生物化学反应。碳(C)、氢(H)、氧(O)、氮(N)构成有机物质和水(约占体重的96%),其余为人体正常功能所必需的无机元素,称为无机盐或矿物质。无机盐既不能在人体内合成,也不能在体内代谢过程中消失(除排泄外),在维持机体正常生理功能中具有多方面的作用。基于在体内的含量和膳食中需要量不同,人们将无机盐分为两类:① 常量元素(钙、磷、硫、钠、钾、氯、镁等):体内含量>0.01%,需要量>

100毫克/天；② 微量元素(铁、碘、铜、锌、硒、钼、钴、铬、锰、氟、镍、硅、锡、钒等)：体内仅含微量或超微量，其中铁、碘、铜、锌、硒、钼、钴、铬，目前被认为是人体必需的微量元素。

(1) 钙(Ca)：一般成人体内含钙1200～1500克，其中99%形成骨盐，集中于骨和牙齿，是构成骨、齿的主要成分。其余的1%存在于血清、细胞液和组织液中，具有调节多种生理功能的作用。身体的需要量、膳食摄入量、食物中其他成分、肠道功能状态、维生素D(V_D)及甲状旁腺素对钙的吸收都有不同程度的影响。一般认为，V_D的存在和机体对钙的需要是决定钙吸收的主要因素。V_D缺乏、钙磷比例不平衡、食物中植酸、草酸等可抑制钙的吸收；高脂肪、高盐膳食可减少钙的吸收，增加钙的排出。正常情况下，机体可根据需要增强或减弱对钙的吸收与排泄，使体内的钙维持平衡；正在生长发育的机体应补充足量的钙质，维持正钙平衡。儿童严重缺Ca、P、V_D，可导致毛发稀疏、厌食、烦躁夜惊、佝偻病等；成人膳食中长期缺Ca、P、V_D，可导致骨质软化症、骨质退行性增生和骨质疏松症；孕妇缺钙会腰腿酸痛，并影响胎儿发育。体内缺钙可引起血清钙浓度异常下降，使神经肌肉兴奋性增加，可导致手足抽搐症，或导致肠壁平滑肌强烈收缩而引起腹痛。钙的食物来源以乳及乳制品最好；豆类、蔬菜、虾皮、蛤蜊、蛋黄、鱼、骨粉、海带、芝麻等食物钙含量也很高。

(2) 磷(P)：正常人体含磷约占体重的2%，其中成人骨骼中含600～900克(占机体总磷的80%)。磷是体内软组织细胞结构的重要成分，作为核酸(DNA、RNA)、磷脂及辅酶的组成部分，参与非常重要的代谢过程；参与构成ATP、磷酸肌酸等供能贮能物质，在能量产生、传递过程中起非常重要的作用；磷酸盐组成缓冲系统，参与维持体液渗透压和酸碱平衡，保持体内环境稳定等。磷的吸收、代谢过程与钙相似(吸收率约为45%)；膳食中Ca/P比值适当，约70%可被小肠吸收。磷在食物中分布很广，瘦肉、蛋、鱼(籽)、动物肝、肾中含量都很高；海带、芝麻(酱)、花生、豆类、坚果、粗粮中含磷也较高。

(3) 铁(Fe)：健康成人体内含铁3～5克，其中60%～75%在血红蛋白中，约3%在肌红蛋白中，在各种酶系统中不到1%，其余为贮存铁、运输铁等。铁在体内的代谢中可被反复利用，一般情况下，体内铁的丢失主要通过肠黏膜和皮肤脱落的细胞，其次随汗和尿排出；女性月经失血也会造成铁的丢失。铁的供给量包括生长需要量和补偿丢失量。铁是组成血红蛋白的重要原料，也是肌红蛋白、细胞色素酶、过氧化物酶的组成成分，在生物氧化过程和细胞呼吸中起重要作用。食物中供给不足时，会造成机体缺铁，血红蛋白减少，引起营养(缺铁)性贫血和许多器官组织的生理功能异常。铁在小肠上部吸收，食物中有机酸、蛋白质、果糖、山梨醇、V_C能促进铁的吸收；膳食中磷过高、钙过低、或缺乏V_A、V_D，均可妨碍铁的吸收。动物铁比植物铁容易吸收，铁的良好来源为动物肝、全血、肉类及某些蔬菜(如苜蓿、菠菜、芹菜、油菜、苋菜、荠菜、黄花菜、番茄等)。

(4) 锌(Zn)：在人体含量仅次于铁，约1.4～2.3克，一切器官都含锌，毛发含锌量可反映膳食锌的长期供给水平。锌是体内许多金属酶的组成部分或酶的激活剂,与核酸、蛋白质的合成,碳水化合物和 V_A 的代谢,以及胰腺、性腺和脑垂体的活动都有密切关系;它参与维护消化系统和皮肤的健康,并能保持夜间视力正常,使头发保持本来颜色;它还与大脑发育和智力发育有关。机体缺锌时,可导致生长发育停滞、食欲减退、性成熟受抑制、性腺机能减退、伤口愈合不良、皮肤粗糙、毛发干枯等。轻度缺锌状态比较常见,这可从患者毛发含锌量做出诊断。食物含锌量因地区、品种有较大差异。动物性食品(肝、蛋、鱼、肉等)、海产品(紫菜、海带、虾、海鱼、牡蛎)含锌量较高;粗粮、坚果、红小豆、荔枝、栗子、瓜子、杏仁、芹菜、柿子等植物性食物,以及枸杞、熟地、桑葚、人参、杜仲等中药含锌量也较高。牛奶含锌很少,食物经过精制后,锌含量大为降低。

(5) 硒(Se):是谷胱甘肽过氧化物酶的重要组成成分,与 V_E 协同作用保护细胞免受过氧化作用的损伤;在机体代谢、电子传递中起重要作用;能调节 V_A、V_E、V_K 和 V_C 的吸收与消耗,在美白、养颜、润肤中有重要作用;对某些化学致癌物有拮抗作用;可提高血中抗体含量,具有促进免疫的作用。动物肝、肾以及海产品、肉类为硒的良好来源,部分水果(如无花果、葡萄)、植物(如芝麻、芦笋、麦芽、黄芪)含硒量也较多,谷物含硒量随所产地区土壤而定。

(6) 碘(I):成人体内含碘 25 毫克左右,其中约 15 毫克在甲状腺中,其他则分布在肌肉、皮肤、骨骼、其他内分泌腺和中枢神经系统中。碘的生理功能是构成甲状腺素,调节机体能量代谢、促进生长发育、维持正常生殖功能和神经活动;维护人体皮肤及头发的光泽。碘缺乏时,甲状腺素分泌不足,甲状腺功能减退。典型症状为甲状腺肿大、头发粗糙、肥胖及血清胆固醇增加。严重缺碘不仅可发生黏液性水肿,而且还对后代产生影响,使后代生长停滞,发育不全,智力低下,聋哑矮小,形似侏儒,即"呆小症"。机体所需的碘可从饮水、食物及食盐中取得。可经常食用含碘高的食物,如海带、紫菜等海产品预防地方性甲状腺肿;无条件经常食用海产品的内陆山区,可食用加碘食盐预防缺碘。长期过量摄入碘,有可能导致甲状腺功能亢进。

(7) 水(H_2O):水对人类生存的重要性仅次于氧气,成人体重的 $50\% \sim 70\%$ 是水分。水是细胞的重要组成部分,是体内重要的溶剂、良好的体温调节剂和润滑剂。绝食者失去体内大部分脂肪、半数蛋白质,还能勉强维持生命,但如果失去体内含水量的 20%,很快就会死亡;人体内只要损耗 5% 的水分而未及时补充,皮肤就会皱缩、干燥。在不显汗的情况下,成人一般每天大约需要补充水分 2500 毫升,其中 $1000\sim 1500$ 毫升来自于食物当中的水分与体内代谢产生的水分,其余部分通过饮水补充。

(五) 维生素

维生素(Vitamin,V)是维持机体正常生理功能所必需的一大类有机物质,它们化学结构不同、生理功能各异。每种维生素都履行着特殊的功能,但都具有以下共同特点:① 是天然食物的微量成分;② 是维持机体生长与健康所必需的微量成分,每日需要量以毫克或微克计算;③ 在体内不能合成或合成数量很少,也不能充分贮存,必须经常由食物供给;④ 根据溶解性质,可分为脂溶性(维生素 A、D、E、K)和水溶性(维生素 C 和 B 族维生素)两大类;⑤ 当膳食中缺乏维生素或吸收不良时,可产生特异的营养缺乏症。

(1) 维生素 A(抗干眼病维生素):可保护夜间视力;维护上皮组织健康,增强对疾病的抵抗力;促进人和动物的正常生长、发育;维护骨骼健康及正常嗅觉和听力;具有一定抗癌作用。V_A 缺乏时,最常见的临床体征是夜盲症(夜间视力下降、暗适应力下降)和干眼病;可影响女性卵巢功能,使排卵减少;可导致男性睾丸萎缩和精子发育不良;出现皮肤干燥、脱屑及开裂等。蛋白质-能量营养不良、脂肪摄入过低、脂质吸收不良综合征和发热疾病等常可导致 V_A 缺乏。V_A 仅存在于动物食品中,以肝、蛋、奶和鱼为最好的来源;鱼肝油中含量很高,可作为婴幼儿 V_A 的补充来源。植物性食物,如胡萝卜、黄色南瓜、绿色叶菜、大葱、辣椒、玉米、番薯、木瓜和柑橘等,都有丰富的胡萝卜素,在体内可转化为 V_A。长期或一次摄入过量 V_A,可引起慢性或急性中毒。

(2) 维生素 D(抗佝偻病维生素):是类固醇的衍生物,具有活性的化合物约 10 种,以 D_2 和 D_3 最为重要。V_D 的生理功能主要是调节钙、磷代谢,促进其在体内的吸收;作用于骨骼组织,影响钙、磷在骨组织的沉积,从而促进骨生长和保持牙齿的正常发育。膳食中缺 V_D 或人体缺乏日光照射(人体皮肤在紫外线照射下具有合成 V_D 的能力,如能适当接受日光照射通常不会缺乏 V_D),钙、磷的吸收受影响,血中钙、磷下降,不但骨骼生长发生障碍,同时也影响肌肉和神经系统的正常功能。儿童严重缺乏 V_D 可发生佝偻病,成人缺 V_D 可发生骨质疏松症或手足抽搐症等。V_D 主要存在于动物肝、鱼肝油和禽蛋,以及含脂肪丰富的海鱼和奶油中。奶类和瘦肉中 V_D 含量不高,以奶类为主食的小儿需适当补充鱼肝油。V_D 的需要量取决于膳食中的钙/磷浓度、个体生长发育的生理阶段、年龄、性别、日照程度以及皮肤的色素沉着量。过量食入 V_D 可引起中毒,切不可将 V_D 作为补品食用。

(3) 维生素 E(生育酚):是高效抗氧化剂,可抑制不饱和脂肪酸的氧化,保护生物膜免遭过氧化物的损害;与硒协同作用保持细胞膜和细胞器的完整性与稳定性;保护某些含巯基的酶,使其不被氧化;促进性器官成熟及胚胎发育;提高免疫力,增强肌肤细胞活力及延缓衰老;维护骨骼肌、心肌、平滑肌和心血管系统的正常功能。长期缺乏 V_E,血浆中 V_E 浓度下降,血红细胞溶解和寿命缩短,出现溶血性贫血;会出现皮肤发干、粗糙、过度老化等。V_E 广泛存在于各种食物当中,人体肠道内也能合成部分 V_E,一般情况下无需专门补充。摄入大量 V_E 可能干扰 V_A 和 V_K 的吸收。

(4) 维生素 K(凝血维生素):主要功能是促进凝血酶原合成和血液凝固。V_K 存在于动物和植物食物中,人类肠道正常微生物群可合成一定量的 V_K,一般不会出现缺乏的现象。缺乏 V_K 时,肝脏所产生的凝血酶原、血中几种凝血因子均下降,致使出血后血液凝固发生障碍,轻者凝血时间延长,重者可有显著出血情况(皮下出现紫斑或淤斑、鼻衄、齿龈出血、创伤后流血不止,有时还会出现肾脏和胃肠道出血)。

(5) 维生素 B_1(硫胺素):为抗神经炎维生素。与糖代谢关系密切,多食糖类食物,V_{B_1} 的需要量也增加。V_{B_1} 缺乏时,糖代谢受阻,血液、尿、脑组织中丙酮酸积累,出现多发性神经炎、消瘦或下肢水肿及心脏功能紊乱等症状,临床称为脚气病。V_{B_1} 缺乏还可影响神经传导,造成胃肠蠕动缓慢、消化液分泌减少、食欲不振、消化不良等症状。V_{B_1} 广泛分布于整个动、植物界,粗粮、豆类、坚果、肉类、动物内脏、蛋类及干酵母中都含丰富的 V_{B_1},蔬菜、水果中含量不高。一般烹调温度下不易被破坏(损失 25% 左右),但在压力锅和碱性溶液中极易损失,而在酸性液中加热至 120℃ 仍不失生理效能。干烤或油炸食品以及食品加工中的亚硫酸盐可破坏 V_{B_1}。谷类过分精细碾磨或烹调前淘洗过度都会造成 V_{B_1} 的大量损失。饮入大量酒精也会减少 V_{B_1} 的吸收与利用。

(6) 维生素 B_2(核黄素):V_{B_2} 与特定蛋白结合形成黄素蛋白,可促进蛋白质、脂肪和碳水化合物代谢;促进生长,维护皮肤和黏膜的完整性及正常机能;对眼的感光过程、晶体与角膜呼吸过程具有重要作用。V_{B_2} 缺乏时,会妨碍细胞的氧化作用,物质和能量代谢发生障碍,可引起多种病变,如唇炎、舌炎、口角炎、脂溢性皮炎、痤疮、角膜炎、巩膜充血、视力疲劳(影响夜间视力)等。身体内贮存 V_{B_2} 的能力有限,每日需从膳食中摄取一定量。基本通过尿排泄,排泄量与摄入量成正比;汗液中也可排出少量 V_{B_2}。V_{B_2} 在自然界中分布较广,动物肝、肾、心等内脏组织中的含量较其他食物多;乳、蛋、瘦肉、河蟹、鳝鱼、口蘑和紫菜等少数食品中较丰富;绿叶菜略高于其他蔬菜。V_{B_2} 烹调损失大,应注意食物选配。

(7) 烟酸(V_{PP}):包括烟酸和烟酰胺,它在生物氧化中起递氢体作用。V_{PP} 可维护皮肤、消化系统及神经系统的正常功能;可降低血胆固醇。V_{PP} 缺乏时,糖代谢受阻,神经细胞得不到足够的能量,使神经功能受影响;发生癞皮病,主要症状为皮炎、腹泻及痴呆。烟酸广泛分布于动、植物组织中,但多数含量较少;在动物肝、瘦肉、花生、豆类、粗粮及酵母等食品中含量较多。食物中的烟酸有游离型和结合型两种,在粮食(如玉米)中,烟酸以结合型为主,不能为人体利用,用食用碱(Na_2CO_3)或小苏打($NaHCO_3$)处理可使烟酸释放。色氨酸是烟酸的潜在来源,机体所需烟酸一部分可由色氨酸转化而来。

(8) 维生素 B_6:是人体脂肪、蛋白质和糖代谢的必需物质,女性的雌激素代谢也需要 V_{B_6}。V_{B_6} 缺乏会引起蛋白质、氨基酸代谢异常,具体表现为贫血、抗体下降、皮肤损害(特别是鼻尖),婴幼儿发生惊厥等。食物中 V_{B_6} 分布很广,谷物、谷胚、蔬菜、肉、蛋、奶中含量丰富,人体肠道细菌也可合成一部分,因此一般不会缺乏。

(9) 叶酸:叶酸具有造血功能,对氨基酸代谢、核酸及蛋白质的生物合成均有重要影响,对正常红细胞形成有促进作用。缺乏叶酸时,红细胞中核酸合成受阻,发育成熟障碍,造成巨幼红细胞性贫血症;还可引起口炎性腹泻、智力退化和精神病。如果孕妇在怀孕头 3 个月内缺乏叶酸,有可能引起胎儿发育缺陷。叶酸广泛存在于绿叶菜中,动物肝、肾含量丰富,其他如水果、肉、蛋、鱼类都有,肠道功能正常时肠道细菌能合成叶酸,因此,一般不会缺乏。但女性怀孕前及孕期应注意补充叶酸。

(10) 维生素 B_{12}(氰钴素或钴胺素):可提高叶酸利用率,增加核酸和蛋白质合成,促进红细胞发育和成熟,$V_{B_{12}}$在维护神经髓鞘的代谢与功能中也发挥着重要作用。饮食摄入不足,胃全切除、胃壁细胞不能分泌内因子等会造成$V_{B_{12}}$吸收障碍,均可导致体内缺乏B_{12},这时,红细胞不能正常成熟,而是形成大而未成熟的细胞释放到血液中诱发恶性贫血(巨幼红细胞性贫血)。缺乏$V_{B_{12}}$还可引起神经、脊髓变性,并产生严重的精神症状;年幼患者可出现呕吐、嗜睡、精神抑郁、智力下降和生长发育迟缓、身材矮小等。$V_{B_{12}}$在动物内脏,如肝、心和肾中有丰富的含量,其次是肉、蛋、奶类,豆类经发酵后可形成$V_{B_{12}}$。饮食中动物性食物较多时,$V_{B_{12}}$摄入量就高,体内可有储备;严格素食者易缺乏$V_{B_{12}}$。

(11) 维生素 C(抗坏血酸):具有防治坏血病的功能,又称为抗坏血病维生素。人体 V_C 缺乏时,表现为血管壁脆弱、通透性增加、易出血,影响骨、牙、软骨和结缔组织的功能,容易发生骨折等坏血病的典型症状;可使骨髓萎缩、造血功能下降。缺铁性贫血和巨幼红细胞性贫血用 V_C 作辅助治疗,可取得良好的效果。V_C 还具有增强免疫力、抗感染和防病作用,大剂量 V_C 可作为防治感冒、长期发烧、急性克山病、大面积烧伤、急性风湿性心脏病的辅助治疗;V_C 在防治癌症方面有独特功用,能阻断致癌物亚硝胺生成,促进透明质酸酶抑制物合成而阻止癌扩散,并能减轻抗癌药物的副作用,对防治癌症有良好辅助治疗效果;V_C 被称为万能解毒剂,它可减轻砷(As)和重金属对肝功能的损害,常用来缓解 Pb、Hg、As、Co、甲苯等慢性中毒;V_C 与肾上腺皮质激素的合成有关,能降低血液中胆固醇的含量,对治疗高胆固醇血症、防止动脉粥样硬化和胆石症有一定辅助疗效;具有良好的抗氧化作用,可减少皮肤黑色素沉着,有增白美容功效。人体本身不能合成 V_C,只能从食物中获取。新鲜蔬菜、水果中含量很高,动物食品中一般较少。V_C 是所有维生素中最不稳定的一种,食物储存、加工、烹调处理过程中很容易被破坏,暴露于空气中很容易被氧化。

二、各类主要食物的营养价值

营养价值是指食物中所含热能和营养素能够满足人体需要的程度,包括营养素的种类是否齐全、数量是否充足和比例是否适宜,是否易被人体消化、吸收和利用等。食物种类很多,其营养素组成千差万别,除个别食品如母乳、宇航员特殊食品外,食物的营养价值都是相对的。不同种类的食物所具有的营养密度(食物中每 1 卡热能所含营养素的多少)、营养素生物利用度各不相同,其营养价值也有所差异。乳、肉等每卡热能所提供的营养素既多又好,故营养密度较高;脂肪每卡热能所提供的营养素很少,营养密度较低。食物的营养价值也受储存、加工和烹调的影响。了解各类食物的营养价值,有助于科学的选配和加工食物。

1. 谷物类

目前,我国居民膳食中有60%~65%的热能、50%~70%蛋白质来自谷物类。谷物类食物主要包括大米、小米、大麦、小麦、玉米等。谷物类食物含糖类物质约70%、蛋白质8%~12%、油脂1%~3%、矿物质1.5%~3%、维生素1%、水分10%~14%、膳食纤维2%~3%。

谷物类食物中糖类主要是淀粉,还有糊精、戊聚糖及少量葡萄糖等,是人类最为经济和最主要的热能来源。籼米中含直链淀粉多,米饭胀性大而黏性差,较易消化吸收;糯米中绝大部分是支链淀粉,胀性小而黏性强,不易消化吸收,幼儿及老人不宜多食;粳米居于二者之间。谷类中所含的纤维素和半纤维素是良好的膳食纤维来源。

谷物蛋白质主要是醇溶蛋白和谷蛋白,约占蛋白总量的80%以上。醇溶蛋白中赖氨酸含量极少,苯丙氨酸与蛋氨酸含量偏低,亮氨酸含量较高。谷物蛋白的生物利用度比动物蛋白和大豆蛋白低。

谷物油脂主要存在于糊粉层和胚芽中,油脂成分中约80%为不饱和脂肪酸,其中亚油酸含量比较丰富。脂类物质中除甘油三酯外,还有植物固醇和卵磷脂。谷物胚芽中含V_E,所以米糠油和胚芽油有防治动脉硬化和抗衰老功效。

谷物中维生素主要是B族维生素,特别是V_{B_1}和烟酸,还含有泛酸、V_{B_6}、V_E等,一般不含V_C、V_D、V_A。维生素大部分存于胚芽、糊粉层及谷皮中,研磨过度的精制大米、白面各种营养素损失很大。

谷物矿物质大部分集中在谷皮、糊粉层和谷胚芽中。因此,糙米、标准面粉的矿物质含量都分别高于精白米、精白面。矿物元素以磷含量最为丰富,占谷类矿物质总量的50%~60%;钾、镁次之,钙含量较低,仅为磷含量的1/10。以米、面等谷物为主食的人群,应辅以含钙丰富的食品,如乳类和豆类等。

谷物的加工精度与谷物营养素的损失程度有着密切关系,加工越精,营养素损失越大。不同的烹调方式营养素损失的程度不同。蛋白质和矿物质在烹调中损失不大,但B族维生素损失较大。例如,米饭在电饭煲中长时间保温,V_{B_1}损失可达50%~90%;用蒸、烤、烙等方法制作面食时,B族维生素损失较少,但用高温油炸时V_{B_1}全部损失;面食在焙烤过程中,经酵母发酵增加了B族维生素的含量,提高了各种微量元素的生物利用度。油炸是各种加工方式中营养素损失最大的。粉皮、凉粉、粉丝等加工过程中,绝大部分的蛋白质、维生素和矿物质随着多次洗涤而损失殆尽,营养价值很低。

(1)大米:含蛋白质7%~8%,虽然蛋白质含量不太高,但质量相对较好。大米烹调前的淘洗过程可使水溶性维生素和矿物质发生损失,V_{B_1}损失量30%~60%,V_{B_2}和烟酸损失量20%~25%,矿物质损失量约70%。以大米为主食地区的人群要特别注意补充V_{B_1}、V_{B_2}。

(2)小麦粉(面粉):小麦蛋白质含量平均为12%,但小麦蛋白质的氨基酸组成不平衡,赖氨酸、苏氨酸、异亮氨酸含量也不足。以小麦为主食的地区,应注意搭配动物性食品或豆类食品,以达到氨基酸互补。根据小麦加工精度不同,小麦粉可分为普通粉、标准粉和特制粉,加工越精,矿物质和维生素的损失也越多。

(3) 玉米:其最大特点是油脂含量高于一般谷类。玉米油脂含有50%以上的亚油酸,具有很高的营养保健价值。另外,玉米含有较多的膳食纤维,黄玉米中含有胡萝卜素。长期以玉米为主食的人群,在玉米加工中加入少量纯碱或小苏打,可使结合型烟酸释放出来,有利于人体吸收。这种方法还可以防止因缺乏烟酸而导致的"癞皮病"。

(4) 燕麦:蛋白质含量15%左右,而且氨基酸组成比较平衡,各种必需氨基酸的含量接近WHO推荐值,尤其是赖氨酸的含量较高;脂肪含量约为5.5%。营养价值高于其他谷类,主要加工成燕麦面、燕麦片。

(5) 小米:含蛋白质10%左右,色氨酸含量较一般谷物多,蛋白质质量优于小麦和大米。脂肪和铁的含量都高于大米,V_{B_1}、V_{B_2}略高于大米,还含有少量胡萝卜素,是一种营养价值较高的谷物食品。

(6) 荞麦:含有70%的淀粉和7%~13%的蛋白质,氨基酸组成比较平衡,赖氨酸、苏氨酸的含量较丰富。荞麦面蛋白质生物利用度高达80%,是谷类中的优秀者。荞麦面含有丰富的V_{B_1}、V_{B_2}、烟酸和各种矿物质。其中V_{B_1}、V_{B_2}是小麦粉的3倍,烟酸是小麦粉的4倍,而铁的含量是小麦粉的3~20倍,为一般谷类所罕见。荞麦的最大营养特点是含有特殊成分芦丁,具有降低血脂和血清胆固醇的效果,对高血压和心脏病有一定的防治作用。

2. 豆类

人们经常食用的豆类包括大豆(黄豆)、蚕豆、豌豆、绿豆、红小豆等。蛋白质含量一般在20%~50%之间,是供给人类植物蛋白的主要来源。V_{B_1}、V_{B_2}含量也高于谷物。

在大豆中,蛋白质含量约38%,包含人体需要的8种必需氨基酸,在膳食中可以代替部分动物性蛋白质;由于富含赖氨酸,故可与谷物蛋白形成营养互补。其脂肪含量为18%左右,可作为食用油原料;大豆油脂中富含磷脂,磷脂是构成大脑成分的重要物质。大豆中维生素含量约1%、糖类物质含量15%、膳食纤维18%、矿物质3%。此外,大豆中含有异黄酮类物质,此类物质具有雌激素样的作用,被称作驻颜、护颜的健康使者。

未发酵的豆制品(豆浆、豆腐等)均由大豆制成,制作中经各种处理,减少了食物纤维,提纯了蛋白质,提高了消化率;但豆腐中部分B族维生素因溶于水而损失。发酵豆制品有豆瓣酱、豆豉、黄酱、腐乳等,其蛋白质被部分分解,并使氨基酸游离,味道鲜美,$V_{B_{12}}$、V_{B_2}增加。干豆中无V_C,但经发芽后,V_C、V_{PP}增加。在冬季缺少蔬菜的地区,可多食豆芽。

蚕豆、豌豆、绿豆、红小豆、豇豆、芸豆等豆类,含碳水化合物55%~60%,蛋白质为20%~25%,蛋白质中赖氨酸丰富,但含硫的氨基酸偏低。脂肪含量仅为0.5%~2%;

微量元素、B族维生素大大高于谷类。

3. 肉类

肉类食品营养价值高、消化吸收率高、饱腹作用大，并可烹调成各种美味佳肴。人们常食用的肉类食品主要包括畜肉、禽肉及其内脏，能供给人类丰富的优质蛋白、矿物质和维生素。

畜肉主要包括猪、牛、羊等大牲畜的肌肉、内脏及其制品。

畜肉含蛋白质10%～20%，因动物种类、年龄、肥瘦程度以及部位而异。通常牛肉（20%）、羊肉（11%）的蛋白质含量高于猪肉（9.5%）；以部位看，蛋白质含量最高的是脊背的瘦肉。畜肉蛋白质为优质蛋白，营养价值高；但结缔组织中所含胶原蛋白和弹性蛋白缺乏色氨酸和蛋氨酸等必需氨基酸。

畜肉脂肪以饱和脂肪酸含量较多，主要是棕榈酸和硬脂酸，还含有少量的卵磷脂。猪肉脂肪含量大于牛肉、羊肉。肉中胆固醇含量亦较高，而内脏及动物脑组织含胆固醇特别高。高血脂症患者不宜过量吃肥肉、内脏和脑组织。

畜瘦肉中V_A、V_D含量少，B族维生素较高；内脏各种维生素含量都较高，尤其是肝，是动物组织中多种维生素最丰富的器官，心、肾也含多种维生素。猪肉中V_{B_1}的含量比牛、羊肉高，牛肉的叶酸含量又高于猪肉。

畜肉矿物质含量约1%左右，其中钙含量较低，铁含量较高；畜肉是锌、铜、锰等多种微量元素的良好来源。人体对肉类中各种矿物质的消化、吸收都高于植物性食品，尤其是对铁的吸收高于其他类食品。

肉类中碳水化合物含量很低，一般为0.3%～0.9%，以糖原形式存在。动物宰杀之后的后熟过程中，由于酶的分解作用，糖原量下降，乳酸含量上升，pH逐渐下降，这对畜肉的风味和贮存有利。

禽类食品通常指鸡、鸭、鹅等家禽肉。禽肉所含营养成分与大牲畜接近。

禽肉含蛋白质16%～20%，属优质蛋白。与畜肉相比，禽肉有较多的柔软结缔组织，且均匀地分布于肌肉组织内，故禽肉较畜肉更细嫩，并容易消化。

禽肉脂肪含量不一，鸡肉含脂肪不高，而肥的鸭、鹅肉脂肪含量可高达40%。禽肉脂肪含有丰富的亚油酸，约占脂肪总量的1/5，营养价值高于畜肉脂肪。

禽肉含丰富的维生素，B族维生素含量与畜肉相似，其中烟酸含量较高。禽内脏富含V_A和V_{B_2}。

禽肉中钙、磷、铁、锌、硒等矿物质的含量均明显高于畜肉。

4. 禽蛋类

人们日常食用的禽蛋主要有鸡蛋、鸭蛋、鹅蛋和鹌鹑蛋等。各种禽蛋在营养成分上大致相同，都是营养价值很高的天然食物，禽蛋适合于各种人群。比较普遍食用的鸡蛋，是人类食品中营养最全面、各种营养素配比平衡的优质天然食品。

鸡蛋中的蛋白质是天然食品中最优良的蛋白质之一,蛋黄、蛋清生理价值都很高,氨基酸组成适宜,利用率高。蛋清不含脂肪,蛋黄含有脂肪、矿物质、维生素。鸡蛋脂肪主要为磷脂和胆固醇,乳融状,易于消化吸收。矿物质主要为磷、镁、钙、硫、铁、铜、锌、氟等;钙不及牛乳多,但铁的含量高于牛乳。维生素为 V_A、V_D、V_{B_2} 和少量的 V_{B_1}、V_{PP}。

蛋类熟后易于消化,生食不利消化;经加工的皮蛋、咸蛋、糟蛋等也易消化。

5. 乳类

乳类是哺乳动物最好的天然食品,能满足初生幼仔生长发育的需要。乳类营养素种类齐全,必需氨基酸组成适宜,易于被消化吸收。

牛、羊乳蛋白质含量约 3%～4%,人乳蛋白质含量仅为 1.5%左右。牛羊乳蛋白质中,85%为酪蛋白,且多与 Ca、P 形成复合物,其余为乳清蛋白和乳球蛋白,还有少量的免疫球蛋白和酶;人乳 85%以上为乳清蛋白,而酪蛋白含量少。动物乳蛋白质的吸收率为 85%～89%,其生物利用率较人乳低。

各种乳的脂肪含量比较相似,约为 3.5%～4.0%,多以微粒分散于乳液中,消化吸收率为 95%以上。其中棕榈酸和硬脂酸含量约为 40%,低级饱和脂肪酸如油酸含量约为 30%,其他还有少量短链脂肪酸、亚油酸、卵磷脂和胆固醇。

乳中所含糖类主要为乳糖,约 4.5%～5%(人乳 7%～8%),机体内的乳糖酶可将乳糖分解为葡萄糖和半乳糖,供人体吸收利用。

乳中含各种脂溶性和水溶性维生素。乳中矿物质总量可达 0.7%～0.75%。常量元素有钾、钠、钙、磷、硫、镁等,微量元素有铜、锌、锰等。牛乳中钙的含量很高,可达 115 毫克/100 克,约为人乳的 4 倍;磷含量约为人乳的 6 倍;而铁含量很低(0.1～0.3 毫克/100 克),仅为人乳的 1/3。

羊乳的营养成分同牛乳一样丰富。蛋白质及钙、磷等含量都高于牛乳,脂肪和 B 族维生素与牛乳相似。

6. 水产品类

水产品类食物包括鱼、虾、蟹、贝、海藻(如海带、紫菜)等。

鱼类营养成分与家禽肉基本相似,蛋白质和脂肪含量因鱼的种类、肥瘦程度不同而有较大差别。

大多数鱼蛋白质含量为 18%～20%,比畜禽蛋白易消化,是食物蛋白中的优质品。鱼肉蛋白中赖氨酸含量丰富,其生物价值仅次于鸡蛋。鱼肉中含丰富的氨基乙磺酸,氨基乙磺酸有利于胎儿和新生儿的大脑和眼睛发育,对维持成人正常血压、防止动脉硬化及保护视力也有一定的作用。虾、蟹、贝类等的蛋白质含量与鱼类相似,约为 15%～20%。

水产品脂肪含量约 1%～10%,大多数鱼类脂肪含量为 1%～3%。其中不饱和脂肪酸含量高达 80%,新鲜鱼脂吸收率达 95%。海鱼、贝类中富含二十二碳六烯酸和二十碳五烯酸。

鱼类中 V_A、V_D、V_E 含量都高于畜、禽肉,鱼肉中含有多种 B 族维生素。海鱼肝含 V_A、V_D 特别丰富。生鱼中含有硫胺酶可破坏 V_{B_1},因此鲜鱼应尽快加工烹制或冷藏以减少 V_{B_1} 的损失。

鱼肉的矿物质含量为 1‰~2‰,高于畜肉;钾、钙、磷、镁、铁、锌、碘、硒等含量都较丰富,其中钙、硒含量明显高于畜、禽肉类。虾、蟹及贝类都富含多种矿物质,如牡蛎是锌、铜含量最高的海产品,海带、紫菜含碘量很高。

鲍鱼、海参、鱼翅等虽然名贵,但营养价值并不高。如鱼翅,虽然蛋白质含量高达 75%~80%,但其氨基酸组成很不平衡,缺乏色氨酸,其蛋白质的营养价值还不及一般鱼肉。

7. 蔬菜、水果类

新鲜的蔬菜、水果含水分在 90% 以上,含有多种维生素、丰富的矿物质及膳食纤维、糖类,蛋白质、脂肪含量很低。加工烹调时易损失和破坏水溶性维生素(特别是 V_C)及矿物质。损失程度与烹调过程中洗涤方式、切碎程度、用水量、pH、加热温度及时间有关。合理使用烹调方法,是保存蔬菜中维生素的有效措施。

蔬菜、水果中的碳水化合物包括可溶性糖、淀粉及膳食纤维。可溶性糖主要有果糖、葡萄糖、蔗糖,其次为甘露糖、甘露醇和阿拉伯糖等,随着水果成熟,可溶性糖含量增高,甜味增加。

蔬菜、水果含丰富的胡萝卜素,在体内可转化成 V_A,是日常膳食中重要的 V_A 来源。水果含有比其他食物更多的 V_C,并且利用率较高。

蔬菜、水果含有丰富的钾、钙、钠、镁及铁、铜、锰、硒等多种矿物质,其中以钾最多,钙、镁含量次之,这些碱性元素对维持人体内的酸碱平衡必不可少。某些绿叶蔬菜中钙、镁、铁等元素虽含量丰富,但由于同时含有草酸,吸收利用率均低于动物食品。

很多蔬菜,如菠菜、竹笋、苋菜等中含有草酸,除了不利于钙、铁的吸收,还有一定的涩味,烹制时可先用开水焯一下。水果中的有机酸主要有苹果酸、柠檬酸和酒石酸,它们既能保持水果酸度以保护 V_C,又能增进食欲,帮助消化。

8. 食用油脂类

食用油脂主要成分为甘油三酯(脂肪),是人体的主要热能来源之一。油脂供给人体必需脂肪酸,并有助于脂溶性维生素的吸收;油脂在胃内停留时间长,饱腹作用强;油脂烹调食物可使食物变得香、嫩、脆、滑,并使食物带上诱人的色泽。

奶油、黄油富含 V_A 和 V_D,饱和脂肪酸和胆固醇含量偏高;猪油、牛油和羊脂含胆固醇较高。植物油中必需脂肪酸、不饱和脂肪酸含量高于动物脂肪,并含丰富的脂溶性维生素。植物油种类不同,脂肪酸含量比例不同,因此,多种植物油混合使用可提高营养价值。动物油脂与植物油混合使用更有利于健康。

三、平衡膳食的结构与科学配餐

一日三餐中各种食物之间的组成关系,称为膳食结构。平衡膳食,是指膳食组成应包含多种食物,所含营养素种类齐全、数量充足、配比适宜,能满足机体生理活动与健康需要。平衡膳食强调多种天然食物组成膳食,既要维持生长发育、保持正常体重、预防营养不良,又要防止营养不均和营养过剩的发生。目前,世界上大体有三种较有代表性的平衡膳食结构类型:中国的"中国居民膳食指南"、WHO推荐的"地中海式饮食"和美国农业部推出的"食物指南金字塔"。

"中国居民膳食指南"(2007)主要包括以下10个方面的内容:① 食物多样,谷类为主,粗细搭配;② 多吃蔬菜、水果和薯类;③ 每天吃乳类、豆类或其制品;④ 经常吃适量鱼、禽、蛋、瘦肉,少吃肥肉和荤油;⑤ 食量与体力活动要平衡,保持适宜体重;⑥ 减少烹调油用量,吃清淡少盐膳食;⑦ 饮酒要适量;⑧ 吃清洁卫生、未变质的食物;⑨ 每天足量饮水,合理选择饮料;⑩ 三餐分配要合理,零食要适当。

"地中海式饮食"即含高碳水化合物和低脂肪的食品。膳食组成中有丰富的蔬菜和水果,还配有开胃食品,其中有味道浓厚的草药调料,肉则很少吃。换句话说,就是淀粉类食品和菜糊状调料,加上大量绿叶蔬菜、新鲜水果,就是典型的地中海式饮食结构。

"食物指南金字塔"(2005)强调"要吃得适度,同时要运动"。其主要特点如下:① 膳食多样化,蔬菜花色品种多,要多吃豆类以及深绿色与橙色的蔬菜;② 尽量选食全谷类食物——全麦面包、全麦饼、全麦片等,以增加膳食纤维的摄入量;③ 低脂肪饮食,油脂来自鱼、果仁及植物油,限制猪油、牛油、全脂奶、奶油以及冰激凌,也限制椰子油、棕榈油。④ 将豆类和肉类一起作为蛋白质的来源;⑤ 重视水果品种多样化,饮用自制鲜果汁。⑥ 设置了备用热卡——即可以随意支配的热卡(用于酒、啤酒、饮料、糖果、奶酪、肥肉、甜食等)。

上述三种膳食结构都非常强调平衡、适度,提倡食物之间的互补。那么,应该怎样才能做到平衡膳食呢?根据身体需求,调整膳食结构,科学配餐;注意蛋白质、碳水化合物、脂肪、矿物质、维生素、水、膳食纤维七大营养素的比例,注意粮食、果蔬和动物性食物的合理搭配。

科学配餐应注意以下原则:

① 确保膳食构成的食物结构合理:蛋白质、脂肪、碳水化合物三大营养素占总热量来源的百分比应分别是 10%～15%,20%～25%,60%～65%。各种食物所含营养素种类齐全、比例适当,保持营养平衡。

② 进餐的能量与工作强度匹配:热量分配以早餐占全日总能量的25%～30%、午餐占40%、晚餐占30%～35%较为适宜。避免早餐过少、晚餐过多的弊病。

③ 保证优质蛋白质供给量及适量混合脂肪:蛋白质总量的1/3～1/2必须由大豆、

肉类、鱼类或蛋类供给。除植物油,还应搭配少量动物脂肪(鱼肉类供给最佳)。

④ 蔬菜水果的供给足量:每人每天需 800 克左右(其中 4/5 为蔬菜、1/5 为水果);蔬菜优选绿色或彩色的叶菜,品种应当多样化,根、茎、叶、花、果皆全,同时搭配豆类、菌类和藻类。

⑤ 主副搭配,精杂平衡:主食副食搭配,不能超越总能量;杂粮补充稀缺的蛋白质、矿物质。做到生熟搭配、荤素平衡。

⑥ 食物应多样化并色香味形质俱全:尽可能满足人们不同的嗜好和要求,并从中得到美的享受。

⑦ 配膳应注意季节变化和照顾饮食习惯,尽量选食应季食品。

(华 萍)

5

饮食与健康

"身体是本钱,健康是财富",这是世人皆知的。人的生存与健康需要营养物质的支持,而饮食习惯的好坏又直接影响着人们对营养物质的摄取和利用,从而影响人体的健康。

一、中国饮食的特点与缺陷

(一) 中国饮食的基本特点

传统的中国饮食不仅色香味形俱全,还具有不同的菜系,如粤菜、湘菜、川菜等,甚至满汉全席,不同的风味,深受世界各地人们的喜欢,并已被欧美作为科学膳食的基础,加以引用和改良。中国传统饮食的特点主要有:

(1) 以米、面为主食。北方人以面食为主,南方人以米饭为主。无论乡村还是城市,一日三餐皆有主食。无论脑力劳动者还是体力劳动者,都以米面为能量主要来源,再配以各色菜肴。

(2) 混合配菜。中国人即使是普通老百姓,每餐桌上都有几道菜。有菜有汤,有素有荤。最宝贵的是一道菜中,有好几种配菜。有的是素素搭配,有的是荤素搭配,既好看又好吃,既提供各种营养素又显出食物的调理功效。

(3) 素主荤辅。中国老百姓的餐桌绝大多数是素菜唱主角,几道菜中有一道荤菜,肉或鱼,禽或蛋。这种菜谱符合平衡膳食原则。

(4) 餐后水果。中国老百姓餐前很少吃东西,餐后很少吃甜点,水果反而成了餐后的"零食"。

(5) 餐中小酌。中国人餐饮结合,适量饮酒,白酒一两杯,小酌宜情。

(6) 素菜快炒和凉拌。家庭主妇们为了菜的滑嫩,不断改进烹饪的技艺。有些菜焯一下,凉拌,不但香脆而且不损失营养素;有些菜,在热油中快速翻炒几下,很好地保留了营养成分。

(二) 中国饮食习惯的主要缺陷

饮食文化的形成与地域和民俗密切相关。中国占地面积大、人口多；有高原、丘陵、平原三种地貌；有五十六个民族；因此由民族、气候、习俗形成了不同的饮食习惯。中国人的饮食习惯有"南甜、北咸、东辣、西酸"之说，足以说明各地饮食偏向。从总体来看，中国人的饮食习惯主要存在以下缺陷：

（1）肉食单一。中国是猪肉消费大国，汉族人以食用猪肉及其内脏为主。猪肉脂肪含量较牛羊肉高，这是现代肥胖的原因之一。此外，猪肉含胆固醇较高，也不利于心血管健康。总体而言，禽肉及鱼消费偏少。东北、西北食牛羊肉多，中原食牛驴肉比例大。高原地区食鱼少，内陆省份食海鱼少，沿海地区食禽类少。

（2）吃得过咸。据统计，全国人均每天吃盐量10克以上，其中以东北人最高，达18克。味精等调味品食用频繁，忽略了"隐形盐"的存在。食盐及隐形盐合并，中国人吃得太咸。饮食过咸是高血压形成的重要因素之一。

（3）喜食腌制食品。中国地处季风带，四季分明，食物生长和保藏均显季节性。肉食品的腌、熏、烤保藏形式多样。蔬菜采取窖藏、腌制、泡制等形式保存，如北方秋季储存大白菜、萝卜、卷心菜；南方腌制芥菜、雪里蕻。咸肉、咸鸭、咸鱼、腌菜不仅盐多，而且含亚硝酸盐，不利于身体健康。

（4）膳食中乳类、豆类、菌类摄取少。中国是个乳制品缺乏的国家，人均供给量很低，故牛乳更多的是作为儿童及老人的营养品。豆类种植品种及数量均不足，豆制品供应有限。菌类品种少，最常见的有香菇、平菇、黑木耳，供应有限，价格不低。故中国人缺钙、铁、锌、硒比较普遍，尤其缺钙较为严重。

（5）饮食品种呈季节性。广大非城市地区，由于缺乏食物保鲜和储藏的设备和技术，饮食季节性强，以食用当季的食物为主。

（6）早餐过少，晚餐过多。城市生活一族，由于上班路程远及交通拥塞，往往早起赶车，顾不上早餐，公交车上吃点馒头包子现象极其普遍；中餐多数是单位食堂或外卖对付；而下班后既有时间又全家聚齐，晚餐丰盛是自然不过的事。但这种现象有损健康，尤其易诱发胆结石。

（7）喜食炒、煎、炸食品。中华饮食文化讲究色、香、味、形俱全，肉食品的煎炸常见，面食油炸较多。煎炸食物时，高温油料不仅破坏蛋白质，丢失维生素，而且会产生致癌物质，影响身体健康。

（8）蔬菜水果摄入不足。近年来，各大城市饮食调查显示，居民蔬菜水果食用不足。原因在于青年一代肉制品摄入过多，肉食品鲜美味道已成嗜好，且饱感明显，既不喜欢吃蔬菜又没有吃水果的欲望。这种现象会导致体内维生素、矿物质、纤维素缺乏，容易形成便秘、皮肤粗糙、困倦等情况。

（9）集体用餐。中国人习惯围桌用餐，自吃自夹，很少用公筷，这种习惯虽情感融洽,但有利于疾病的传播。

(10) 节假日暴饮暴食。中国传统佳节和各民族的节日很多,传统礼仪是在节假日大摆酒席,宴请亲朋好友,不但食物丰盛,而且烟酒同行,多吃多喝便是对主人情感的最好答谢。

二、选择健康食物的原则

中国人的饮食自古以来以碳水化合物(米、面等素食)为主,蛋白质尤其是优质蛋白摄入偏低。20世纪70年代改革开放以来,人们生活水平有了较大的提高,但是高血压、高血脂、糖尿病、头晕、失眠、缺钙等毛病也多了起来,生命质量又出现新的问题。WHO统计资料表明,发达国家70%以上的死因是癌症和心脑血管疾病,而癌症和心脑血管疾病的发生与人们不合理的饮食有密切的关系。因此,我们应充分吸取西方发达国家膳食结构与疾病模式演变的经验教训,提倡和坚持科学、合理的膳食,促进健康,减少疾病的发生。

具体而言,选择健康食物应掌握以下原则:

(1) 能量来源以粮食为主。随着生活水平的不断提高,人们每日摄入的粮谷类食物有日益减少、越吃越精的趋势。谷类食物摄入减少不能满足人们日常生活的能量需要,精米精面导致摄入营养素减少。粗粮中含有必需氨基酸、多种微量元素、维生素、纤维素,弥补细粮缺乏的营养素。因此,人们应保持能量来源以粮食为主的特点,重视精粮和粗粮合理搭配。根据劳动强度和劳动特点(体力劳动或脑力劳动),确定谷类食物摄入量,一般每日为300~600克。

(2) 多吃新鲜蔬菜和水果。蔬菜水果热量很低,而膳食纤维、维生素和矿物质含量丰富,尤其是绿叶蔬菜中富含V_C和胡萝卜素,对保持人体健康具有重要意义。由于每种蔬菜、水果所含营养素不尽相同,因此,摄入蔬菜、水果的品种应多样化。若膳食偏简求精,则易造成铁、锌、硒、碘、钙等多种矿物质和某些维生素的缺乏,有害无益。每日应摄入蔬菜400~500克、水果100~200克。

(3) 每日摄入适量的动物性食物。动物性食物含有大量的优质蛋白,多种维生素和矿物质,较多的脂肪和胆固醇。适量摄入胆固醇对人体健康是有益的,而过多的胆固醇则可能会诱发动脉粥样硬化、高血压等多种心脑血管疾病。因此,动物性食物不宜多吃。此外,还应尽可能调整动物性食物的品种,减少猪肉等红肉的比例,增加水产品和禽类的食用比例。鱼是比较好的动物性食品,鸡仅次于鱼,含大量优质蛋白,应优先选用。每日动物性食物摄入量为125~200克(畜禽肉50~100克、蛋类25~50克、鱼虾类50~100克)就可满足身体对蛋白质的需要。高强度劳动者、儿童、青少年、孕妇蛋白需要量较大,应适量增加优质蛋白。

(4) 注意增加黄豆或豆制品的摄入。在饮食中,优质蛋白的供应应达到蛋白质供应量的 1/3～1/2。黄豆和豆制品中含优质植物蛋白,较多的摄入有益于身体健康。

(5) 每日摄入适量的乳或乳制品。目前我国居民膳食中,普遍存在钙摄入量不足的问题。钙是一种人体必需的常量元素,除了构成人体的骨和牙齿外,还参与诸多的生理活动。钙摄入不足时,会产生一系列疾病。乳类是钙质的最佳来源,适量吃些乳类食物有益于健康。

(6) 限制各种调味品及甜食、油脂的摄入。烹调用的调味品包括烹调油、盐、味精、糖等,适量使用可改善食物的口感,过多摄入则不利于健康。建议每日摄入食盐不多于 6 g、食用油脂 25～50 g。

三、健康的饮食方式

人们的日常生活、学习与工作总是在一定的安排下有序进行的,饮食方式也必须与此相协调;饮食方式的选择还要考虑到消化系统活动规律,只有这样才能使膳食中的营养得到充分消化、吸收和利用,从而发挥更大的营养效能。每日膳食餐次、间隔时间应根据胃肠功能恢复和食物从胃排空的时间来确定,中国人一日三餐,每餐间隔时间 5～6 小时是符合人体生理状态的。

根据人们工作学习的营养需要,热量分配采用 3∶4∶3 的三餐分配比例比较适宜,即人们常说的"早餐要吃好,午餐要吃饱,晚餐要吃少"。一般而言,早餐选择营养丰盛的食物,各营养成分皆有,体积不宜过大;午餐既要补充上午的能量消耗,又要为下午能量消耗做储备,因此,需要较多的热量、蛋白质、脂肪及维生素、矿物质性食物;晚餐食物体积适中,热量供给减少,尽量多些蔬菜水果类食物,尽量少些蛋白质和脂肪,以使胃肠道能得到规律性的休息。三餐质与量的配比可以用"早餐吃得像皇帝、中餐吃得像民工、晚餐吃得像公主"来概括。

健康的饮食方式还包括以下几点:

(1) 不挑食、不偏食。食物种类很多,营养素组成千差万别,不挑食、不偏食才能保证营养均衡。

(2) 既吃荤也吃素。动物性食品含有大量的优质蛋白,而素食中则含有丰富的糖类和膳食纤维、矿物质与维生素,两类食物间的营养素正好互补。因此,必须做到荤素搭配、取长补短,才能有利于健康。

(3) 适时适量饮食、不暴饮暴食。食物在体内经过胃液和小肠内胆汁、胰液、肠液的消化作用,蛋白质分解成氨基酸,脂肪分解成脂肪酸,糖类分解成葡萄糖,然后这些营养成分经肠壁吸收,通过血液循环运送到各组织为机体所采用。由于每个阶段的消化、吸收能力都具有一定的限度,超过限度会损害胃肠道甚至诱发严重的消化系统疾病。一次摄入过多蛋白质、脂肪也难以被充分消化吸收。

(4) 细嚼慢咽。食物的消化过程是从口腔开始的,通过口腔内的咀嚼作用,食物被切割、磨碎,并与唾液混合。由于唾液的作用,食物中某些成分在口腔内就已开始消化,如唾液中的淀粉酶可将淀粉分解为麦芽糖。咀嚼动作不仅能完成口腔内的食物消化作用,还能反射性地引起胃、胰、肝、胆囊、肠等的分泌活动,为后续的消化、吸收准备条件;同时可反射性地刺激饱食中枢,减少食物摄入量。

(5)餐时要宽怀、餐后莫用脑。发怒、紧张、哀伤、忧虑等情绪都会减弱消化吸收功能,同时影响味觉。餐后胃肠道需要集中大量血液来完成食物的消化吸收任务,若餐后就从事剧烈运动或用脑,血液流向肌肉或头部,使得胃肠血量减少,影响消化吸收。

(6)少盐低脂饮食。盐的摄入量越多,尿中钙的排出量也越多,钙的吸收也越差。高盐饮食也是高血压形成因素之一,限制钠盐对原发性高血压患者有明显的降压作用。脂肪摄入过多,是血脂偏高的直接因素,高血脂是动脉硬化的最大成因。

(7)少吃甜食和高热量食物。甜食主要成分是糖类,其他营养素缺乏。过多的甜食容易导致肥胖,还易形成龋齿。冰激凌、巧克力、蛋糕等高热量食品,除提供能量外,别的营养成分相对较少。高热量食品易形成饱腹感,抑制了含其他营养素食物摄取的欲望。

(8)早餐吃好,晚餐节制。吃好早餐有利于补充夜间机体的消耗,同时激活人体的消化系统功能。早餐的能量可以为上午工作奠定基础,同时可以排出胆囊内浓缩的胆汁,防止胆道结石的发生。晚餐吃得丰盛,肠胃消化吸收疲劳,同时能量不能消耗,聚集在体内易形成血液过浓,导致血栓,同时能量转化为脂肪储存,易导致肥胖。

四、食物的性能(特性)

食物是大自然的产物,无论是植物性食物还是动物性食物,皆与气候、季节相关。食物生长与寒热气候、春夏秋冬四季关联,如有热带水果(如榴莲)、夏令食品(如西瓜)之说。食物是动物摄取营养素的来源,除了提供机体碳水化合物、蛋白质、脂肪、维生素、矿物质、纤维素、水等七大营养素外,还具有一些特殊的性能,如食物的四性、五味、酸碱、升降沉浮和归经。中华五千年的饮食文化与中国医学使食物与人体之间呈现出复杂的联系。春夏养阳,秋冬养阴,便是饮食与中医学结合的有益健康的方法的概括。人体与环境、气候、季节、饮食是相生相克的,既互相制约又互相补充,保持平衡是中华医学饮食调养、防病治病的目的。了解和熟悉常用食物的性质与功用,有助于科学运用食物防病养生。

(一)食物的四性

食物的四性,是指食物具有寒、热、温、凉四种性质,也称四气。确定食物"四性"是依据食物作用于机体所产生的反应概括出来的,与食物的食用效果是一致的。凉仅次于寒,温仅次于热,只是程度不同而已,因此,实际上大致将其归为寒、热两个方面。一一般而言,寒凉性食物,具有清热泻火、凉血解毒、平肝安神、通利二便等作用;温热性食物,具有温中散寒、助阳益气、通经活络等作用。寒凉性食物适用于热证者或阳气旺盛者;温热性食物适用于寒证者或阳气不足者。依据中医学互补调节观点,运用食物四性的准则是"疗寒以热药、疗热以寒药"、"阳气不足以温疗之、阳气旺盛以凉疗之"。辨明寒证、热证,是确定选择温热食物还是寒凉食物的依据。中医学认为,阳盛则热,阴盛则寒,辨明寒热实际上就是辨明阴阳盛衰。寒证或阳气不足者忌吃寒凉性食物,热证或阳气旺盛者忌吃温热性食物,否则病症会加重。

日常生活常用食物的性质:

寒性食物:皮蛋、蟹、蛤蜊、蚌、牡蛎、乌鱼、田螺、猪脑、海带、紫菜、苦瓜、黄豆芽、蕨菜、空心菜、马齿苋、木耳菜、西瓜、柚子、柿子、哈密瓜、猕猴桃、桑葚、荸荠、香蕉、杨桃、苦丁茶、绞股蓝、番泻叶。

凉性食物:小米、小麦、荞麦、薏米、绿豆、豆腐、豆浆、芹菜、苋菜、花菜、茭白、菠菜、莴苣、生菜、茄子、西红柿、白地瓜、冬瓜、丝瓜、黄瓜、白萝卜、莲藕、蘑菇、金针菇、鸭蛋、鸭肉、兔肉、羊肝、猪皮、甲鱼、梨、枇杷、橙、柑、椰子、芒果、火龙果、山竹、草莓、菊花、金银花、百合花、罗汉果、薄荷、胖大海、槐花、山茶花、蔷薇花、罗布麻。

热性食物:辣椒、胡椒、干姜、肉桂、榴莲、樱桃、桃子、酒。

温性食物:糯米、高粱、姜、葱、花椒、茴香、八角、红糖、醋、料酒、洋葱、韭菜、大蒜、芥菜、油麦菜、南瓜、鹅蛋、羊奶、鸡肉、羊肉、牛肉、狗肉、鹿肉、牛肚、猪肚、鲢鱼、雄鱼、草鱼、鲶鱼、鳝鱼、带鱼、刀鱼、虾、海参、淡菜、海马、海星、荔枝、龙眼、红毛丹、木瓜、杨梅、石榴、金橘、核桃、栗子、大枣、松仁、枸杞、桂花、茉莉花、玫瑰花、月季花、杜鹃花、迷迭香。

平性食物:大米、玉米、燕麦、黄豆、黑豆、赤小豆、豌豆、芝麻、青菜、芽白、包菜、豆角、四季豆、扁豆、茼蒿、胡萝卜、土豆、芋头、葫芦、银耳、黑木耳、平菇、香菇、猴头菇、竹荪、灵芝、鸡蛋、鸽蛋、鹌鹑蛋、牛乳、酸乳、猪肉、鹅肉、鸽肉、驴肉、鹌鹑肉、猪心、猪腰、猪血、鲫鱼、鲤鱼、鲳鱼、泥鳅、墨鱼、黄花鱼、鲈鱼、银鱼、鳗鱼、干贝、海蜇、山药、花生、葡萄、沙果、菠萝、菠萝蜜、无花果、盐、酱、白糖。

人们依据食物的性质和功效,选择合理的进食,称为食补或食疗。依据食物的寒热平特性,分为平补、清补、温补三类型。平补即采用平性食物,它性能平和,适应性强,无论健康人还是寒热病人,无论阴虚、阳虚均可食用。平性食物有健脾、开胃、补益身体作用。清补即采用寒凉性食物,它可以泻火、清心、润燥、生津、止渴,适合阴虚热盛者。温补即采用温热性食物,它可以暖胃、散寒、壮阳、益气、活血通络。

(二) 食物的五味

食物的五味,是指食物有酸、甘、苦、辛、咸五种味道。这五种味道不单纯指食物的味觉感受,也涵盖了五种味道的功能效果。五味入口,各有所走。酸入肝,辛入肺、苦入心、甘入脾、咸入肾。五种味道的食物被摄入后,其功效发挥与人体的脏腑联系。酸味(包括涩味),有收敛、固涩功效,酸味食物被消化吸收后,被肝胆所吸收;甘味(也包括淡味),有补益、弛缓、中和功效,甘味食物被消化吸收后,被脾胃所吸收;苦味,有清热、燥湿功效,苦味食物被消化吸收后,被心、小肠所吸收;辛味,有宣散、行气、通脉功效,辛味食物被消化吸收后,被肺、大肠所吸收;咸味,有软坚、散结、润下功效,咸味食物被消化吸收后,被肾、膀胱所吸收。中医理论认为,肺主气、心主血、肝主筋、脾主肉、肾主骨。凡酸者能涩能收,苦者能泻能燥能坚,甘者能补能缓,辛者能散能横行,咸者能下能软坚。五味调和,脏腑得益,人体健康;五味偏嗜,导致五脏失调,形成疾病。

  酸味能收敛、固涩,能增进食欲、健脾开胃、增强肝脏功能,提高钙、磷的吸收率。适宜久泄、久痢、久咳、久喘、多汗、虚汗、尿频、遗精、滑精等患者食用。但过量食用会导致消化功能紊乱。常见酸味食物有:醋、乌梅、山楂、木瓜、马齿苋、橘子、橄榄、杏、枇杷、桃子、石榴、荔枝、葡萄、猫肉等。

  甘味有补益强壮作用,还能消除肌肉紧张和解毒。凡气虚、血虚、阴虚、阳虚以及五脏虚羸者比较适宜。甘味的食物多是健脾胃、长肌肉,具有增肥的作用,过量易发胖。常见的甘(甜)味食物有:燕窝、大枣、红糖、小麦、糯米、蜂蜜、桂圆、莲藕、甘蔗、枸杞、香菇、柿子、梨子、花生、芝麻、核桃。

  苦味有燥湿、清热、泻实作用。适宜热证、湿证的人食用。常见的苦味食物有:苦瓜、茶叶、青榄、杏仁、百合、桃仁、白果、枇杷、苦菜、黄连。如苦瓜可清热、解毒、明目;杏仁可止咳平喘、润肠通便;枇杷叶可清肺和胃、降气解暑;茶叶可强心、利尿、清神志。苦味清火易伤骨气,不宜多吃,尤其脾胃虚弱者更宜谨慎。

  辛(辣)味有宣散、行气、通血功效,并可促进胃肠蠕动,增强消化液分泌,提高消化酶的活性,促进血液循环和新陈代谢,具有祛散风寒、疏通经络的功能。辛味食物可用于治疗感冒表证及寒凝疼痛病症。外感风寒者,宜吃辛味的生姜、葱白、紫苏等食物以宣散外寒;对寒凝气滞的胃痛、腹痛、痛经者,宜吃辣椒、茴香、砂仁、桂皮等有行气、散寒、止痛作用的食物。常见的辛味食物有:姜、葱、大蒜、香菜、洋葱、香椿、辣椒、胡椒、花椒、茴香、桂皮、芹菜、韭菜、酒、紫苏等。辛味食物大多发散,易伤津液,不宜多吃。

  咸味有软坚散结、润下功效,凡结核、痞块、便秘者宜食之。具有咸味的食物,多为海产品和某些肉类。如食盐可清热解毒、涌吐、凉血;海参可补肾益精、养血润燥;海带可软坚化痰,利水泻热,海蜇可清热润肠。常见的咸味食物有:海带、紫菜、海藻、海蜇、海参、食盐、猪肉。美味食物不足则虚,过多则实。

(三)食物的酸碱性

  我们日常摄取的食物可大致分为酸性食物、碱性食物、中性食物。从营养的角度看,酸性食物和碱性食物的合理搭配是身体健康的保障。所谓食物的酸碱性,是指食物中的无机盐属于酸性还是属于碱性。食物的酸碱性取决于食物中所含矿物质的种类和含量比例：钾、钠、钙、镁、铁等进入人体之后呈现碱性；磷、氯、硫进入人体之后则呈现酸性。动物的内脏、肌肉、脂肪、蛋白质、五谷类，因含硫(S)、磷(P)、氯(Cl)元素较多，在人体内代谢后产生硫酸、盐酸、磷酸和乳酸等，它们是人体内酸性物质的来源；大多数蔬菜水果、海藻类、豆类、菌类、乳制品等含钙(Ca)、钾(K)、钠(Na)、镁(Mg)等元素较多，在体内代谢后可变成碱性物质。

人体正常血液的酸碱度(pH)是 7.35～7.45 为弱碱性。当含钾、钠、钙、镁、铁离子多的食物被摄入体内，代谢后呈碱性反应；而含磷、氯、硫离子多的食物被摄入体内，代谢后呈酸性反应，使体液 pH 受到影响。过食酸性食物使体液偏酸，过食碱性食物使体液偏碱。但是，人体内有很强大的酸碱缓冲系统，如血液中磷酸盐缓冲系统、肾脏、红细胞、肺，可以中和食物代谢的酸碱性，故正常情况下，人体体液保持在弱碱性状态。

当一种食物的代谢产物在体内并不产生酸或碱，或者所产生的酸碱量达到平衡状态时，这种食物对我们机体的体液酸碱性并没有影响，我们称为中性食物。如一些有机物食品，在体内完全代谢的产物为二氧化碳、水和能量，多余的二氧化碳随人体的呼吸系统排出体外，并不在体内过多积蓄，故不会影响体液的酸碱程度。

酸性体质是百病之源。研究发现，多食碱性食物，可保持血液呈弱碱性，使得血液中乳酸、尿素等酸性物质减少，并能防止其在血管壁上沉积，因而有软化血管的作用，故有人称碱性食物为"血液和血管的清洁剂"。专家建议酸碱食物的比例为 20∶80 最适宜。常见的酸性、碱性和中性食物有：

(1) 酸性食物：① 五谷类，② 畜禽蛋类，③ 鱼虾贝类，④ 甜食类，⑤ 糖、酒类，⑥ 油炸食物。具体包括大米、面粉、玉米、玉米粉、燕麦片、空心粉、面包、蛋糕、乳酪、巧克力、冰激凌、饼干、牛肉、猪肉、羊肉、鸡鸭肉、卤肉、火腿、鸡鸭蛋、鳗鱼、比目鱼、白糖、啤酒、酒、花生酱、蛋黄酱、酸奶酪、核桃、花生、榛子、酸蔓果、李、梅、嫩玉米等。

(2) 碱性食物：① 蔬菜水果类(李子、梅子、酸蔓果除外)，② 海藻类，③ 坚果类(花生、核桃、榛子除外)，④ 乳类，⑤ 菌类，⑥ 豆类及豆制品。具体包括青菜、菠菜、卷心菜、甜菜、甘蓝、花菜、莴苣、芹菜、茄子、胡萝卜、番茄、洋葱、西葫芦、海带、紫菜、蘑菇、香菇、黄瓜、南瓜、甘薯、土豆、芦笋、豌豆、大豆、青豆、胡椒、果酱、牛奶、奶油、鲜蜜、甜瓜、西瓜、柑橘、橙、柠檬、柚子、苹果、豆腐、菠萝、香蕉、椰子、橄榄、芒果、葡萄、草莓、水蜜桃、梨、枣、柿、栗、杏、樱桃、无花果、杏仁。

(3) 中性食物：淀粉、猪油、植物油、木薯、醋、咖啡、茶等。

(四) 食物的升降沉浮

食物功效的形象比喻——升降沉浮。食物的升降浮沉，是指食物的作用趋向。在正常情况下，人体的功能活动有升有降，有浮有沉。升与降、浮与沉的相互协调平衡就构成了机体的生理过程。反之，升与降、浮与沉相互失调和不平衡又导致了机体的病理变化。当升不升，则可表现为泻利、脱肛等下陷的病症；当降不降，则可表现为呕吐、喘咳等气逆的病症;当沉不沉,则可表现为多汗等向外的病症;当浮不浮,则可表现为肌闭无汗等向内的病症。升降沉浮功效与食物性味密切有关,"酸咸无升,辛甘无降,寒无浮,热无沉"。凡具有升浮作用的食物,大多性属温热,味属辛甘,如葱、姜、花椒等;凡具有沉降作用的食物,大多性属寒凉,味属涩咸酸苦,如杏子、莲子、冬瓜等。利用食物升降沉浮的作用,可以因势利导,帮助机体扶正祛邪。食物的升提作用(即补气升阳)适用于止泻、内脏下垂病症;食物的降逆作用(即泄下)适宜于止呕、咳嗽病症;食物的外浮作用(即发散)适宜于风寒症以发汗解表;食物的内沉作用(即收敛)适宜于需敛汗止虚,内积不泄病症。例如,某人淋雨或感冒了,病邪在表,畏寒发热无汗,邪在表却有内侵趋势,应浮升发散,用姜发汗。某人步履维艰,气短心慌,纳差,痔疮脱出,可用红枣、桂圆、黄芪提升阳气。某人稍事活动便汗流不止,甚至夜间汗出,可用牡蛎收敛止汗。一般来说,花、叶类植物多属于浮升性食物,根茎类、果实多属于沉降性食物。日常食物中,沉降性食物多于浮升性食物。

(五) 食物的归经

食物的归经是指食物对人体某些脏腑及其经络有明显选择性的特异作用,而对其他经络或脏腑作用较小或没有作用。它是根据食物被食用后反映出来的效果,并结合人体脏腑经络的生理病理特点概括得来的。中医学中的脏腑不是一个解剖学的概念,而是概括了人体某一系统的生理和病理学概念。五脏是指心、肝、脾、肺、肾,与现代的脏器同名不同义,它是人体"藏精气"之所。六腑是指胆、胃、小肠、大肠、膀胱、三焦,它是人体"转化物质"的途径与通道。脏腑活动及功能联系具有规律性,司某项生理功能的脏与腑的规律性活动联络就是经络。经络就是人体内运行气血的通道。人体的主经:肺经(肺—大肠经)、肝经(肝—胆经)、脾经(脾—胃经)、肾经(肾—膀胱经)、心经(心—小肠经)。肺主气,通调水道,开窍于鼻;肝主疏泄,调怒郁,开窍于目;脾主运化,理清浊,开窍于口;肾主精气,壮筋骨,开窍于耳;心主血脉,定神志,开窍于舌。

(1) 入肺经食物(补肺润肺解表)。百合、山药、白果、燕窝、银耳、猪肺、蛤蚧、冬虫夏草、白萝卜、胡萝卜、芹菜、油菜、冬瓜、海藻、蘑菇、柿子、枇杷、香蕉、梨、柚子、橘子、葡萄、生姜、大葱、大蒜、洋葱、香菜、花椒、罗汉果、乌梅、陈皮、鹅肉、鸭蛋、鲢鱼。

(2) 入肝经食物(疏肝理气解郁)。马齿苋、荷叶、槐花、桃仁、杏仁、酸枣仁、山楂、桑葚、枸杞子、佛手、油菜、香椿、芥菜、韭菜、丝瓜、西红柿、乌梅、李子、樱桃、枇杷、荔枝、芒果、无花果、黑芝麻、醋、鳝鱼、虾、鳖、蟹、海蜇。

(3) 入脾经食物(健脾养胃)。生姜、马齿苋、山楂、大枣、肉桂、乌梅、罗汉果、陈皮、酸枣仁、莲子、龙眼肉、藕、茄子、西红柿、油菜、香菜、南瓜、芋头、扁豆、豇豆、豌豆、冬瓜皮、西瓜皮、辣椒、大蒜、苹果、枇杷、荔枝、芒果、葡萄、栗子、糯米、粳米、高粱、荞麦、黄豆、黑豆、蚕豆、薏米、猪狗牛羊肉、鸡肉、鹅肉、鲫鱼、鲢鱼、鳝鱼、鲤鱼。

(4) 入肾经食物(补肾益精壮腰)。栗子、核桃、黑芝麻、山药、桑葚、猪腰子、枸杞子、杜仲、海马、海藻、薏米、肉桂、芡实、莲子、韭菜、花椒、茴香、香椿、芥菜、樱桃、李子、葡萄、石榴、蚕豆、黑豆、薯类、猪羊狗肉、鸽蛋、鹌鹑蛋、鸭肉、鲤鱼、鳝鱼、虾、海参。

（5）入心经食物（养心安神）。猪心、猪皮、海参、龙眼肉、柏子仁、酸枣仁、小麦、绿豆、赤豆、西瓜、甜瓜、莲子、柿子、莲藕、荷叶、辣椒、荠菜、百合、刺五加。

（6）五味归经。酸味食物归肝经，用酸味食物（如乌梅、山楂等）治疗肝胆脏腑方面的疾病。苦味食物归心经，用苦味食物（如苦瓜、绿茶）等治疗心火上炎或移热小肠等症状。甘味食物归脾经，用甘味补虚性食物（如红枣、蜂王浆、山药）治疗贫血体弱等症状。辛味食物归肺经，用辛味发散性食物（如葱、姜）治疗肺气不宣，咳嗽等症状。咸味食物归肾经，用咸味食物（如甲鱼、海藻）治疗肝肾不足等消耗性疾病。

（六）药食同源

药食同源是指许多食物也是药物，它们之间无绝对的分界线。药食同源表现在三个方面：一是来源相同，中药多属于天然药物，包括植物、动物、矿物质，而食物同样来自自然界的植物、动物、矿物；二是双重身份，许多食物既是食物又是药物，如姜、枣、龟、菊花、乌梅；三是功效相同，许多食物除提供机体营养素外，还具有药性的相同治病疗效。如山楂食用时具有开胃作用，药用时具有健脾养胃功效。药食同源常见食物：橘子、橘皮、粳米、赤小豆、龙眼肉、山楂、酸枣仁、乌梅、百合、核桃、枸杞子、莲子、杏仁、砂仁、桃仁、花椒、黑胡椒、丁香、八角茴、小茴香、桂皮、南瓜子、白果、青果、蜂蜜、饴糖、黑芝麻、刀豆、白扁豆、马齿苋、佛手、木瓜、山药、甘草、姜、枣、阿胶、牡蛎、桑葚、菊花、金银花、薄荷、胖大海、罗汉果、鱼腥草、紫苏、麦芽、鸡内金、葛根、玉竹、淡竹叶、槐花、薏苡仁、淡豆豉、火麻仁、郁李仁、白芷、决明子、枳子、栀子、茯苓、桑叶、橘红、桔梗、荷叶、蒲公英、白茅根、鲜芦根、蝮蛇、藿香。

五、中医学的基本概念

中华的饮食调养是以中医学的基本理论为根据的。中医学观点认为人体是个动态变化的阴阳平衡体。一般认为外面是阳，内面是阴；六腑是阳，五脏是阴；功能属阳，物质属阴；气是阳，血是阴；活动是阳，静止是阴；上升是阳，下降是阴。阴阳既是矛盾的对立统一，又是互相变化的，阴阳可以互根、消长、转化。也就是说"阴生于阳，阳生于阴"，功能活动依赖物质基础，物质摄取依赖功能完成；"阴消阳长，阳消阴长"，此消彼长，过者生病（阴虚阳亢，阳虚阴盛）。中医学讲究辨证施治，根据望（形体、色泽、精神、舌象）、闻（声音、气味）、问（症状、食纳、二便）、切（切脉）来辨阴阳、寒热、虚实。现介绍一些中医的基本知识。

（1）五脏六腑概念。脏腑不是一个解剖学的概念，而是概括了人体某一系统的生理和病理学概念。脏腑名称，虽与现代人体解剖学的脏器名称相同，但在生理或病理的含义中,却不完全相同。脏腑是内脏的总称,按照生理功能特点,分为五脏、六腑和奇恒之腑;以五脏为中心,一脏一腑,一阴一阳为表里,由经络相互络属。五脏,即心、肝、脾、肺、肾,其共同特点是能贮藏人体生命活动所必需的各种精微物质,如精、气、血、津液等;六腑,即胆、胃、小肠、大肠、膀胱、三焦,其共同生理特点是主管饮食的受纳、传导、变化和排泄糟粕;奇恒之腑,即脑、髓、骨、脉、胆、胞宫,其共同特点是它们同是一类相对密闭的组织器官,却不与水谷直接接触,即似腑非腑;但又具有类似于五脏贮藏精气的作用,即似脏非脏。

(2) 五脏六腑功能概括。五脏总功能是贮藏精气。其中心主神志、血脉,开窍于舌;肝主疏泄、筋骨,藏血脉,开窍于目;脾主运化、肌肉,统血,开窍于口;肺主气、皮毛,通调水道,开窍于鼻;肾主水、骨、命门,藏精气,开窍于耳。脾为后天之母,肾为先天之本。六腑总功能是转化物质,即受纳腐熟水谷,泌别清浊,传化精华,将糟粕排出体外,而不使之存留——"泻而不藏"。

(3) 三焦位置与功能。膈上胸中为上焦(相当心肺),膈下脐上腹部为中焦(相当脾胃),脐下腹部为下焦(相当肾膀胱肠)。三焦总功能是输布津液运行的通道,即津液经三焦而分布全身,发挥其滋泣和濡养作用,也就是说三焦不但是传化的通道,更是诸气的主持。三焦运行元气、运行水谷和水液等。

(4) 气、血、精、津液。气、血、精、津液是构成人体的基本物质,也是脏腑功能活动的物质基础。气——是人体活动的精微物质和推动力,气为血之帅。血——自脾胃化生五谷产生的濡养全身的物质,血为气之母。精——维持各项生命活动的精气,精血同源。津液——由五谷化生经三焦输布的人体生理活动的液体部分,津血同源。

(5) 八纲辨证。分表里、阴阳、寒热、虚实。以表里辨别病变部位,以寒热、虚实辨别病变性质,再用阴阳加以概括。

热症:表现为口渴喜冷,身热出汗,舌红苔黄,脉数。

寒症:表现为怕冷喜暖,手足不温,舌淡苔白,脉迟。

实证:表现为形体壮实,脘腹胀满,大便秘结,舌质红,苔厚苍老,脉实有力。

虚证:表现为神疲气短,倦怠懒言,舌质淡,脉虚无力。

治疗原则是"虚者补之,实者泻之,热者寒之,寒者热之。"寒证宜益气温中,散寒健脾,食用温热性食物,忌寒凉、生冷食物。热症宜清热生津养阴,食用寒凉性食物,忌温燥伤阴食物。虚证宜补益正气,温补阳虚者,清补阴虚者,一般虚证者忌吃耗气损津、腻滞难化的食物。实证需辨寒热,急则治标,缓则治本。

(6) 虚证:日常生活中,虚证最多见。可分阳虚、阴虚、血虚、气虚四型,其总的体现"阴虚发热、阳虚怕冷、血虚发燥、气虚无力"。

气虚:主要表现为少气懒言、全身疲倦乏力、声音低沉、动则气短、易出汗,头晕心悸、面色萎黄、食欲不振,虚热,自汗,脱肛,子宫下垂,舌淡而胖,舌边有齿痕,脉弱等。气虚者需补气,选用补气食物和药物。

血虚：主要表现为面色苍白，唇淡爪白，头晕乏力，眼花心悸，失眠多梦，大便干燥，经少色淡、舌质淡、苔滑少津，脉细弱。血虚者需补血，选用补血食物和药物。

阴虚：主要表现为怕热，易怒，面部颧红，口干咽痛，大便干燥，小便赤黄，舌少津液，五心烦热，盗汗，腰酸背痛，梦遗滑精，舌质红，苔薄，脉细数等。阴虚者宜滋阴养阴。

阳虚：主要表现为怕冷，四肢不温，喜热饮，体温偏低，腰酸腿软，阳痿早泄，小腹冷痛，乏力，小便不利，舌质淡薄，苔白，脉沉细等。阳虚者宜温阳补阳。

六、中国特色的保健饮食

"滋补养生膳"是具有中国特色的保健饮食品种。食补、食养、食疗是中华饮食文化与医学完美结合的产物。按人体健康状况，依据医学辩证和食物特性，采用不同种类食物的合理组合及辅助药物配制的天然保健膳食，既提供机体营养成分又调节了机体的生理功能，还没有毒副作用，是最经济、最安全的疗病"药物"。部分常见的滋补膳食原料、制作及功效参见附录二。

（华 萍）

6

饮食与美容

在人们的交往中,第一印象总是先从面容得出的,红润的面色、光泽而富有弹性的皮肤,首先给人一个健康与美的印象。皮肤和颜面的美是人类美的外在表现,也是人体健康的外在表现。生活中美容的方法有很多种,一种最常用、最普遍、最实际、最经济的美容方法,就是饮食美容。因为人体的健康、颜面的美丽、形体的健美都与饮食营养有着密切的关系,根据自己的身体特征科学饮食,将会使女性更靓,男性更俊。

一、女性饮食

爱美的时尚女性都追求高挑"骨感"的身材,滑若"剥壳鸡蛋"般的皮肤。然而,身体发肤受于父母,个人是决定不了的,不过却可以通过修复、保养皮肤来达到美容的目的。除了日常对皮肤的护理保养之外,通过饮食恰当调节,也可使肌肤变得柔嫩细腻又健康,看上去更光滑水灵。那么,女性如何在饮食上使肌肤健美呢?除了合理膳食、均衡营养外,女性朋友们在饮食中应注意以下问题:

1. 及时适量饮水

水是人体不可缺少的营养物质,是保持皮肤清洁、滋润、细嫩的特效而廉价的美容剂。皮肤的细腻和光洁程度与皮肤内的水分含量有密切关系。如果人体水分减少而未及时得到补充,皮肤就会变得干燥、皱缩、弹性差,显得晦暗。只有体内有充足的水分,皮肤才能变得丰腴、润滑、柔软,富有弹性和光泽。同时,足量饮水有助于代谢废物、毒物及时排出体外。因此,水在美容护肤和日常保健中占有很重要的地位。那么,一个人每天的饮水量到底多少呢?影响人体需水量的因素很多,如年龄、体重、气温、劳动强度及其持续时间等都会使身体需水量发生差异。一般来说,在不显汗的情况下,每天至少应饮水 1200 毫升(由食物中获得的水分和机体代谢产生的水分除外)。记住:"不渴就喝,可常葆青春"。以口渴来确定是否饮水是不科学的。

饮水应注意以下几点:① 饮水最好以白开水为主。天然矿泉水或人工矿物质水也是很好的选择。② 饮水时间在餐前半小时到 1 小时为宜;清晨空腹喝 500~1000 毫升水,不仅可以清洁胃肠,对肝、胆、肾都有益。饭后不要大量饮水,以免冲淡胃酸,不利于消化。③ 应逐次不断地饮水,平时出现口渴感时,更应及时补充水分。④ 尽量少喝冰水。冰水会引起消化道血管收缩,使消化液分泌受阻,易导致消化不良。⑤ 临睡前不宜多喝水,以免夜间多尿,诱发眼皮水肿、产生眼袋而影响美容。⑥ 忌饮反复烧煮的开水或在水瓶中存放多日的开水。

2. 注意补充维生素

维生素在人体代谢过程中不可或缺,对于防止和延缓皮肤衰老,保持皮肤细腻滋润具有重要的作用。V_E、V_A、V_C 是天然的高效抗氧化剂和最具有美肤功效的维生素,能保护细胞膜免受过氧化物、氧自由基、紫外线的损害。它们能抑制脂类过氧化,有效减少脂褐素形成,防止脂褐素沉着于皮肤,从而减少黑斑、雀斑的生成,使皮肤变得白皙;同时它们还具有改善皮肤血液循环,增强肌肤细胞活力及延缓衰老的作用。如果这些维生素缺乏,会出现皮肤发干、粗糙、过度老化、毛孔粗大、色素沉积等不良后果。V_{B_2} 主要参与体内的氧化还原过程,参加糖、蛋白质和脂肪的代谢,也是使皮肤光滑细润不可缺少的物质,当人体缺乏 V_{B_2} 时,会出现口角发炎、口唇皮肤开裂、脱屑及色素沉着。脂肪"燃烧"时需要大量 V_{B_2},缺乏 V_{B_2} 脂肪就会储备于毛孔内,使皮肤分泌物增加,易长粉刺等。V_{B_6} 与氨基酸代谢关系密切,能促进氨基酸的吸收和蛋白质的合成,为细胞生长所必需;V_{B_6} 对脂肪代谢亦有影响,与皮脂分泌紧密相关。体内缺乏 V_{B_6} 时,容易发生头皮脂溢、多屑。女性的雌激素代谢也需要 V_{B_6},因此它对防治某些妇科病也大有益处。

3. 多食含铁质的食物

铁是人体合成血红蛋白的重要原料,是人体,尤其是女性健康必需的微量元素。皮肤光泽红润,需要充足的血液供给。女性由于生理性原因,往往容易造成缺铁性贫血(约有 60% 的女性会出现程度不同的贫血现象),所以补血补铁就成为女性的首要大事。女性如患缺铁性贫血,不仅会头昏眼花、心悸耳鸣、失眠梦多、记忆力减退,而且会面色萎黄、唇淡甲白、肤涩发枯,甚至出现脱发、皮肤色素沉着等症状。日常饮食中应多食富含铁质的食物,如动物肝、血、瘦肉、黑木耳、花生衣、黑芝麻、大枣、苋菜等。每日铁的摄入量不少于 15 毫克,方可保持面色红润。

4. 不可忽视钙和锌

钙在体内有多种生理功能,钙的摄取量不足,非常有损健美。缺钙也是导致人体(尤其是女性)衰老的一大因素,缺钙会让皮肤失去弹性,过早出现皱纹,还会经常出现不明原因的瘙痒、水肿和皮肤红疹等。20 岁以后的女性尤其需要注意补钙。因为育龄期女性随月经失血,不仅丢失铁,还会丢失钙和锌等矿物质。怀孕、哺乳期钙的需要量增大,更易造成钙的缺乏。研究表明,30 岁后骨质密度下降速度逐渐加快,从而为骨质疏松症埋下祸根。含钙高的食物有奶类、豆浆、豆制品、虾皮、骨头汤、香菇、雪里蕻等。

锌是人体内多种酶的重要组成部分,直接参与人体内核酸及蛋白质的合成。在皮肤的微量元素中,锌的含量最高,它决定着皮肤的光滑和弹性程度。体内缺锌,人体会出现皮肤粗糙、头发干枯,皮脂腺功能失调,皮脂外溢,面部出现皮疹、痤疮,皮肤易感染、伤口难愈合等症状。补充锌可防治痤疮,使皮脂色素沉着减少,皮肤变得细嫩。锌对第二性征的发育和维持正常的性功能也有重要的作用,因而对体态,特别是女性的曲线美有重要影响。锌可使头发保持本来颜色和光泽。经常吃些含锌丰富的食物,可促进肌肤的健美。含锌多的食物有牡蛎、胰脏、肝、瘦肉、鹅蛋、核桃、花生、西瓜子、枸杞、桑葚、杜仲。

5. 适量补充蛋白质

蛋白质是人体细胞重要组成成分,各种组织的修补更新需要不断地补充蛋白质。蛋白质长期补充不足,不仅会造成皮肤粗糙、晦暗,还会导致记忆力下降,精神萎靡,反应迟钝。严重者会出现抵抗力降低,发病率增高等。人皮肤的化学成分主要包括蛋白质、脂质(磷脂、糖脂、胆固醇)、水、维生素和矿物质,其中重要的结构成分有胶原纤维(胶原蛋白)、弹性纤维(弹性蛋白)、透明质酸和硫酸软骨素(蛋白多糖)。胶原蛋白能使细胞变得丰满,弹性蛋白可增强皮肤弹性,透明质酸可吸收许多水分,故皮肤具有良好的弹性、充盈湿润、没有褶皱。现代女性工作生活过于疲劳,蛋白质消耗量较大,应注意补充蛋白质。优质蛋白主要来自动物食物、奶类、蛋类和豆类制品。各类水产品不仅蛋白质含量高、质量好,而且脂肪含量低,是补充优质蛋白的最佳选择。豆制品是植物性食物中蛋白质含量最丰富的食品,应每日补充。一般情况下蛋白质每日摄入 65~85 克(孕妇 80~100 克),即可满足多数人的健康和美容需要。如果摄入过多,容易形成酸性体质,影响皮肤的健康。

6. 膳食纤维应多食

膳食纤维虽然不能被人体吸收和利用,但是具有很强的吸水力,可促进胃肠蠕动,吸附肠道毒素,加快肠道有毒物质排出,有助于美容养颜。由于体内孕激素作用使肠道蠕动减慢,女性月经前期、妊娠期常常会发生便秘。女性到 30 岁以后,身体机能逐渐开始下降,加上高负荷的劳动,较大的工作和生活压力,经常有便秘的苦恼。大量补充膳食纤维有助于大便通畅,加快代谢废物的排泄,在降血脂、防治肥胖方面也有很好的功效。多吃含膳食纤维丰富的食物,对健康和美貌大有裨益。富含膳食纤维的食物有玉米、甘薯、大白菜、韭菜、芹菜、苹果、香蕉等。

7. 注意食物酸碱平衡

日常生活中所吃的鱼、肉、禽、蛋等是酸性食物,过食酸性食物会使体液乳酸、尿酸含量增高。当体液偏酸后,体内新陈代谢减慢,致使表皮细胞失去弹性,变得松弛、粗糙、起皱、色素沉着。为了中和体内酸性成分,应多吃水果蔬菜、菌类、藻类、豆类等碱性食物。碱性食物多数具有排毒美容的功效。

8. 科学补充雌激素

雌激素是保持女性性征的决定性物质,在维持女性皮肤细腻、红润中发挥着重要的作用。很多植物中含有丰富的异黄酮、类黄酮类物质,它有雌激素样的生理作用。异黄酮既是合成雌激素的前体物质,又可以部分替代雌激素发挥作用,同时可刺激体内女性激素的分泌,防止雌激素水平降低。中年女性随着卵巢功能的逐渐衰退,体内雌激素和孕激素的分泌也会逐渐减少直至消失,由激素维持的女性皮肤光洁、圆润、丰盈的状况逐渐衰减。多食用富含植物异黄酮类物质的食物,可部分替代雌激素作用。富含异黄酮类的食物药物有:黄豆,葛根,大蒜,洋葱,番茄,柚子,葡萄,沙棘果,柠檬,银杏,杜仲,内蒙黄芪,黄芩等。

二、男性饮食

人生最好的享受和最大的财富就是拥有健康的身体。然而,大多数的人常疏于日常的营养与保健,人到中年就有明显的老化现象,严重者还被高血压、心脑血管疾病、糖尿病等慢性病缠身。注重饮食营养、合理膳食、营养适度是最好的保健之道。但仅仅注意降低脂肪、胆固醇的摄入,增加蛋白质的摄入,并不是男性营养的全部。怎么才能把合理的饮食与健康和美容联系在一起呢?讲究"营养"的男性在膳食上还应注意以下方面:

1. 蛋白质摄入应适可而止

男性的第二性征之一是身材魁梧,肌肉发达。在雄性激素的作用下,生殖细胞、肌肉需要优质的蛋白质。据平衡营养的原则,成人每天所摄取的总热量,碳水化合物供能占55%~65%,油脂占20%~25%,蛋白质占15%~20%。一般情况下,男性每日中等量的肉、禽、鱼、蛋、豆制品就足以满足身体需要,无需额外补充太多的蛋白质。如果运动量较大,则应适当增加蛋白质摄入。男性除了吃动物性蛋白质外,还应多吃植物性蛋白质。例如,精氨酸是构成精子的重要成分,具有提高性功能和消除疲劳的作用;天冬氨酸有利于肌肉中乳酸的代谢,具有延缓疲劳的作用。大豆食品,尤其是豆腐中含有丰富的精氨酸,黄豆芽含有丰富的天冬氨酸。进食豆制品有助于健美。为追求肌肉发达和健壮的身体,多吃高蛋白的食物在男性中较普遍。然而,过量的高蛋白食物对人体健康并无益处。

2. 供给适量的脂肪

脂肪尤其是必需脂肪酸是细胞结构和生理功能的必需成分。近年来,由于过多摄入脂肪和胆固醇导致的肥胖症、心血管病的不断增加,不少人惧怕脂肪而改吃素食。脂肪有助 V_A、V_E 等脂溶性维生素的吸收,脂肪中的胆固醇、亚油酸与男性生殖功能关系密切。胆固醇是性激素等固醇类激素、V_{D_3} 等活性物质合成的原料;必需脂肪酸(亚油酸和α-亚麻酸)为精子形成所必需,也是合成前列腺素的前体。若这些脂肪酸缺乏,影响性激素的分泌、精子的生成,引起性欲下降,肌肉松软无力、皮肤粗糙。因此无论是美肤、保健和维护性功能,男性每日必须摄入一定量的脂肪。肉类、鱼类、禽蛋中含有较多的胆固醇,适量摄入有利于性激素的合成,尤其是动物内脏本身就含有性激素,应适量选择食用。植物油和坚果类含丰富的不饱和脂肪酸,应坚持适量食用。但是长期摄入高脂食物,易形成高脂血症、脂肪肝、肥胖,反而降低性机能。避免这种情况最好的办法是坚持日常运动锻炼。

3. 注意补充天然的抗氧化剂

V_E、V_A、V_C、β-胡萝卜素、异黄酮、番茄红素等具有良好的抗氧化作用。它们能捕捉代谢中产生过多的"惹是生非"的氧自由基,避免其损伤细胞膜与DNA。抗氧化剂阻碍低密度脂蛋白氧化,防止血小板在动脉内凝结;预防胆固醇在血管内沉积,防止动脉硬化;同时具有提高机体免疫力和一定的抗癌作用;也有维持生殖系统正常功能的作用。人体抗氧化剂含量不足是造成衰老、肿瘤和心脑血管疾病的重要原因,男士们应多吃含有这些天然抗氧化剂的食物。各种鲜蔬水果中含有大量天然的抗氧化剂,每天吃4~5种鲜蔬菜,1~2种水果,是补充天然抗氧化剂的最佳方法。

4. 注意补充 V_{B_6}、$V_{B_{12}}$ 和叶酸

V_{B_6} 与 V_{B_1}、V_{B_2} 合作完成食物的消化分解及对皮肤的维护。V_{B_6} 与体内60多种酶活性有关,V_{B_6} 的主要功能是促进蛋白质和脂肪消化、吸收,防止神经、皮肤性疾病。它还有利于消除疲劳,帮助肝脏解毒;V_{B_6} 与铁合作可防治贫血;并与 $V_{B_{12}}$ 的吸收有关。$V_{B_{12}}$ 及叶酸有促进红细胞再生、防止贫血和维护神经系统及皮肤黏膜功效。如果体内缺乏 V_{B_6}、$V_{B_{12}}$ 和叶酸,会引起血管狭窄、闭塞,这是近年来研究发现的心脏病、卒中的危险因素之一。中国人 V_{B_6} 的摄入量不足,爱好运动的男性消耗的 V_{B_6} 相对较多。男士每天都需摄入足量含 V_{B_6}、$V_{B_{12}}$ 和叶酸的食物。通常,绿叶蔬菜、啤酒、麦芽、大豆、蛋、花生、核桃等富含 V_{B_6};动物内脏、鱼、紫菜、南瓜等富含 $V_{B_{12}}$;深色蔬菜、胡萝卜、南瓜、辣椒、坚果、蛋黄、鱼肝油等含叶酸较多。

5. 关注被忽视的锌

锌是体内多种酶的活性成分,对维持细胞的完整性、细胞增殖、基因调控、核酸代谢及免疫功能均有重要作用。对调整免疫系统功能、促进生长发育十分重要。锌对男性激素合成和生殖系统发育成熟有重要影响。缺锌可使生长发育迟缓,生殖机能低下,味觉异常。然而锌元素的补充常常被男性所忽视,膳食调查资料显示,2/3的男性存在不同程度的锌缺乏,中国人锌的实际摄入量往往只有正常需要量的70%左右。人体内有足够的锌才能保证雄性强壮之美,有效维持性生殖机能健康。含锌多的食物有:海产品(尤其是牡蛎)、瘦肉、麦芽、酵母、鹅蛋、鸭蛋、肝、南瓜子、芥末粉等。

6. 多点 V_C

V_C 具有美白、保湿和祛斑的作用;能降低血液中胆固醇的含量,治疗高胆固醇血症,防止动脉粥样硬化;可增强免疫力,防止感冒;能促进钙铁的吸收,能预防坏血病。研究证明,足量的 V_C 可激活精子,赋予精子以新的活力。V_C 被誉为使精子年轻化的灵丹妙药,增加 V_C 的摄入可恢复精子的活力。男性应摄入足量的 V_C。柑橘类、柠檬、柚子等水果富含 V_C。

三、不同类型皮肤者饮食

人类的皮肤基本上分为三种基本类型,即中性皮肤、油性皮肤和干性皮肤。中性皮肤组织紧密、厚薄适中、光滑柔软、富有弹性,是较好的皮肤类型。油性皮肤毛孔较大,皮脂腺分泌较旺盛,皮肤脂肪较多,具有油亮光泽。这种皮肤面部易生粉刺,易发生面部皮肤感染,影响美观。青年人属于这类皮肤的较多。干性皮肤内水分不足,新陈代谢缓慢,皮脂腺功能减退,表面发干,缺乏弹性,易起皱,易破损。这种皮肤对理化因子较敏感,在日晒后易发红、有灼痛感、易脱皮而出现皮屑。还有一种类型为混合型皮肤,额头、鼻部为油性皮肤,其他部分为干性皮肤,对阳光中的紫外线敏感。约80%的女性属于混合型皮肤。不同类型的皮肤的人饮食要有所区别。

(一) 干性皮肤者饮食

干性皮肤的人可多吃些动物油脂、奶油、蛋黄、花生、核桃、腰果、蜜枣、芝麻、玉米之类的富含油脂的食物,这些食物可以保护皮肤,延缓皮肤衰老。还可多吃滋润皮肤的清凉食物,如绿豆、藕、竹笋、荸荠和白木耳等。胡萝卜、南瓜、番茄、菠菜、生菜、香蕉、橙子等食物中富含 V_A,具有防止皮肤干燥、脱屑、开裂,以及润滑、强健皮肤的作用。多吃富含 V_E 的动物肝脏、大豆、麦芽、芥菜等食物,可帮助皮肤代谢,保持皮肤弹性。多吃富含胶原蛋白和弹性蛋白的食物(如肉皮),因为胶原蛋白能促进皮肤细胞吸收水分和储存水分,有效防止皮肤干燥和起皱;弹性蛋白能使肌肤增强弹性和韧性,供血旺盛,从而使皮肤娇嫩。此外,还应多吃新鲜蔬菜及水果,它们富含各种维生素、大量异黄酮类物质,具有维持皮肤弹性蛋白和保持皮肤水分的作用,可使皮肤白嫩。也可选用具有活血化瘀及补阴类中药,如桃花、桃仁、当归、莲花、玫瑰花、红花及枸杞、玉竹、女贞子、旱莲草、百合、桑葚子等进行调补。

干性皮肤的人不宜多吃辣椒、大蒜、生姜、胡椒、狗肉、羊肉及油炸、烧烤类食物,这些食物热性大,在体内容易上火,损失皮肤水分,使皮肤更加干燥。

(二) 油性皮肤者的饮食

油性皮肤者饮食宜选用富含 V_B、V_C 的凉性和平性食物,如冬瓜、丝瓜、白萝卜、胡萝卜、竹笋、大白菜、卷心菜、莲藕、黄花菜、荸荠、西瓜、柚子、椰子、银鱼、鸡肉、兔肉等。少吃辛辣、温热性及油脂多的食品,如奶油、奶酪、蜜饯、肥肉、羊肉、狗肉、花生、核桃、桂圆肉、荔枝、核桃仁、巧克力、可可、咖喱粉等。适当选用清热类食物,如白茯苓、泽泻、珍珠、白菊花、薏苡仁、麦饭石、灵芝等调补。

(三) 色素沉积者的饮食

人类皮肤的色泽是由许多因素相互作用造成的,黑色素细胞数量以及细胞产黑色素的活性对正常皮肤色泽起决定作用,日晒可促进皮肤色素产生。人体内分泌失调、新陈代谢减弱、皮肤干燥、日晒、睡眠不足、身体劳累等都会引起皮肤内色素的增加;随着年龄的增长,皮肤色素也会逐渐增加。

皮肤色素沉积,又称色素斑,是指面部和身体其他部位皮肤出现的色素斑块,是一种常见的多发性皮肤疾病。较为常见的皮肤色斑包括黄褐斑、雀斑、妊娠斑、蝴蝶斑、老年斑、咖啡斑、黑斑、晒斑等。从皮肤色素沉积的病因上来看,可分为内源性和外源性色素沉积两类。内源性色素沉积主要包括遗传性、内分泌性、慢性皮肤病或全身疾病、代谢性、肿瘤性(色痣、黑色素瘤)等;外源性因素主要有药物性(药物引起的色素沉着大多为全身性,化妆品引起的色素沉着大都出现在接触部位或暴露部位)、炎症性(晒斑、皮肤慢性炎症)等。

由于色素沉积多出现于明显的外表(如面部),并且不易清除,严重影响了人们的容貌美观,带来了一定的心理压力。皮肤色素沉着的治疗目前尚无理想的药物,日常生活中,应特别注意避免滥用药物,停止使用一切可疑的、能引起色素沉着的内服药和外用药(包括化妆品),以防雪上加霜。保持正常的日常生活规律、避免日晒可减少色斑形成;内服较大剂量的 V_C、一定量的 V_E 以及六味地黄丸等中成药也有一定效果。实践证明,饮食调养对多种色素斑有一定的祛斑功效,适当饮食可使色素斑减弱或消除。以下介绍几种具有祛斑功效的食物。

1. 桃花猪蹄粥

【原料】桃花 10 克,猪蹄 1 只,粳米 50 克。

【制法】农历三月上旬,采集桃花花蕾鲜品 10 克(或用干品 3 克);将猪蹄去毛;猪蹄、粳米同煮成粥,至猪蹄烂熟后加入桃花末。可放适量盐、味精、葱、姜等调料。隔日吃 1 剂,连吃月余。

【功效】食用桃花猪蹄粥对孕妇和哺乳期妇女的蝴蝶斑疗效最佳,既消斑又补气血。对身体消瘦面部长黄褐斑者,连吃 3 个月补益气血,消除斑块。

2. 女贞菟归汤

【原料】女贞子 15 克,菟丝子 15 克,枸杞子 15 克,熟地 15 克,当归 15 克,白芷 15 克,郁金 15 克,蜂蜜 30 克。

【制法】将药冷水浸泡 1 小时;倒入砂锅,大火煮沸文火煎 20 分钟,滤出药液;再煎熬一次,合并两次滤液,调入蜂蜜即成。当饮料食用,连饮 1 个月以上。

【功效】滋补肾阴、活血化淤,增白祛斑,尤其祛黄褐斑有效。

3. 八宝祛斑粥

【原料】薏苡仁 20 克,芡实 10 克,莲米 10 克,扁豆 10 克,山药 30 克,赤小豆 15 克,大枣 10 枚,粳米 100 克。

【制法】以上食物淘洗干净,同入砂锅,加水煮成粥即成。早、晚各吃一碗,连吃 3 个月以上。

【功效】健脾养胃、利尿、补气血、消色素。专治脾虚证的黄褐斑、蝴蝶斑、老年斑、晒斑等。

4. 化斑瓜果汁

【原料】木瓜,猕猴桃,生梨,黄瓜,柑橘鲜果适量。

【制法】上述瓜果任取其一,榨取瓜果汁。现榨现饮,每天饭前或饭后两小时饮生果汁 100～150 毫升。长期坚持饮用。

【功效】生津补液,淡化甚至消除色素斑。常饮对津液不足,口干舌燥,大便干燥,皮肤粗糙有效。

5. 养血祛斑汤

【原料】当归 15 克,生地 15 克,红花 6 克,党参 30 克,仔母鸡 1 只。

【制法】将上述药物用清水 1000 毫升浸泡半小时;连浸泡水一齐入砂锅,先大火煮沸,再小火煮 20 分钟,滤取药液约 600 毫升;再将药渣加水 500 毫升,煎煮,去渣,取药液 400 毫升,合并两次药液;将鸡宰杀,斩鸡肉成块,加药液 1000 毫升,小火煮至鸡肉烂熟。吃鸡肉喝汤,可加调料,一只鸡分 2～3 天吃完,每周吃两只鸡。连用 3 周以上。

【功效】对血虚生斑者,有养血化斑的功效。适宜于青年女性贫血、月经量少,面部斑点的消瘦患者。

6. 青元粥

【原料】嫩豌豆 50 克,粳米 50 克。

【制法】将嫩豌豆洗净,加入粳米煮成粥即成。早、晚餐食用。

【功效】祛斑养颜。常吃有消除黄褐斑、老年斑的功效。

7. 美颜祛斑粥

【原料】当归 10 克,川芎 3 克,红花 2 克,黄芪 15 克,鸡汤 500 毫升,粳米 50 克。

【制法】将当归、川芎、红花、黄芪煎水取汁约 300 毫升;粳米加药汁、鸡汤煮成粥。早、晚各吃 1 碗。

【功效】活血化瘀,祛斑养颜。常吃对体质虚弱,面部黄褐斑、黑斑、老年斑有较好的疗效。

8. 百合粥

【原料】干百合 10 克,薏苡仁 50 克,红砂糖 10 克。

【制法】干百合泡软,薏苡仁洗净;将百合与薏苡仁同煮,沸后加红糖煮至粥熟即成。每晚吃 1 碗,连吃 3 个月。

【功效】安神养颜,祛雀斑。

(华 萍)

第三篇
疾病篇
Ji Bing Pian

7

呼吸系统疾病

一、感冒与鼻窦炎

(一) 感冒

感冒是鼻腔、咽或喉部急性炎症的总称,医学上又称为急性上呼吸道感染,或简称感冒。感冒通常病情较轻,病程短,可自愈。引起感冒的病原体70%~80%为病毒、20%~30%为细菌。淋雨、受凉、气候突变、过度劳累等可降低呼吸道局部防御功能,病毒或细菌趁机迅速入侵和繁殖引起疾病。感冒多发生于冬春、春夏季节交替时节,此间气候变化剧烈,老幼体弱、免疫功能低下或患有慢性疾病者易感。感冒发病率高,可以散发,也可以通过飞沫传播而流行。

1. 感冒的主要表现

(1) 普通感冒。是由病毒(鼻病毒、腺病毒、副流感病毒、呼吸道合胞病毒、柯萨奇病毒)或细菌(溶血性链球菌、流感嗜血杆菌、肺炎链球菌)引起的鼻、咽、喉等处的急性炎症(又称卡他炎),症状多集中在喉以上的上呼吸道部位。临床表现为:起病急,喷嚏,鼻痒,流清涕,咽痒,声嘶,稍严重者有咳嗽、咽痛、扁桃体肿大、轻度发热。鼻部症状(喷嚏、流清涕、鼻塞、咽干)明显者,为感冒的鼻炎型又叫伤风;咽部症状(咽痒、咽部烧灼感、轻微咽痛)明显者,为感冒的咽炎型;喉部症状(声嘶、说话困难、咳嗽)明显者,为感冒的喉炎型;扁桃体症状(咽痛明显、吞咽困难、声音嘶哑、扁桃体充血肿大、发热)明显者,为感冒的扁桃体炎型。感冒全身症状无或轻微,一般经5~7天可自行痊愈。

(2) 流感。是由流行性感冒病毒引起的急性呼吸道传染病。主要通过接触和空气飞沫传播,可人—人传播,也可为禽—人传播。局部流感流行有季节性特点,我国北方多见于冬季,南方多见于冬春交替季节,儿童老人易感。流感爆发性流行无明显季节性,如 H_1N_1 型禽流感近几年在世界范围的流行。流感病毒是有包膜的RNA病毒,包膜上的刺突由血凝素(H)和神经氨酸酶(N)构成。根据病毒核蛋白抗原性不同,可将流感病毒分为甲、乙、丙三型;根据血凝素和神经氨酸酶的差异,甲型流感病毒又可分为不同的亚型。人类对流感尚无特效防治手段,其原因在于流感病毒抗原易变异。甲、乙、丙三型病毒,甲流病毒最易发生变异,尤其是H和N的变异,H有15种,N有9种,因此,人患流感后所获免疫力对其他型流感病毒基本无效。人群普遍易感,这正是流感流行的原因。流感的临床表现为:起病急、高热、头痛、乏力、全身酸痛等中毒症状明显,上呼吸道症状轻微。有些以食欲不振、腹胀、腹泻等症状为主(胃肠型流感),有些以咳嗽、胸闷、呼吸困难等症状为主(肺炎型流感),有些以高热、全身酸痛、血压降低、休克等症状为主(中毒型流感)。

2. 感冒的治疗与预防保健

(1) 感冒。目前尚没有特效的抗病毒药物,感冒治疗以对症处理为主,多休息,多饮水,保证饮食清淡与营养,注意室内通风,预防继发细菌感染。有喷嚏、流清涕、咽痒者,可口服伪麻黄碱治疗;若伴有发热症状,可服复方感冒制剂(速效感冒胶囊、感冒通、康泰克、复方扑尔敏);也可选用具有清热解毒和抗病毒作用的中成药(如板蓝根冲剂、维C银翘片、双黄连口服液等),这些都有助于改善症状,缩短病程。若干咳明显,可选用止咳药物(咳必清、咳快好)治疗;若咽痛明显,可选用咽喉片缓解症状;若扁桃体肿大明显,表面有脓性分泌物,可选用青霉素类(青霉素G、氨苄青霉素)、大环内酯类(麦迪霉素、乙酰螺旋霉素)等抗菌素治疗。

感冒重在预防。应注意加强锻炼,增强体质,早起早睡,改善营养,避免过劳和受凉。还应注意勤洗手,常年冷水洗脸,室内常通风,感冒季节少去公共场所,避免与感冒患者密切接触等。

(2) 流感。流感治疗主要包括以下几个方面:① 隔离:防止疾病传播扩大。② 对症治疗:选用解热镇痛药及清热解毒和抗病毒的中草药。③ 抗病毒治疗:发病48小时内使用奥司他韦、扎那米韦、金刚烷胺、金刚乙胺等药物可抑制病毒复制,减轻流感症状,缩短病程。这类药物毒性低,不易引起耐药性,短期使用有一定疗效。④ 支持治疗:全身中毒症状严重者,给予输液,维持水电解质平衡。有继发细菌感染(流脓鼻涕、咳脓痰)者应及时使用抗生素。

预防流感重在增强个体抵抗力(适度锻炼、规律生活、营养均衡、选食补气血膳食)。流感流行期,少外出或外出戴口罩,公共场所喷洒消毒液(乳酸熏蒸或漂白粉溶液刷洗),勤晒被多通风,流感病人用具及衣物应煮沸消毒。

(二) 鼻窦炎

鼻窦炎是感冒或流感后继发的细菌感染,是常见病。它是病原体经鼻黏膜侵入鼻旁窦引起的鼻旁窦化脓性感染。鼻窦炎最典型的表现是流脓鼻涕。鼻旁窦是鼻腔周围的含气骨的空腔,有额窦、蝶窦、上颌窦、筛窦四对,分别位于鼻腔的上方、后上方、两侧(图7.1),均覆盖鼻腔黏膜。鼻旁窦正常起共鸣作用。

当感冒或流感后,患者的喷嚏、鼻痒、头疼、流清涕、咽痒等上呼吸道症状减轻后,出现说话嗡嗡声,流脓鼻涕,显示发展为鼻窦炎了。鼻旁窦因位置、形态结构原因,脓涕不易流出,故疗效不佳,易反复发作,形成慢性鼻窦炎,根治困难。

1. 鼻窦炎的主要表现特征

鼻窦炎可以单发,也可多发。在单发鼻窦炎中,以上颌窦炎最常见,因其窦深开口高,不易引流,容易转化为慢性。不同的鼻窦炎临床表现各有不同。

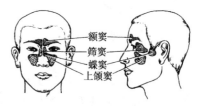

图 7.1 鼻窦体表投影

(1)额窦炎。额窦位于眉弓深面,鼻腔上方。额窦炎时表现为白天症状轻微甚至无感觉,晨起涕多,常不停擤涕,直至脓涕流净,鼻塞才消失。

(2)蝶窦炎。蝶窦位于垂体窝下方、鼻腔后上方。蝶窦炎时患者常感头重脚轻,夜间无症状。当伏案工作时鼻塞加重,擤涕才能流出。

(3)筛窦炎。筛窦位于两眶之间,鼻腔正上方。筛窦呈蜂窝状。筛窦炎时两眶之间胀痛,头痛、头胀,鼻塞常不明显,脓涕不易流出,每次擤涕一点点,并难以擤尽。

(4)上颌窦炎。上颌窦位于鼻腔两侧,腭的上方。窦腔大而深,窦口高。上颌窦炎时,脓涕积聚多,说话嗡嗡声,鼻音很重。白天或站立位时脓涕不易流出,鼻塞症状较轻。夜间无论侧卧或仰卧,窦口倾倒,脓涕流出,鼻塞症状严重甚至鼻腔不能出气。

2. 治疗与预防保健

急性鼻窦炎时,可选用青霉素类(氨苄西林、阿莫西林)、头孢菌素类(头孢氨苄、头孢拉定、头孢唑啉、头孢噻吩)、红霉素类(麦迪霉素、乙酰螺旋霉素)、磺胺类(SMZ)或喹诺酮类(氧氟沙星、环丙沙星、依诺沙星、左氧氟沙星)等抗菌素治疗。应坚持用药足够疗程,一次性治好。

如药物治疗效果不佳,鼻窦积脓严重,或慢性鼻窦炎,可采用鼻窦穿刺抽脓和鼻旁窦局部抗生素灌注治疗。

慢性鼻窦炎常因轻微感冒或受凉而复发,患者应加强锻炼,增强体质;注意预防感冒和及时治疗感冒,清除鼻部病灶(如鼻息肉、鼻甲肥大),防止继发鼻窦细菌感染。

二、急性气管—支气管炎

急性气管—支气管炎多数是由于微生物感染因素(病原体与上呼吸道感染类似)引起,常由上呼吸道感染迁延不愈所致。也有物理或化学因素(冷空气、粉尘、刺激性气体或烟雾吸入)或过敏因素(花粉、有机粉尘、真菌孢子、动物皮毛等)引起的炎症及哮喘。常发生在寒冷季节或气候突变的时候,临床症状主要是咳嗽和咳痰。

1. 主要表现特征

急性气管—支气管炎常于感冒之后发生,初期以干咳或少量黏痰为主,并伴有胸骨后烧灼感。随后可有发热、咳嗽加重,常伴痰多,甚至脓痰,全身其他症状轻微。咳嗽、咳痰延续 2~3 周，如不及时治疗或迁延不愈，可演变成慢性支气管炎。X 射线胸片检查大多呈现肺纹理增粗。

2. 治疗与预防保健

患有急性气管—支气管炎时，应及时使用抗生素、镇咳药、祛痰药。抗生素首选大环内酯类（红霉素、乙酰螺旋霉素、麦迪霉素、阿奇霉素）、头孢菌素类（头孢拉定、头孢唑啉、头孢夫辛）或青霉素类和磺胺类（SMZ）治疗。多数患者口服药物即可，症状较重者可肌肉注射。若咳嗽无痰或少痰时，可选用右美沙芬、咳必清、咳快好镇咳。若痰多不易咳出时，可选用必嗽平、痰易净、氯化铵祛痰。

如果是理化因素及过敏因素所导致的支气管哮喘，可选用氨茶碱、舒喘灵（沙丁胺醇）、特布他林或异丙阿托品等平喘药物治疗。

预防急性气管—支气管炎，应坚持清晨，尤其是冬季早晨长跑，在空气清新环境下深呼吸，锻炼呼吸道黏膜的耐受性，增强体质。常洗冷水脸，坚持洗冷水澡，可防治感冒。

患有急性气管—支气管炎时应多注意休息，多饮水，避免过于疲劳。

三、肺　　炎

肺炎包括细菌性肺炎、支原体性肺炎、衣原体性肺炎、病毒性肺炎（非典型肺炎、禽流感型肺炎）、真菌性肺炎等种类。其中前三种肺炎比较多见。细菌性肺炎是由肺炎球菌引起的肺炎，常在受凉、淋雨、疲劳等情况下发生，约为社区获得性肺炎的 50%。支原体性肺炎是由肺炎支原体引起肺间质炎性改变，约占非细菌性肺炎的 1/3 以上。衣原体性肺炎是由肺炎衣原体引起的支气管和肺部炎症，常在聚居场所（如学校、军队）的人群中流行。近年来，由于抗生素广泛使用，使肺炎的症状和 X 线胸片特征都不典型。

1. 主要表现特征

细菌性肺炎以冬春交替季节多见，发病前常有受凉、淋雨、疲劳、醉酒史。通常起病急骤，以高热（呈稽留热）、寒战、咳嗽、血痰和胸痛为主要特征。患者可有呼吸急促、发绀、支气管呼吸音等体征。X 线胸片见肺纹理增粗，肺叶内有片状浸润影。实验室检查白细胞计数增多，中性粒细胞增多；痰涂片染色镜检可见肺炎双球菌。支原体肺炎无明显季节性，表现特点是持续低热，刺激性干咳，胸痛，病程 2~3 周，无明显体征，白细胞计数正常，肺部 X 线检查无明显表现。衣原体肺炎起病隐匿，症状轻微，干咳，胸痛，临床表现与支原体肺炎颇为相似。

2. 治疗与预防保健

细菌性肺炎治疗首选青霉素 G，青霉素过敏或耐青霉素者，可选用氟喹诺酮类（氧氟沙星、培氟沙星）或头孢噻肟、头孢曲松等药物治疗。经抗生素治疗，通常在 24 小时内退热。如经3天治疗体温不降,可能为抗生素耐药或伴有其他疾病。支原体肺炎治疗以大环内酯类为首选药,如红霉素、罗红霉素、阿奇霉素,氟喹诺酮类和四环素类也用于治疗。衣原体肺炎治疗首选阿奇霉素,也可选多西环素、克拉霉素。

肺炎患者应卧床休息,注意补充足够的蛋白质、热量及维生素;每日饮水1~2L。有咳嗽、胸痛者,使用可待因镇咳止痛。

平时应尽量避免受凉,注意预防感冒;加强身体锻炼和增强体质;注意劳逸结合,避免过于疲劳;淋雨后及时服用姜汤;尽可能避免醉酒等。

(华 萍)

8

消化系统疾病

一、病毒性肝炎

病毒性肝炎是由肝炎病毒引起的常见传染病。目前已发现的肝炎病毒至少有 7 种类型：甲型（HAV）、乙型（HBV）、丙型（HCV）、丁型（HDV）、戊型（HEV）、庚型（HGV）和输血传播型（TTV）；其中以乙型病毒性肝炎最为多见，目前全国约有 2 亿以上的人为乙肝病毒携带者或患有乙型病毒性肝炎。

甲型病毒性肝炎与戊型病毒性肝炎一般为急性肝炎，病程具有自限性，一般在 6～8 周内康复。HAV、HEV 经过粪—口途径传播（如被病毒污染的食物、用具，与患者密切接触等），在饮水条件差的地方常引起水源性暴发流行；传染源为病人和隐性感染者（如餐馆食堂炊事员/服务员、超市/银行服务员、家庭成员、同寝室成员等）。

乙型病毒性肝炎、丙型病毒性肝炎容易转化成为慢性，少数可发展成重症肝炎、肝硬化或肝癌。HBV、HCV、HGV、TTV 主要经血源性（输血、注射、手术、血透、插入性医疗器械、蚊虫叮咬）传播，性密切接触（性交、接吻）传染，以及母婴垂直（哺乳、产道）传播；传染源是肝炎病人及病毒携带者。HDV 为缺陷病毒，常与其他类型肝炎病毒共同叠加感染，使肝细胞损害加重而演变成重症肝炎、肝硬化或肝癌。

（一）甲型病毒性肝炎

HAV 感染者大多数呈隐性感染，少数表现为急性肝炎。患者出现乏力、食欲减退、厌油、腹胀、恶心、呕吐、肝肿大、肝区疼痛和压痛、畏寒、发热等症状，以及明显黄疸（皮肤黄染、巩膜黄染、尿液深黄）和肝功能损害（血清转氨酶 GPT 升高、GOT 升高）体征。根据临床症状很容易诊断。

甲型病毒性肝炎一般预后良好，可在几周内恢复，通常不转化为慢性。机体感染后产生抗 HAV 抗体，对再感染有保护作用。

(二) 乙型病毒性肝炎

感染 HBV 者绝大多数可长期携带 HBV 而无明显症状(病毒携带者),少数表现为急性肝炎、慢性肝炎。乙型病毒性肝炎患者可出现乏力、食欲不振、腹胀、肝肿大、压痛等症状,但症状通常较轻微;出现轻微或不出现黄疸,肝功能损害表现也不明显。

乙型病毒性肝炎容易形成慢性肝炎、慢性迁延性肝炎、脂肪肝,少数患者可转为肝硬化,或诱发原发性肝癌。也有极少数 HBV 感染者可出现重症肝炎或引起肝外组织损伤,如肾小球肾炎、关节炎等。

乙型病毒性肝炎仅根据临床症状通常不太容易确诊,采用 ELISA 等免疫学方法检查 HBV 抗原—抗体系统(俗称两对半检查)可对 HBV 感染做出特异性诊断,并可判断疾病的转归、预后和预防接种效果(表 8.1)。多聚酶链反应(PCR)技术、DNA 杂交技术也可做出辅助诊断。

表 8.1 HBV 抗原—抗体系统检查常见结果的临床分析

HBsAg	HBsAb	HBeAg	HBeAb	HBcAb	结果	意义
+	−	−	−	−	HBV 感染或携带者	有一定传染性
+	−	+	−	−	急性或慢性肝炎	传染性很强
+	−	+	−	+	大三阳(急性或慢性肝炎)	传染性很强
+	−	−	+	+	小三阳(急性感染趋向恢复)	有一定的传染性
−	+	−	+	+	恢复期	传染性较弱
−	+	−	+	−	恢复期	传染性较弱
−	+	−	−	−	接种过	对 HBV 有一定免疫力
−	−	−	−	+	感染过或刚开始感染	有一定传染性
−	−	−	−	−	需接种疫苗	对 HBV 无免疫力

注:HBsAg:HBV 表面抗原,是 HBV 感染的标志之一;阳性见于乙肝潜伏期或急性期、慢性携带者、慢性肝炎、肝硬化、肝癌。

HBeAg:HBV 核心抗原,是 HBV 感染、繁殖的标志之一;阳性表示 HBV 病毒复制活跃,血液具有强传染性;HBeAg 和 HBsAg 同时存在的孕妇,可将 HBV 传给胎儿。

HBsAb:为保护性抗体,表明对 HBV 有一定免疫力,一般在 HBsAg 转阴后出现,是疾病恢复的开始。阳性表示感染过 HBV,现已恢复;接种过乙肝疫苗(仅单项阳性);接受过免疫球蛋白或输血而被动获得抗体。

HBeAb:为非保护抗体,阳性表示 HBV 被部分清除或受到抑制,复制减少或抗病毒治疗有效。

HBcAb:是感染 HBV 后最早出现的特异性抗体,阳性表示血液有传染性。

(三) 病毒性肝炎的预防保健与治疗

1. 预防保健

急性肝炎患者应避免过量活动或劳累,加强营养,高维生素、高蛋白、足量糖类、低脂肪饮食,保持良好心态,对肝炎的好转或痊愈有积极作用。必要时应用保肝药物或抗病毒药物治疗;避免应用或食用对肝脏有损害的药物及食物(如酒类)。

甲肝预防:以切断传播途径为主。加强对食物(包括从事食品生产加工人员健康管理)、水源、粪便管理,注意个人卫生(如勤洗手、不与肝炎患者密切接触或共用餐具、患者用过的餐具必须消毒处理等)。必要时(如周围有甲型病毒性肝炎暴发)注射丙种免疫球蛋白或胎盘球蛋白进行紧急预防。

乙肝预防:以切断传播途径为主。严格筛选供血者、严格消毒医疗器械及病人用过的物品,防止医源性传播;加强育龄女性 HBsAg 监测,阻断母婴传播;处于急/慢性乙型肝炎发病期、两对半检查结果大三阳者,应避免密切接触(如性交、接吻、共用牙刷、共用剃须刀等)传染;两对半检查结果小三阳者,也应注意保护和防止传染。夏日蚊虫较多,应注意杀灭蚊虫,以防止蚊虫叮咬传播。对肝炎病毒无特异免疫力者,可接种乙肝疫苗进行预防。

2. 病毒性肝炎治疗

病毒性肝炎的治疗主要包括去除致病因子,肝组织结构修复及功能的改善,纠正及缓解临床症状等。目前还没有特效的治疗药物可明显减轻肝损害或促进肝细胞再生,也没有特别有效的抗病毒药物,有些药物的应用甚至是经验性的。临床上一般采用抗病毒药物,如干扰素(IFN)、阿糖腺苷(Ara-A);保护肝细胞药物,如马洛替脂、益肝灵、联苯双酯、齐墩果酸;还有中草药治疗病毒性肝炎。

甲型肝炎为潜伏期短的急性肝炎,病程有自限性,可自愈,一般不用抗病毒药物治疗。乙型肝炎往往演变为慢性肝炎、肝硬化甚至肝癌,是抗肝炎病毒药物的主要治疗对象。

二、胃炎、胃溃疡与十二指肠溃疡

(一) 胃炎

胃炎是消化道最常见的疾病之一,是指各种因素引起的胃黏膜炎症。按发病缓急和时间长短,一般分为急性胃炎和慢性胃炎。急性胃炎包括急性幽门螺杆菌感染性胃炎、其他病原体及其毒素损害引起的胃炎(如食用不洁食物引起的急性胃肠炎)、急性糜烂性出血性胃炎。某些药物(如阿司匹林、消炎痛)、高浓度乙醇损伤胃黏膜、应激(如严重创伤、大手术、大面积烧伤、颅内病变、败血症、其他脏器功能衰竭)是引起急性胃炎的常见原因。慢性胃炎包括萎缩性胃炎、浅表性胃炎和特殊类型胃炎三类。不良饮食(如酗酒、长期服用非甾体抗炎药物、高盐饮食、长期缺乏新鲜蔬菜水果、某些刺激性食物反复损伤)、不良的环境因素、幽门螺杆菌感染、自身免疫等因素是引起慢性胃炎的常见原因。

1. 胃炎的表现特点

轻度急性胃炎通常没有明显的症状,有症状者大多数表现为上腹部疼痛或不适。

少数较重的急性胃炎患者可出现为急性上消化道出血(突然发生呕血)。近期内大量饮酒,或服用过阿司匹林、消炎痛等非甾体抗炎药物,发生上腹部疼痛、急性呕血或黑便,很可能是急性出血性胃炎。

轻度的慢性胃炎患者多数也没有明显的临床症状,有症状者多表现为上腹部隐痛或不适、上腹胀、早饱(仅吃少量食物即感到吃饱了)、嗳气、恶心等消化不良症状。

胃镜检查可做出准确诊断。

2. 胃炎的治疗与预防保健

胃炎患者可给予胃酸分泌抑制剂、质子泵抑制剂,或(和)具有胃黏膜保护作用的药物进行治疗(表8.2)。对必须服用阿司匹林等非甾体药物者,可给予上述药物进行预防。有消化不良症状者,可给予促胃肠动力药物(如多潘立酮、莫沙必利、依托必利等)或中成药治疗。这些药物除可改善症状外,对胃黏膜上皮的修复和炎症都有一定作用。幽门螺杆菌引起的胃炎,可选用抗生素对诱发胃炎的病因进行针对性治疗。有消化道大出血者应到医院请医生治疗。

改变不良的生活习惯,合理饮食,饮食按时、定量,不暴饮暴食,避免食用对胃有刺激的食物和药物,尽可能避免一次大量饮酒,停服非甾体抗炎药物等,是防止胃炎发生与加重的有效措施。

表 8.2　治疗消化性溃疡常用药物及用法

药物种类	常用药物	常用治疗剂量
抑制胃酸药物		
碱性抗酸剂	氢氧化铝、铝碳酸镁等及其复方制剂	
H_2受体拮抗剂(H_2RA)	西咪替丁	800 mg qN 或 400 mg bid
	雷尼替丁	300 mg qN 或 150 mg bid
	法莫替丁	40 mg qN 或 20 mg bid
	尼扎替丁	300 mg qN 或 150 mg bid
质子泵抑制剂(PPI)	奥美拉唑	20 mg qd
	兰索拉唑	30 mg qd
	泮脱拉唑	40 mg qd
	雷贝拉唑	10~20 mg qd
	埃索美拉唑	20 mg qd
保护胃黏膜药物		
铝盐类	硫糖铝	1 g qid
前列腺素类	米索前列腺素	200 μg qid
胶体铋	枸橼酸铋钾	120 mg qid

说明:qN 为每晚1次,bid 为每日2次,qd 为每日1次,qid 为每日4次。

（二）胃溃疡与十二指肠溃疡

胃溃疡和十二指肠溃疡（消化性溃疡、溃疡病）是全球性常见疾病。胃溃疡多见于青壮年，十二指肠溃疡多见于中老年；男性溃疡发病率多于女性，两者之比约为2～3∶1。幽门螺杆菌感染和非甾体抗炎药物是导致消化性溃疡最常见的原因。紧张、忧伤、焦虑、强烈的精神刺激，可通过神经内分泌途径影响胃酸分泌、胃肠运动、黏膜血流调控而引起溃疡。吸烟可增加胃酸分泌、减少十二指肠和胰腺碳酸氢盐的分泌，影响胃与十二指肠协调运动，造成损害黏膜的氧自由基增加等，从而影响溃疡愈合，促进溃疡复发。十二指肠运动异常也是消化性溃疡的重要原因。

1. 胃溃疡与十二指肠溃疡的表现特点

上腹痛是消化性溃疡的主要症状；也有部分患者上腹疼痛症状较轻微，而以出血、穿孔等为首发症状。疼痛性质多为灼痛（烧心），也可为钝痛、胀痛、剧痛或饥饿样不适感。疼痛部位多位于中上腹，可偏右或偏左。一般为轻至中度持续性痛，病史可达几年至几十年。疼痛呈周期性发作，发作时上腹痛呈节律性，可因精神因素或过劳而诱发。

胃溃疡疼痛节律特点为进食→疼痛→缓解（多为餐后痛，餐后1小时左右发作）。十二指肠溃疡疼痛节律特点为进食→疼痛缓解→疼痛（多为空腹痛，可伴有夜间疼痛）。溃疡活动时上腹部可有局限性压痛，缓解期无明显体征。部分患者可有返酸、嗳气、上腹胀等症状。

本病可出现以下并发症：① 溃疡侵蚀周围血管引起消化道出血。② 病灶向深部发展引起穿孔；穿孔发生率，胃溃疡为2%～5%，十二指肠溃疡为6%～10%。③ 胃溃疡可引起幽门梗阻，发生率2%～4%；表现为上腹胀满不适，餐后疼痛加重，呕吐酸臭隔夜食物，营养不良和体重减轻等症状。④ 少数十二指肠溃疡可发生癌变，癌变率<1%。

2. 预防保健与治疗

生活规律，工作劳逸结合，避免过劳和精神紧张，保持乐观的良好心态，改变不良的生活习惯等有助于溃疡缓解和减少发生。合理饮食，避免对胃有刺激的食物和药物，戒烟、戒酒，停服非甾体抗炎药物等是防止溃疡发生与加重的有效措施。

胃溃疡、十二指肠溃疡治疗目的是消除病因、解除症状、愈合溃疡、防止复发和避免并发症。药物治疗胃溃疡、十二指肠溃疡，除对症治疗外，对胃黏膜上皮的修复及减轻炎症也有一定的作用。常用抗消化性溃疡药物见表8.2。

成功根除幽门螺杆菌可改善胃黏膜状态、预防消化性溃疡发生及可能减少胃癌发生的危险性。根除幽门螺杆菌治疗的一般疗程为7～14天。可选用PPI，并联合应用克拉霉素、阿莫西林、甲硝唑、四环素、呋喃唑酮、某些喹诺酮、胶体铋等。较为常用的治疗方案有枸橼酸铋钾480 mg/d＋阿莫西林1.0 g/d＋甲硝唑800 mg/d，或泮托拉唑40 mg/d＋克拉霉素500 mg/d＋甲硝唑800 mg/d等。

三、胆囊炎与胆道结石

急性胆囊炎和胆道结石的发病率仅次于阑尾炎,70%急、慢性胆囊炎患者合并胆道结石。

(一) 胆汁排出途径与胆石形成

胆道结石形成的原因主要包括：① 体内激素变化、高脂血症等使血液及胆汁内胆固醇浓度增加,胆酸、胆盐、胆固醇等溶质析出形成结晶。② 饮食习惯不良,如晚餐摄入过多油腻食物,刺激晚间胆汁分泌旺盛,且长时间滞留于胆道,胆汁水分被过度吸收而导致结晶；不吃早餐,前一天晚间超浓缩的胆汁无法排出,而且上午肝脏继续分泌胆汁,胆道内胆汁进一步浓缩而结晶。③ 胆道平滑肌松弛,胆囊排空能力减弱,胆汁淤积,导致胆固醇沉积形成结晶。④ 肝胰壶腹括约肌痉挛、胆道炎症造成的胆管狭窄、肝内寄生虫阻塞胆道等,胆汁不能排除而淤积,胆汁过于浓缩而析出结晶。胆道炎症可促使结石形成,胆道结石又可诱发或加重胆道炎症,因而胆道炎症常与结石并存。

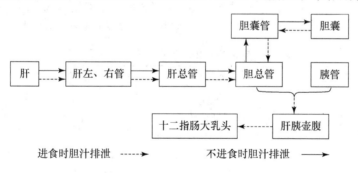

图 8.1　胆汁排出途径

(二) 胆囊炎与胆道结石的表现特点

急性胆囊炎通常在夜间或进食油腻食物后发作,主要表现为突发的右上腹绞痛,阵发性加重,疼痛可向右肩或右背放射；伴有发热、恶心、呕吐。查体可见右上腹压痛、肌紧张,深吸气时胆囊区有触痛反应(Murphy 征阳性)。部分患者在右肋下缘可触及紧张而有触痛的胆囊。B超检查是首选的辅助检查,可见胆囊体积增大、壁厚,大部分患者显示有结石影像。白细胞计数升高或正常。血、尿淀粉酶轻度升高。肝功能表现为谷—丙转氨酶(GPT)和天冬氨酸转氨酶(AST)轻度升高。

慢性胆囊炎临床症状与急性胆囊炎相似,主要表现为右上腹疼痛、压痛,深吸气时胆囊区有触痛反应(Murphy 征阳性)。部分患者在右肋下缘可触及紧张而有触痛的胆囊。B超检查可见胆囊体积增大、壁厚,大部分患者显示有结石影像。肝功能异常表现不明显。

(三) 治疗与预防保健

胆囊炎/胆结石饮食预防：① 养成良好的饮食习惯，戒除不吃早餐的不良习惯，早餐宜食一些含脂肪的食物（如奶类、蛋类、肉包等），以促进胆汁排泄；② 荤素搭配恰当，避免暴食，晚餐清淡饮食并避免过饱，以免刺激胆汁过旺分泌，导致高度浓缩；③ 多食偏碱性食物，少食酸性食物，以免在酸性环境下胆汁析出结晶；④ 每日饮用足量的白开水，避免胆汁过于浓缩。

急性胆囊炎与胆石症或胆道阻塞有关，病症较轻者尽可能先采用药物治疗，药物治疗无效者，可考虑摘除胆囊、肝部分切除手术治疗。慢性胆囊炎通常以药物治疗为主。胆石症患者，如结石较小，可先进行药物溶石、排石；结石较大者可进行超声碎石，并服用消炎利胆药物治疗；必要时进行手术取石治疗。

非手术治疗包括以下方面：① 饮食控制：给予低脂肪、低胆固醇饮食，并饮用足够的水。胆囊炎急性发作时应禁止饮水，必要时进行胃肠减压。② 支持疗法：补充液体（大量饮水或输液），纠正水、电解质紊乱及酸碱失衡状态。③ 对症治疗：发作期给予解痉镇痛药物（如阿托品），疼痛严重时可注射哌替啶止痛；急性胆囊炎缓解期或慢性胆囊炎、胆结石，给予消炎利胆药（表 8.3）。④ 抗感染治疗：可选用青霉素类（青霉素 G、氨苄西林）、头孢菌素类（头孢哌酮钠、头孢曲松钠）或大环内酯类（红霉素）或甲硝唑等抗菌药物治疗。

表 8.3 常用的利胆药与溶石药用法与适应症

药物名称	作用机制	用法	适应症
利胆药			
利胆醇（苯丙醇）	解痉，松弛胆道口括约肌，降低胆固醇，促进胆汁分泌	0.1~0.2 g/次，tid，饭后服	胆囊炎、胆道感染、胆石症、胆道术后综合征
胆通（羟甲香豆素）	解痉，松弛胆道口括约肌，镇痛，抗菌，增加胆汁分泌，加强胆囊收缩，促进胆石排出	0.4 g/次，tid，饭前服	胆囊炎、胆道感染、胆石症、胆道术后综合征
舒胆通（区布匹通）	解痉，松弛胆道口括约肌，镇痛	40 mg/次，tid，饭后服	胆囊炎、胆道运动障碍、胆道术后综合征
舒胆宁（非布丙醇）	松弛胆道口括约肌，促进胆汁分泌，降低血中胆固醇	0.1~0.2 g/次，tid，饭后服	胆囊炎、胆石症、术后高脂血症、脂性消化不良
去氢胆酸	促进胆汁分泌，促进脂肪消化和吸收	0.2~0.4 g/次，tid	慢性胆囊炎、胆石症、胆道机能失调、慢性肝炎

续表

药物名称	作用机制	用法	适应症
胆维化(茴三硫)	促进胆汁、胆酸、胆色素分泌,增强肝脏解毒功能	12.5～25 g/次,tid	胆囊炎、胆石症、急慢性肝炎
利胆酚(柳胺酚)	促进胆汁、胆酸、胆色素分泌,增强肝脏解毒功能	0.25～0.5 g/次,tid,	胆囊炎、胆道炎、胆囊术后综合征
利胆酸(桂美酸)	解痉,促进胆汁分泌	0.2 g/次,tid	急慢性胆囊炎、胆石症
消炎利胆片	消炎,促进胆汁分泌		慢性胆囊炎、胆石症
溶石药			
熊去氧胆酸	溶石	150～300 mg/次,bid	不适宜手术的胆囊内胆固醇结石

说明:bid 为每日 2 次,tid 为每日 3 次。

(吕 虎)

9

泌尿系统疾病

一、泌尿道感染

泌尿道感染简称尿感,是指由各种病原微生物在尿路中生长、繁殖引起的感染性疾病,包括上尿路感染(肾盂肾炎)和下尿路感染(膀胱炎、尿道炎)。尿路感染是常见病之一,女性发病率明显高于男性(约 8∶1);未婚女性发病率约 1%～3%,已婚女性发病率约 5%,与性生活、月经、妊娠、使用杀精子避孕药等因素有关。

(一) 发病机制

1. 病原体与感染途径

(1) 病原体。引起尿感的病原体包括细菌、病毒、衣原体、支原体等。革兰氏阴性肠道杆菌感染约占全部尿感的 80%～90%,其中以大肠埃希氏菌感染最为常见(约占 70%)。

(2) 上行性感染。指病原菌经由尿道上行至膀胱,甚至输尿管、肾盂引起的感染,约占尿感的 95%。正常情况下,前尿道口周围定居着少量的细菌,如大肠埃希氏菌、链球菌、乳杆菌、葡萄球菌、类白喉杆菌等。性生活、尿路阻塞、医源性操作、生殖器感染等,可导致上行性感染的发生。

(3) 血行感染。指病原菌通过血液运送到肾脏或尿路其他部位引起感染,约占尿感的 3%～5%。常发生于原先已有严重尿路梗阻或机体免疫能力极差者,病原体多为金黄色葡萄球菌、大肠埃希氏菌等。

2. 机体抗病能力

正常情况下,进入膀胱的细菌很快被清除,是否发生尿路感染除与侵入细菌的数量、毒力有关外,还取决于宿主机体的防御功能。机体的防御能力主要包括:① 尿路通畅时排出尿液的冲洗作用;② 尿路黏膜分泌的 IgG、IgA 及吞噬细胞杀菌作用;③ 前列腺液杀菌成分;④ 尿液 pH 低及高张(高尿素、高渗透压)或过于低张抑菌;⑤ 输尿管膀胱连接处活瓣阻止尿液、细菌进入输尿管等。

3. 易感因素

(1) 尿路梗阻。任何影响尿液自由排出的因素,如尿路结石、前列腺增生、尿路狭窄、尿路肿瘤等,均可导致尿液积聚,细菌不易被冲洗清除,在局部大量繁殖引起感染。

(2) 膀胱输尿管反流。尿路畸形和结构异常、肾发育不良等,可使尿液从膀胱逆流到输尿管甚至肾盂,细菌在局部定植、发生感染。

(3) 医源性操作。尿路器械检查、导尿管滞留将细菌带入尿路,易引发尿路感染。

(4) 机体抵抗力下降。如长期使用糖皮质激素等免疫抑制剂、糖尿病、长期卧床、严重慢性病、身体虚弱、AIDS 等,均可使机体免疫力降低而导致尿感发生。

(5) 其他易感因素。尿道口周围炎症、女性生殖器官炎症、妊娠与分娩、前列腺炎等均可使尿感发生的危险性增加。

(二) 尿路感染的表现特点

1. 膀胱炎、尿道炎

膀胱炎、尿道炎占尿路感染的 60% 以上。主要表现为尿频、尿急、尿痛、排尿不适、下腹部(耻骨弓上)疼痛等;部分患者可迅速出现排尿困难。尿液常混浊、有异味,约 30% 出现血尿;尿细菌培养阳性菌尿。一般无全身感染症状,部分患者出现腰痛、发热(体温一般不超过 38 ℃)。如患者突然出现全身系统症状,体温超过 38 ℃,应考虑上尿路感染。

2. 肾盂肾炎

(1) 急性肾盂肾炎。可发生于各年龄段,育龄女性最多,发病表现与感染程度有关。全身症状:起病急、畏寒、发热、头痛、全身酸痛、恶心、呕吐等,体温多在 38 ℃ 以上,多为弛张热,也可呈间歇热或滞留热。尿路刺激症状:尿频、尿急、尿痛、排尿不适、腰痛,体检肾区叩击痛。尿液变化:浑浊、脓尿、血尿、阳性菌尿。部分患者尿路刺激症状不典型。

(2) 慢性肾盂肾炎。临床表现复杂,全身及泌尿系症状均不典型。50% 以上患者有急性肾盂肾炎病史,后出现不同程度低热、间歇性尿频、排尿不适、腰酸和肾小管功能受损表现(夜尿增多、低比重尿等)。急性发作时如急性肾盂肾炎表现。病情常反复,长期持续可发展成慢性肾功能衰竭。

3. 无症状性细菌尿

无症状性细菌尿为隐匿尿感,患者有阳性细菌感染但无尿感症状。可从症状性尿感演变而来,或无急性尿感病史。尿常规检查可无明显异常,尿细菌培养阳性菌尿。也可在病程中出现急性尿感症状。

(三) 尿路感染治疗与预防保健

1. 预防保健

① 尿感急性期应注意休息；多饮水，勤排尿，注意勤清洗外阴。② 发热者给予易消化、高热量、富含维生素饮食。③ 尽量避免尿路器械使用，必须滞留导尿管者，给予抗生素预防感染。④ 与性生活有关的尿感，应在性交后立即排尿，并口服1次常量的抗生素（如环丙沙星、头孢氨苄、头孢拉定）。⑤ 膀胱—输尿管返流者，应"2次排尿"，即排尿1次后数分钟再次排尿。⑥ 膀胱刺激症（尿频、尿急、尿痛）和血尿明显者，可口服碳酸氢钠片（1g/次，3次/日）碱化尿液，缓解症状，抑制细菌生长。⑦ 碱化尿液可提高磺胺类抗生素的抗菌活性，并避免磺胺结晶形成。

2. 治疗

抗感染治疗原则是：① 选用致病菌敏感抗菌素。在无病原学检查结果前，尤其是首发感染，一般首选对革兰氏阴性菌有效的抗菌素。治疗3天后症状无改善，应根据药敏试验调整抗菌药物。② 抗生素在尿内和肾内浓度要高。③ 选用肾毒性小、副作用少的抗菌素。④ 药物治疗失败、严重感染、混合感染、耐药菌株出现时，应联合用药。⑤ 不同尿路感染予以不同治疗时间。一般认为，膀胱炎、尿道炎、轻度急性肾盂肾炎可以口服抗生素治疗。中、重度急性肾盂肾炎需静脉给药。

Ⅰ 急性膀胱炎、尿道炎的治疗

（1）单剂疗法：常用磺胺类（SMZ）2.5克＋碳酸氢钠1克，1次顿服；环丙沙星1克，1次顿服；氧氟沙星0.4～0.6克，1次顿服；阿莫西林3.0克，1次顿服。

（2）短程疗法（3天疗法）：SMZ、喹诺酮类（如氧氟沙星、环丙沙星）、半合成青霉素（如氨苄青霉素、羟氨苄青霉素）或头孢霉素类（如头孢夫辛、安曲南）等，任选1种连服3天（男性连用5～7天），约90%患者可治愈。

疗程完后1周，复查尿细菌定量培养。如尿培养结果阴性，表示急性膀胱炎、尿道炎已经治愈。如培养阳性菌尿，应继续给予抗菌素2周治疗。

男性（尤其是老年男性）、孕妇、糖尿病患者、复杂性尿感和拟诊为肾盂肾炎者不宜采用上述疗法。

Ⅱ 急性肾盂肾炎的治疗

首次发生急性肾盂肾炎的病例，致病菌80%为大肠埃希氏菌，在留取尿样后立即开始治疗。首选对革兰氏阴性菌有效的药物。72小时疗效显著者无需换药，否则应根据药敏试验结果更换药物。

（1）轻型急性肾盂肾炎：口服药物治疗，疗程10～14天，通常90%患者可治愈。常用药物有喹诺酮类（氧氟沙星0.2克/次，2次/日；环丙沙星0.25克/次，2次/日）、半合成青霉素(阿莫西林 0.5 克/次,3 次/日)、头孢菌素(头孢夫辛 0.25 克/次,2 次/日)等。如尿菌仍阳性,应参考药敏试验结果,选用有效抗生素继续治疗 4~6 周。

(2) 较严重的肾盂肾炎:发热>38.5℃、血白细胞升高等全身感染中毒症状较明显者,需住院治疗,静脉注射用药,必要时联合用药。当临床症状好转,热退 72 小时后,可考虑改为口服有效抗生素,完成 2 周疗程。

(3) 重症肾盂肾炎:寒战、高热、血白细胞显著增高等严重的全身感染中毒症状,低血压、呼吸性碱中毒,疑为革兰氏阴性细菌败血症者,应住院联合用药。

重新感染者治疗方法与首次发作相同,按药敏结果选择强力杀菌性抗生素,疗程 6 周以上。如半年内有 2 次发作以上者,可采用长程、低剂量抑菌治疗,即每晚睡前排尿后服用小剂量抗生素 1 次,如 SMZ 1~2 片,呋喃妥因 50~100 毫克,氧氟沙星 200 毫克或环丙沙星 0.25 克,每 7~10 天换药 1 次,连续半年。

二、尿路结石

尿路结石是最常见的泌尿外科疾病之一,男性多于女性(约 3∶1);上尿路结石多于下尿路结石(约 5∶1);多见于青壮年(约 70%);有一定的地区性,南方高于北方。由于尿结石的形成机制未完全阐明,目前还没有预防结石发病及彻底治愈结石的有效方法。

(一) 发病原因

尿路结石产生的过程是多种因素相互影响、相互作用的结果。一般认为尿路结石的产生与下列因素有关:① 自然环境因素(如高温、干旱气候、饮用水水质等);② 社会环境因素(如经济状况、生活质量等);③ 种族遗传因素(有些结石有家族史,如胱氨酸结石);④ 营养成分的过量或不足(如摄入过量动物蛋白、糖、蔬菜、食物纤维、谷类摄入过少);⑤ 某些代谢异常(如草酸、胱氨酸和钙、磷代谢异常);⑥ 服用过量的药物(如长期、大量服用 V_C、V_D,或磺胺类药物);⑦ 某些疾病(痛风、甲状旁腺功能亢进、长期卧床);⑧ 泌尿系本身的因素(感染、梗阻、异物滞留、黏膜表面性质异常、肾脏本身的病理损害)。

尿石成分多为草酸盐、磷酸盐、尿酸盐、胱氨酸盐和碳酸盐等。通常情况下,结石多为混合性,但常以一种成分为主。绝大部分(80%~90%)结石都是含钙结石,国内草酸钙结石占含钙结石的 92%,占所有结石的 80%~84%。尿石成分不同,其外观形状及物理性质不同,草酸盐、磷酸盐结石在 X 射线下容易显影(阳性结石);尿酸盐结石在 X 射线下不易显影(阴性结石)。

(二) 上尿路结石(肾、输尿管结石)

肾、输尿管结石时,尿结石形成主要在肾脏;输尿管结石多来自肾脏,75%的结石停留在输尿管3个生理狭窄处和输尿管的下1/3处;结石多为单侧(占90%),双侧少见(约占10%),男性多于女性,青壮年多发。

1. 主要表现特点

主要表现是活动性血尿和疼痛。疼痛位于腰部或上、中、下腹部;有肾区叩痛,输尿管走行区压痛;疼痛性质多为钝痛或发作性绞痛,持续或间歇性。有时表现为肾绞痛,特点为突发、剧烈、刀割样疼痛,持续或阵发性加剧,向下腹、外阴、大腿内侧放射;伴排尿、尿液异常和全身表现。输尿管末端结石可出现膀胱刺激征(尿频、尿急、尿痛)。血尿(多为镜下血尿)常在疼痛后相继出现。

2. 治疗

治疗的目的是解除痛苦,取出结石,保护肾功能,预防复发。方法可选择药物排石、体外碎石治疗。对肾绞痛者,应止痛、补液(大量饮水或输液)和防治感染。

以下情况应考虑手术治疗:① 结石大或复杂,估计难以排出或非手术治疗无效;② 并发严重感染、治疗无效或尿路梗阻;③ 急性梗阻性少尿或无尿;④ 无功能脓肾;⑤ 合并泌尿系统畸形(多囊肾、异位肾)或癌肿等。

(三) 下尿路结石(膀胱、尿道结石)

1. 膀胱结石

膀胱结石多来自上尿路结石。表现特点为膀胱刺激症状,日间活动时尤甚。典型表现是排尿困难、尿流突然中断而且剧痛;剧痛放射至会阴或阴茎头部,改变体位后又能继续排尿;终末性血尿、脓尿等。

治疗原则是去除原发因素,取出结石。有合并严重感染时,先引流、抗感染,再去石;小于2厘米结石可行膀胱内碎石术;较大结石可采用耻骨上膀胱切开取石术,必要时加引流。

2. 尿道结石

尿道结石多来自膀胱、肾脏,男性多见;以尿痛、排尿困难、尿线变细为主要表现,时有血尿或急性潴留发作(突然不能排尿)。

尽可能经尿道取出结石,避免切开尿道。前尿道结石可在麻醉下直接取出;后尿道结石在麻醉下将碎石推回膀胱处理。

(四) 尿路结石的预防保健

健康的生活习惯是预防尿路结石的重要而有效的措施。首先应保证饮用足量的水,尤其是气候干燥的地区和高温环境下更应保证足够的饮水量,并尽可能饮用软质水,少饮或不饮用可乐、雪碧等碳酸饮料。均衡饮食,适量摄入动物蛋白和脂肪,尽量避免过多食糖,多吃蔬菜、水果、谷类和膳食纤维;尽可能避免服用过量的药物(如 V_C、V_D、磺胺类药物);磺胺类药物应同时服用碳酸氢钠碱化尿液以避免结石形成;积极治疗引起尿路结石的原发疾病及保持良好的精神与心理状态等,都有助于预防尿路结石。

(陈　红)

10

生殖健康与保健

一、外生殖器保护

生殖系统是由产生生殖细胞(精子、卵子)、繁育新个体、分泌性激素等功能的一组器官构成。男、女生殖系统所属器官,按部位可分为内生殖器和外生殖器两部分。内生殖器位于体内,包括生殖腺(产生生殖细胞、分泌性激素)、输送生殖细胞的管道及其附属腺。外生殖器显露于体表,是两性交接器官。

(一) 男性外生殖器形态结构与保护

男性内生殖器官(图 10.1)包括睾丸(产生精子及雄性激素)、附睾(储存精子并使其成熟)、输精管和射精管(输送精子的通道)、精囊(储存精液)、前列腺、尿道球腺(分泌物参与精液构成);外生殖器有阴囊(容纳睾丸及附睾)和阴茎(图 10.2)。

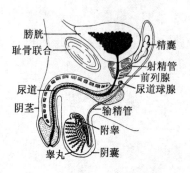

图 10.1 男性生殖系统构成

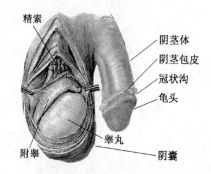

图 10.2 男性外生殖器

1. 阴茎

阴茎悬垂于耻骨联合前下方,分头(龟头膨大,尖端有尿道口)、体(中间部分)、根(埋于阴囊深部)三部分。阴茎由海绵体外被筋膜、皮肤构成。阴茎的海绵体共有三条,两条阴茎海绵体位于阴茎背侧,平行相连,其后端分开,分别附于两侧坐骨支和耻骨支。尿道海绵体位于两条阴茎海绵体腹侧,两端膨大,前端为阴茎头(龟头)、后端为尿道球,尿道贯穿其全长(图10.1)。海绵体由许多海绵体小梁及其间的腔隙构成,腔隙为与血管相连的窦隙。当海绵窦充血时,阴茎变硬勃起。每条海绵体都包有一层厚的纤维膜(筋膜),三条海绵体外周被白膜及皮肤共同包裹。

阴茎皮肤为全身最薄、最软的皮肤,富有延展性;皮下富含神经,使之十分敏感,轻微刺激即可产生快感。在阴茎前端,皮肤向前形成双层游离皱褶包绕阴茎头,称包皮;包皮与阴茎头腹侧中线处连有一条皮肤皮褶,称包皮系带,其功能是防止阴茎外露过多。幼儿阴茎包皮较长,包绕整个阴茎头;随年龄增长包皮逐渐退缩,包皮口逐渐扩大,露出龟头。如到性成熟期或成年时期阴茎头仍被包皮包覆,或包皮口过小,包皮不能退缩暴露阴茎头,分别称为包皮过长和包茎。包茎者冠状沟内很容易积垢,可引起龟头包皮炎症和尿道口狭窄,严重的包茎还可能引起排尿障碍,少数包茎积垢可能形成结石,诱发阴茎癌。包茎不太严重者,可经常将包皮上翻,使包皮口逐渐松弛,但应注意在包皮上翻、洗涤后随即将包皮复位,以免诱发包皮嵌顿。如包茎严重包皮不能上翻,应及时进行包皮环切手术。包皮过长而包皮口较松弛者,可不必进行包皮环切术,但洗浴时应将包皮翻起后清洗干净。如包皮过长而又难以保证及时清洁,则以进行包皮环切为好。

阴茎的勃起功能受交感神经支配;心理想象、印象,机械刺激、骨盆反射均可引起海绵体充血而勃起。阴茎对刺激的敏感度(快感区)依次为冠状沟下部＞龟头＞包皮。阴茎大小有个体、种族差异。黄种人阴茎正常松软状态下长度为4.5～9厘米,勃起时长度为11～15厘米,周长9～12.5厘米,勃起时角度与阴道角度和曲线十分吻合,非常适合精液注射到阴道深处。

2. 阴囊

阴囊位于阴茎后下方,为皮肤性囊袋,主要由皮肤和肉膜构成。阴囊皮肤薄而软,颜色深暗,松弛而皱缩,成人有少量阴毛;阴囊正中有一条纵行的阴囊缝,肉膜在此线上向深面发出阴囊中隔,将阴囊分为左、右两部,分别容纳左右两侧的睾丸和附睾。阴囊内还有一段精索,由输精管、睾丸动脉静脉、神经丛、淋巴管等构成(图10.2)。阴囊的承托和包被具有保护睾丸、附睾、精索的功能。

阴囊皮肤对外界温度非常敏感,阴囊肉膜随外界温度升降而紧张和松弛,使睾丸上升或下降,从而使阴囊保持适宜温度。阴囊皮肤有丰富的汗腺,有助于散热。这种机制使睾丸温度维持在精子最佳发育温度,以适应精子生存和发育。睾丸温度过高,生精作用就会出现障碍,同时睾丸酮的分泌也会减少。

3. 男性外生殖器保护

阴囊、阴茎及会阴部皮肤皱褶多、汗腺多、分泌能力强,于是大量汗液、残留尿液、未擦净的粪便残渣、性生活后残留的女性分泌物和精液等会污染整个外生殖器和会阴部。这种潮湿的状况以及局部通风不畅,非常有利于细菌等微生物繁殖,如不及时清洗,会出现异味,也不利于保健。性交时将这些不洁物和微生物带入女性阴道内,影响女性阴道的清洁度,甚至造成宫颈炎和宫颈糜烂。男性应坚持每天用温水清洗外阴部。清洗外阴时先洗外生殖器,特别是冠状沟内的污垢,然后再清洗会阴部和肛门区。应准备专用毛巾,不与洗脚毛巾共用,防止脚气(足癣)传染。

由于外生殖器及会阴部皮肤的特点,男性若长期穿紧身牛仔裤、化纤内裤,会由于不透气、不散汗而对健康不利。此外,紧身牛仔裤使睾丸紧贴机体,影响睾丸散热,导致精子发育成熟障碍。

(二)女性外阴形态结构与保护

女性内生殖器包括卵巢(产生卵子和女性激素)、输卵管(卵子输送通道)、子宫(胎儿发育场所)、阴道(交媾器官、胎儿娩出及月经排出通道)、前庭大腺(图10.3)。女性外阴由阴阜、大阴唇、小阴唇、阴道口、尿道外口、阴蒂组成(图10.4)。

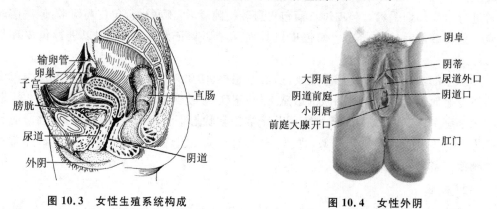

图10.3 女性生殖系统构成　　图10.4 女性外阴

1. 女性外阴形态结构

阴阜:位于耻骨联合上方,为皮肤和脂肪隆起,青春期后长有阴毛,皮下有皮脂腺和丰富的汗腺。

大阴唇:位于阴阜下方,是一对纵行隆起的皮肤皱襞。其内部是富含弹性纤维的疏松结缔组织,表面生有阴毛。

小阴唇:位于大阴唇内侧的一对较薄的皮肤皱襞,光滑无阴毛。小阴唇包绕阴蒂,形成阴蒂包皮。

阴蒂:位于小阴唇顶端,由两条海绵体组成,与男性阴茎同源。女性阴蒂的大小、形态个体差异较大,有的较小、有的较大。阴蒂头有丰富的神经末梢,为性反应器官。

阴道前庭:是两侧小阴唇间的区域,前部有尿道外口、后部有阴道口。前庭大腺是女性附属腺,黄豆大小,成对,开口于小阴唇沟内;前庭大腺分泌黏液,润滑阴道前庭。

处女膜:环绕于阴道口的黏膜,含结缔组织、血管、神经末梢,中央有孔,孔的形状与处女膜厚薄因人而异。异物插入、运动等常会导致处女膜破裂。

2. 女性外阴的保护

女性的外阴较为复杂,局部汗液、分泌液较多,并且离肛门很近,局部病原菌容易滋生而发生感染。为预防疾病发生,女性应特别注意外阴卫生及保护。

首先应坚持和养成良好的卫生习惯,做到勤换内裤和每天清洗外阴。外阴清洗时应注意从前向后清洗,以免将肛门附近的污物或细菌带到阴道口和尿道口,造成尿道和阴道感染。阴蒂包皮与阴蒂头之间比较容易积垢,应注意清洗。使用坐式便具时,应注意清洁或垫用卫生纸。

正常情况下,每日用温水清洗外阴即可。部分女性常用洁尔阴、肤阴洁等中药制剂清洗外阴的做法并不可取。经常用药液或清洁剂清洗外阴及阴道,这样做实际上破坏了阴道正常酸碱度及菌群生理平衡,更易导致阴道感染。一般情况下,阴道具有自净作用,阴道内的乳酸菌产生大量乳酸,可保持阴道酸性环境和维持阴道内正常的生态平衡,有效抑制病原菌繁殖。因此,应避免"过分干净"而使用清洁剂或消毒剂灌洗阴道。

女性穿棉质内裤有助于局部通风和吸湿,化纤内裤透气性不良且易摩擦损伤阴部;部分女性对化纤过敏,导致外阴瘙痒。

应正确使用卫生护垫。部分女性为避免洗内裤而替代用卫生护垫。护垫上的分泌物同时接触尿道口、阴道口、肛门口,易导致交叉和逆行感染,这是女性泌尿系统感染多于男性的直接原因。女性应勤换内裤及卫生护垫,以免滋生病菌,导致尿道炎、阴道炎。

女性应特别注意经期卫生。经期子宫内膜脱落形成子宫内壁创伤,阴道口距离宫颈口不远,加之失血造成机体抵抗力弱,细菌易滋生并经阴道感染子宫内膜,导致经期延长或淋漓不尽,甚至引起盆腔炎,此期应特别保护自己。首先要选合格的卫生巾,并要及时更换。及时清洗外阴,并可适当增加清洗次数,必要时可用高锰酸钾溶液清洗。切忌经期盆浴、游泳、性生活。女性应配置专用毛巾及盆。

二、乳腺小叶增生

乳腺小叶增生症是女性常见的一种乳腺疾病,多见于25～45岁的育龄女性。发病原因与内分泌失调(黄体酮分泌减少,雌激素相对增多)及精神因素有关。

(一) 表现特点

乳腺小叶增生突出表现为乳房胀痛和乳房内肿块。乳房胀痛具有周期性特点,随月经周期疼痛程度有所变化(行经前疼痛加剧,行经后疼痛减轻)。乳房肿块特点是行经前肿块增大、质地较硬,行经后肿块缩小、质韧。肿块与周围组织界限不清,呈条索状,有明显触痛;与皮肤和深部组织无粘连,可推动;腋窝淋巴结不肿大。有时可见乳头溢液,溢液呈黄绿色、棕色或血性,偶为浆液性。

(二) 保健与治疗

绝大多数女性乳腺内偶尔都会出现增生性结节,在医生进行检查时,双侧乳腺内一个结节也未摸到的人较为罕见。因此有学者认为,乳腺小叶增生大部分并不构成疾病,应称为"生理性结节"更为合适。结婚、分娩和哺乳后,很多人乳腺结节缩小或减少;绝经后,许多人乳腺结节趋于消失。

患者应穿戴尺寸适当、带衬垫的胸罩托起乳房。如疼痛症状严重,影响正常工作和生活,可选用小金丹、逍遥散、疏肝止痛丸、复方当归精等中成药或口服5%碘化钾治疗。如效果不佳,也可选用三苯氧胺或甲基睾丸酮口服,以缓解疼痛。

三、痛经及月经异常

(一) 痛经

痛经为妇科最常见的症状之一,是指行经前后或月经期出现下腹部疼痛、坠胀,伴有腰酸痛和其他不适,症状严重者影响生活质量。痛经可分为原发性和继发性两类,原发性痛经是指生殖器官无器质性疾病的痛经,占痛经的90%以上,继发性痛经是指器质性疾病引起的痛经。本节仅讨论原发性痛经。

痛经的主要症状特点:① 痛经在青春期多见,常在初潮后1~2年内发病;② 疼痛最早出现在经前12小时,以行经第一日最为疼痛,持续2~3天后缓解;疼痛常呈痉挛性,常位于下腹部耻骨上,可放射至腰骶部和大腿内侧;③ 可伴有恶心、呕吐、头晕、乏力等症状,严重时面色苍白、出冷汗;④ 妇科检查无异常发现。

月经时出现轻度不适是正常的生理反应,消除紧张和顾虑具有缓解效果。疼痛不能忍受时,可选择吡罗昔康(20毫克,1次/日)、消炎痛(25毫克,2~3次/日)、布洛芬(200~400毫克,3~4次/日)或酮洛芬(50毫克,4次/日)药物治疗,有效率可达80%。也可口服避孕药抑制排卵,以减少前列腺素含量(适用于要求避孕的痛经女性,有效率达90%以上)。中药小金丹、逍遥散、疏肝止痛丸、复方当归精等也有一定缓解疼痛的效果。

(二) 闭经

闭经为妇科常见的症状,表现为无月经或月经停止。根据有无月经来潮,分为原发性闭经和继发性闭经。原发性闭经是指年龄超过16岁、第二性征已发育、月经还未来潮,或年龄超过14岁,第二性征尚未发育者。继发性闭经是指正常月经建立后月经停止6个月,或按自身原有月经周期计算停止3个周期以上者。

通常原发性闭经较为少见,多是由于遗传学原因或发育缺陷引起。继发性闭经的发生率明显高于原发性闭经。继发性闭经的原因复杂,根据控制正常月经周期的4个主要环节,以下丘脑性最常见,其次为垂体、卵巢和子宫性闭经。

下丘脑性闭经主要原因如下：① 精神应激。突然或长期的精神压抑、紧张、忧虑、环境改变、过度劳累、情感变化、寒冷等,均可引起神经内分泌障碍而导致闭经。② 体重下降(1年内体重下降10%或以上)、神经性厌食、饮食习惯改变等也可引发闭经。③ 运动性闭经。长期剧烈运动或芭蕾舞、现代舞等训练,可使机体促性腺激素分泌紊乱而导致闭经。④ 药物性闭经。长期使用甾体类避孕药及某些药物(如吩噻嗪衍生物、利血平)可引起药物性闭经。药物性闭经通常是可逆的,停药3～6个月后月经多能自然恢复。

垂体性闭经主要原因是垂体病变影响促性腺激素分泌,进而影响卵巢功能而引起闭经。卵巢分泌性激素水平低下,子宫内膜不发生周期性变化而导致卵巢性闭经,多见于40岁以上的女性。多次人流刮宫或产后、流产后出血刮宫、子宫内膜感染等原因损伤子宫内膜而引起子宫性闭经。

发生闭经后,应到医院请妇科医生进行诊断,找出发生闭经的原因,然后进行针对性治疗。

全身性治疗在闭经治疗中占有重要地位,包括积极治疗全身疾病,提高身体素质,供给足够的营养,保持标准体重。运动性闭经应适当减少运动量;应激或精神性闭经,应消除精神紧张和焦虑;器质性疾病应针对原发病进行治疗。明确病变环节及病因后,可给予相应的激素来达到治疗目的。

(三) 经前期综合征

经前期综合征是指反复在黄体期内出现周期性以躯体、精神症状为特征的综合征。其病因可能与社会精神因素(如紧张、焦虑、抑郁)、卵巢激素失调(黄体后期雌、孕激素撤退)、神经递质异常(脑内阿片肽水平降低)等有关。多见于25～45岁女性,症状出现于行经前1～2周,月经来潮后症状迅速减退或消失。

经前期综合征的特点是周期性发作。主要症状有头痛、乳房胀痛、腹部胀满、便秘、肢体浮肿、体重增加、运动协调功能减退等躯体症状;以及易怒、焦虑、抑郁、情绪不稳定、疲乏、饮食、睡眠、性欲改变等精神症状。行为上表现为注意力不集中、工作效率低、记忆力减退、神经质、易激动等。

经前期综合征者应放松精神,保持合理的饮食营养、适当的身体运动、戒烟、限制钠盐摄入和咖啡摄入有助于减轻症状。

维生素 B_6 可调节自主神经系统和下丘脑—垂体—卵巢轴关系,还可抑制催乳素合成,口服维生素 B_6(10~20 毫克/次,3 次/日),可改善症状。口服避孕药也能改善症状,并减少体内水钠潴留(肢体浮肿、体重增加)症状。

有明显焦虑者,可选用阿普唑仑(0.25 毫克,2 次/日,用至月经来潮第 2~3 日)治疗。有明显抑郁者,选用氟西汀(20 毫克,1 次/日,月经后半月用药)改善精神症状。或选用螺内酯(20~40 毫克,2~3 次/日)减轻水钠潴留,对改善精神症状也有好处。

四、外阴炎与阴道炎

外阴炎及阴道炎症是女性常见的妇科疾病,各年龄组均可发生。外阴炎和阴道炎可单独存在,也可两者并存。白带异常是阴道炎的首要信号,灰白色、浅黄色或绿色伴有脓样、臭味的白带,多见于细菌性阴道炎;豆腐渣样或凝乳状白带伴有外阴奇痒者,为霉菌性阴道炎;乳白色泡沫状白带伴有外阴瘙痒者,多为滴虫性阴道炎。

(一) 非特异性外阴炎

外阴与尿道、肛门邻近,经常受到经血、阴道分泌物、尿液、粪便刺激,如不注意会阴部皮肤清洁,容易引起外阴炎。穿紧身的化纤内裤、经期使用质量不好的卫生巾导致局部通透性差,也可引起非特异性外阴炎。

外阴炎主要表现为外阴瘙痒、疼痛、烧灼感,活动、性交、排尿、排便时加重。检查见外阴充血、肿胀、糜烂,常有抓痕,严重者可引起溃疡或湿疹。慢性炎症可使皮肤增厚、粗糙、皲裂,甚至苔藓样变。

治疗原则为保持局部清洁、干燥;局部应用抗生素,并注意消除病因。可用 0.1% 聚纤酮碘液或 1:5000 高锰酸钾(PP 粉)坐浴,每日 2 次,每次 20~30 分钟。坐浴后涂抗生素软膏、紫草油或清热解毒中药水煎液熏洗外阴部 1~2 次/日。尽可能穿着棉织内裤。

(二) 滴虫性阴道炎

滴虫性阴道炎是由阴道毛滴虫引起的常见阴道炎症。滴虫不仅侵入阴道,还常侵入尿道或尿道旁腺,甚至膀胱、肾盂及男性的包皮皱褶、尿道或前列腺中。本病可经性交直接传播,由于男性感染后常无症状,易成为感染源。经公共浴池、浴盆、浴巾、游泳池、坐式便器、衣物、污染的器械和敷料也可传播本病。

25%~50% 的感染者初期无症状。主要表现是阴道分泌物增多(分泌物特点为稀薄脓性、乳白色、泡沫样有臭味)、外阴及阴道口瘙痒,间或有灼热、疼痛、性交痛等。如合并尿道感染,可有尿频、尿急、尿痛症状。由于毛滴虫能吞噬精子,并能阻碍乳酸生成,影响精子在阴道内的活性,可致不孕。

主要治疗药物为甲硝唑和替硝唑。可选择其中一种,剂量 2 克,单次口服;或每次

400毫克,每日2次,连服7天;治愈率90%～95%。由于可通过性交传播,性伴侣应同时治疗,治疗期间禁止性交。

(三) 细菌性阴道炎

细菌性阴道炎也称非特异性阴道炎,是阴道正常菌群失调所致的一种混合感染。正常情况下,阴道内以能产生过氧化氢的乳杆菌占优势,细菌性阴道炎时,由于乳杆菌减少,导致其他细菌大量繁殖。阴道菌群发生变化可能与频繁性交、多个性伴侣或阴道灌洗使阴道碱化等因素有关。

主要表现为阴道分泌物增多,可伴有轻度外阴瘙痒或烧灼感。分泌物特点为灰白色或浅黄色、稀薄、匀质,常黏附于阴道壁,呈鱼腥臭味,性交后臭味加重,分泌物pH>4.5。检查阴道黏膜无充血炎症表现。

治疗首选甲硝唑口服(每次400毫克,2次/日,疗程7日)或克林霉素口服(每次300毫克,2次/日,疗程7日)。也可局部给药治疗。性伴侣无需治疗。

(四) 霉菌性阴道炎

霉菌性外阴、阴道炎常见的发病诱因有:应用广谱抗菌素(抑制乳酸菌生长),妊娠(机体免疫力降低),糖尿病(机体免疫力降低),大量应用免疫抑制剂、应用含高雌激素的避孕药(机体免疫力降低)或患有免疫缺陷症,穿紧身化纤内裤及肥胖(会阴局部温度和湿度增加)等。

主要表现是外阴瘙痒、灼痛、性交痛及尿痛,部分患者阴道分泌物增多,分泌物特征为豆腐渣样。尿痛特点是排尿时尿液刺激水肿外阴及前庭导致疼痛。

根据患者情况选择局部或全身抗真菌药物治疗。

局部治疗,可选用以下药物之一放入阴道内:咪康唑栓剂(200毫克/粒,每晚1粒,连用7日,或400毫克/粒,每晚1粒,连用3日,或1200毫克/粒,单次)、克霉唑栓剂(150毫克/粒,每晚1粒,连用7日,或150毫克/粒,早晚1粒,连用3日,或500毫克/粒,单次)、制霉菌素(每晚1粒,10万单位,连用7～14日)。

对不能耐受局部用药者、未婚女性不愿局部用药者,可选用口服药物。常用药物:氟康唑(150毫克,顿服),或伊曲康唑(200毫克/次,每日1次,连服3～5日)。

性伴侣一般无需治疗,对有症状的男性应进行检查并治疗。

五、前列腺炎

前列腺炎大多由尿路上行感染所致(病原体与尿路感染基本一致),是男性生殖器感染的常见病。统计资料显示,20岁以上男性,31%～40%患有慢性前列腺炎;泌尿科门诊疾病的1/4为前列腺炎。本病多为潜在慢性炎症,病程长且迁延不愈,急性前列腺炎少见。

(一) 表现特点

急性者表现明显,具有尿频、尿急、尿痛或尿道灼热(疼痛可放射至阴茎头)、尿不尽等膀胱刺激症状;晨起尿道口可有黏液性或脓性分泌物,部分患者可出现排尿困难、腹部、会阴部或直肠内出现放射性疼痛。尿液镜检可见较多红细胞和脓细胞,三杯试验阳性;直肠指诊前列腺呈饱满、增大、质地柔软、有轻度压痛。

慢性前列腺炎症状表现多样,或无明显症状,主要综合多种检查明确诊断。直肠指检前列腺压痛、增生肥大。前列腺液检查(EPS)脓性、白细胞>10个/HP、卵磷脂小体降低,细菌培养阳性。

(二) 治疗与预防保健

急性前列腺炎患者应注意休息,大量饮水,禁止饮酒和食用刺激性食物。应用抗菌消炎药物,如左氧氟沙星、莫西沙星等及时治疗,通常疗效明显。

慢性前列腺炎患者单一方法疗效差,主要是综合治疗,及时治疗原发疾病以除去病因,同时进行精神和心理治疗。祖国医学中清利湿热、清热通淋法有一定疗效。患者每日应饮用足量的水,禁饮烈酒,避免食用辛辣肥甘的食物、咖啡、柑橘、橘汁等,多食新鲜水果、蔬菜、粗粮及大豆制品,有助于预防或减缓本病症状。

六、计划生育与避孕

计划生育是我国的基本国策。就家庭而言,计划生育不仅使人们摆脱养育多个子女的劳动负担与精神负担,而且可以减少养育子女的各项开支,有利于提高家庭生活质量。

(一) 避孕

避孕是指用科学的方法使女性暂时不怀孕。避孕主要是控制生殖过程中的三个环节:抑制精子与卵子产生;阻止精子与卵子结合;使宫内环境不利于精子获能、生存,或不利于受精卵着床和发育。理想的避孕方法应符合安全、有效、简便、实用、经济的原则,对性生活及性生理无不良影响,为男女双方都乐于接受及持久使用。目前,常用的女性避孕方式主要有宫内节育器、内服避孕药物及外用避孕药物;男性避孕在国内主要采用阴茎套。

(1) 宫内节育器(IUD)。是一种安全、有效、简便、经济、可逆的避孕工具,为国内育龄女性主要的避孕措施。国内约70%的育龄女性选用宫内节育器作为避孕方法。目前应用的第二代活性宫内节育器内含有活性物质,如Cu^{2+}、激素、药物等,可提高避孕效果,减少副反应。本法的优点是近似生理状态,方便。常见的副反应为不规则阴道出血,主要表现为月经量增多、经期延长或少量点滴出血。通常不需处理,3～6个月后逐渐恢复。少数患者可能出现白带增多或伴有下腹胀痛,应根据具体情况对症处理。凡育龄女性无禁忌症,要求放置宫内节育器者均可采用。

(2) 药物避孕。即口服或注射女性激素(主要成分是雌激素和孕激素)进行避孕。激素避孕机制包括抑制排卵,改变子宫颈黏液性状阻止精子进入子宫,改变子宫内膜或输卵管内膜功能,干扰受精卵着床等。常用避孕药物及其用法、不良反应见表10.1。

表 10.1 常用避孕药物分类、用法与不良反应

分类	制剂名称	用法	不良反应
口服短效避孕药	复方炔诺酮片(口服避孕片Ⅰ号) 复方甲地孕酮片(口服避孕片Ⅱ号) 复方炔诺孕酮甲片	从月经周期的第5天起,每晚服1片,连服22日,不能间断。如有漏服,应在24小时内补服1片。停药2～4天发生撤退性出血。下次服药仍从月经第5天起。停药7天仍没有来月经,应立即服下一周期的药物。	类早孕反应(少数人服药初期会出现恶心、呕吐等症状,坚持用药2～3月后消失,严重者可加服维生素B_6)。 子宫不规则出血(少数人用药后出现阴道点滴样出血或月经样出血)。 闭经(连续闭经2个月应停止用药)。
口服长效避孕药	复方炔诺孕酮乙片(长效避孕片) 复方氯地孕酮片 复方次甲氯孕酮片	从月经来潮当天算起的第5天口服1片,最初2次间隔20天,以后每月服用1次。	
长效注射避孕药	复方己酸甲羟孕酮注射液(避孕针Ⅰ号) 复方甲地孕酮注射液	于月经周期的第5天注射2支,以后每隔28日或于每次月经的第11～12日注射1支。避孕成功率达99%。	
探亲避孕药	甲地孕酮片(探亲Ⅰ号) 炔诺酮片(探亲避孕片) 双炔失碳酯(53号避孕针) 米非司酮	夫妻探亲当晚或性生活后服用,也可作为紧急避孕措施。	类早孕反应,停药后阴道出血,但可自愈。
外用避孕药	壬苯醇醚 辛苯醇醚 烷苯醇醚	房事前置入阴道深部。药膜5分钟后溶解成胶体,作用保持2小时;栓剂10分钟后起效,作用保持2～10小时;含药海绵立即生效,作用保持24小时,房事后6小时取出。	阴道分泌物增多,有不同程度烧灼感,外阴瘙痒等。停药后逐渐消失。
缓释避孕药	皮下埋植 左炔诺孕酮埋植剂Ⅰ型 左炔诺孕酮埋植剂Ⅱ型 阴道环 甲硅环 左炔诺孕酮环	皮下埋植 阴道放置	与其他口服避孕药类似。

(3) 紧急避孕。是指无保护性生活或避孕失败后几小时或几日内,女性为防止非意愿妊娠的发生而采用的补救措施。包括放置宫内节育环(无保护性生活后 5 日内放入含 Cu^{2+} 宫内节育器,有效率$>95\%$)或口服紧急避孕药物(表 10.1)。适用范围包括:① 避孕失败,包括阴茎套破裂、滑落,未能做到体外排精,错误估算安全期,漏服短效避孕药,宫内节育器脱落;② 性生活未使用任何避孕方法;③ 遭遇性暴力等。

(4) 外用避孕。外用避孕工具包括男用阴茎套和女用阴道套。其机制是阻止精子到达阴道而达到避孕目的。国内主要采用阴茎套,阴道套个别地区有人使用,但尚未大规模应用。外用避孕药物见表 10.1。

(5) 自然避孕。也就是所谓的安全期避孕,是指避开女性排卵期而阻止精子与卵子结合的避孕方法。女性的月经周期为 28~30 天,通常在月经中期的第 10~20 天排卵的可能性最大,而在月经的前 10 天和后 10 天排卵的可能性较小,因而月经周期的前、后 10 天也称为生理安全期。安全期计算方法包括日历表法、基础体温法、宫颈黏液观察法等。安全期避孕方法要求夫妻双方具有一定的生理医学知识,而且女性月经周期比较规则稳定。但这种方法可靠性不高,常常会导致避孕的失败。

(6) 绝育结扎手术。包括对女性的输卵管结扎术和对男性的输精管结扎术两种。通过外科手术方法切断或采用药物使管腔粘连,堵塞生殖细胞输送管道(输卵管或输精管),阻止精子和卵子的结合,从而达到避孕目的。这是一种安全、可靠、永久性绝育的措施。

(二) 避孕措施的合理选择

新婚或尚未生育的夫妇,应选择方便、不影响生育的避孕方法。复方短效避孕药使用方便,避孕效果好,不影响性生活而成为首选避孕方法。男用阴茎套也是一种理想的避孕方法。性生活适应后可选用避孕套,也可选择外用避孕药栓、药膜等。由于尚未生育,一般不宜选择宫内节育器,也不宜采用体外排精、安全期避孕及长效避孕药物等方法避孕。

哺乳期避孕措施应不影响乳汁质量和婴儿健康。阴茎套是哺乳期最佳的选择方法。也可选用单一孕激素长效避孕药物(如醋酸甲羟孕酮或抗炔诺酮针剂或皮下埋植)。哺乳期内可放置宫内节育器,不宜采用外用药栓/膜避孕,不宜使用复方雌、孕激素避孕,也不宜采用安全期避孕。

生育后应选择长效、安全、可靠的避孕方法,减少因意外妊娠进行手术带来的痛苦。各种方法均可使用,可根据个人情况进行选择。已生育 2 个或 2 个以上的夫妇,建议采用绝育手术。

绝经过渡期,选择不影响内分泌的外用药物、阴茎套等为主的避孕方法。不宜选择安全期避孕或复方药物避孕。不宜选择避孕药膜,但可选择避孕药栓或凝胶。

七、人 工 流 产

　　人工流产术,也称为堕胎,指在妊娠14周以内,通过刮宫手术(钳刮术)或负压吸引术(吸宫术)来终止妊娠的方法。人工流产是避孕失败的紧急补救措施,决不能作为常规避孕方法。

　　刮宫手术指在怀孕早期用器械方法刮除胚胎组织的手术。该法的优点是流血少、终止快、术后恢复快;缺点是疼痛。目前采用的无痛人流法是在麻醉状态下进行刮宫术,可大大减轻手术者的痛楚。

　　药物流产是采用口服药物(如米非司酮＋米索前列醇)终止妊娠的方法。该法的优点是不需宫内操作,无创伤性,不痛。一般用于停经7周内孕妇,完全流产率达90%～95%,且副反应轻。缺点是服药后需观察出血量,出血较多。

　　在妊娠早期胚胎较小,人工流产对母体的损伤相对较小;如必须采用人工流产术终止妊娠,应尽早进行。妊娠中期引产出血量较大,并发症多,对母体损伤较大,应尽量避免。引产应在妊娠24周内进行,因为妊娠月份越大,引产危险性也越大。

　　实际上,在妊娠的任何时期用人工方法终止妊娠都是对正常生理过程的干扰,对女性的健康不利。部分人在人工流产后可能会遗留一些疾病,如盆腔炎、宫颈粘连、腰酸背痛、月经异常等。由于人工流产对子宫内膜的损伤,部分人甚至会丧失生育能力。并且人工流产的次数越多,间隔时间越短,发生并发症和后遗症的可能性越大,因此,尚无子女的夫妇最好尽量避免。

　　一旦确诊受孕而又不希望生下孩子,应及时到正规医院实施人流,切不可私自堕胎,否则可能会危及生命。

八、优　　生

　　提高优质人口比例,减少劣质人口出生,关系到全民族人口素质的优化与提高,也关系到千家万户的家庭幸福。在当今计划生育的国策下,谁都希望自己生下聪明、健康的下一代。就身体素质而言,最有效的办法是采取生物医学预防措施,以及制定出相关的政策法规,以保证生物医学措施得到有效执行。生物医学预防措施有两级:第一级预防措施是胚胎形成前的预防措施,主要包括禁止近亲结婚、婚前检查、婚前指导、遗传咨询、控制环境不利因素对胎儿的影响等。第二级预防措施是产前诊断,以判别胎儿是否有严重的遗传缺陷或疾病,并及时做出是否需要堕胎的决定。

(一) 遗传因素与优生

　　(1) **禁止近亲结婚。**由于近亲通婚范围过小,男、女双方携带的隐性遗传致病基因很容易碰到一起,使后代表现出严重的先天性缺陷或遗传疾病。目前已知,近亲婚配所生后代可能会出现的遗传疾病多达上千种,其中有些疾病可以贻害几十代人。因此,近亲结婚是非常有害的。

(2) 婚前检查。目的是为了诊断准备结婚的双方是否患有不适合结婚的疾病或影响生育的疾病,是减少先天缺陷新生儿出生率、提高人口质量的重要途径之一。婚检包括对男、女双方进行身体(发育状况、有无畸形、心肝肺功能)检查;生殖器官有无疾病或异常的检查;双方病史的询问(精神病、遗传病、传染病史);双方家族病史调查等内容。同时,也向双方介绍性医学知识、性卫生常识,介绍适当的节育方法,以及指导生育计划等。根据我国现行的《婚姻法》,是否婚检以自愿为原则,由于不少地方的婚检没有达到应有的要求,使人们不愿意进行婚前健康检查。然而,从准备结婚双方的幸福和后代健康的角度考虑,婚前检查还是有益的。

(3) 遗传咨询。是医生或遗传研究者对遗传病患者及其家属解答有关疾病的遗传方式、诊断和预后,以及判断其同胞、子女再患此病的风险性。其目的是防止或减少遗传病在家庭成员中的再现。需要咨询的人主要有:① 患遗传病,或有遗传病家族史者;② 生育了遗传病或先天缺陷孩子的夫妇;③ 子女智力低下的父母;④ 多次不明原因的流产者及配偶;⑤ 孕期接触有害物质或长期使用某种药物者;⑥ 高龄孕妇;⑦ 近亲结婚者。

(4) 产前诊断。又称宫内诊断,即在妊娠 4~5 个月期间,采用影像学(如 B 超)、生物化学(如测定某些酶活性)或遗传学方法(如羊水细胞染色体分析、DNA 探针等),了解胎儿是否患有遗传病或先天性缺陷,以便做出是否流产的选择。以下人群需要进行产前诊断:① 高龄孕妇;② 亲属中有遗传病患者(如血友病)或近亲结婚者;③ 夫妇一方患有遗传病或已育遗传病儿的孕妇;④ 孕妇是致病基因的携带者;⑤ 有自然流产史或不明原因死胎的孕妇;⑥ 妊娠早期接触过有害化学物质、射线或病毒感染的孕妇。

(二) 环境因素与优生

人们的生活与工作环境中某些生物、化学和物理因素对胚胎发育可能产生不利的影响。受精 2 周内,细胞分化程度较低,受到致畸因子作用时,容易引起早期流产。胚胎第 3~8 周,细胞分化程度较高,对致畸因子高度敏感,称为致畸敏感期。不同的致畸因子致畸敏感期不同,延续时间也有所差异,对胚胎不同器官的影响也不相同。因此,在整个妊娠过程中,都应注意避免环境因素对胚胎发育的负面影响。

(1) 生物因素。妊娠早期,病毒感染的致畸发生率较高。常见的有风疹病毒感染、巨细胞病毒感染引起的畸形。单纯疱疹病毒、梅毒螺旋体等感染也可导致畸形。

(2) 化学因素。某些化学药物和环境污染物有显著致畸作用。如抗肿瘤药物、某些抗生素、抗惊厥药物和激素都有不同程度的致畸作用。工业三废、食品添加剂和防腐剂中含有一些致畸作用的化学物质,影响胚胎发育。如孕妇食用被有机汞污染的农作物或鱼,可致胎儿大脑麻痹。大量吸烟、酗酒、缺氧、严重营养不良等对胚胎正常发育均有影响。

(3) 物理因素。X 射线以及 α、β、γ 射线照射可引起染色体畸形或基因突变而导致畸形,如腭裂、脊柱裂等。

(三) 优生的个人准备

生命开始于受精,健康的卵子、精子、最佳受精时间及正常性生活是获得健康、聪明孩子的基本保证。

适龄生育是减少各种遗传病的重要措施。由于某些基因的畸变、遗传病的发生与父母年龄有一定关系,因此尽可能在最佳年龄段生育后代。最佳生育年龄,女性为 25～30 岁,男性为 25～35 岁。

妊娠前半年到 1 年,男、女双方都应做好身体准备,不酗酒,不吸烟,均衡饮食,规律生活,积极锻炼身体,有利于健康精子与卵子的产生。

妊娠后应注意饮食营养,做到均衡饮食、充足营养,为胎儿发育提供足够的物质基础。

孕妇患病,药物会对胚胎造成损害,其损害程度与用药时的胎龄有密切关系。此时应选择对胎儿无损害而对孕妇最有效的药物,并适时适量的用药。孕妇要预防疾病,慎用对胎儿发育有致畸影响的药物。若病情紧急,需要使用对胎儿有致畸作用的药物,则不能保留胎儿。注意减少接触各种射线(电脑、电视)、有害化学药品或试剂,最大限度地避免环境因素对胎儿发育的不利影响。

九、不孕与不育

有正常性生活、未避孕 1 年未妊娠者,称为不孕症。未避孕而从未妊娠者,称为原发性不孕;曾有过妊娠,后未避孕连续 1 年的不孕者,称为继发性不孕。资料显示,国内育龄男女中不能生育者约占 7%～10%。不孕原因可能在女方、男方或男女双方。其中女方因素约占 40%,男方因素约占 30%～40%,男女双方的因素占 10%～20%。也有资料显示,由男方因素引起的不育比例超过女方因素引起的不孕。

(一) 女性不孕

1. 主要原因

女性不孕的原因以排卵障碍和输卵管阻塞居多。

不排卵约占女性不孕的 25%～35%。导致不排卵的主要原因有:① 卵巢病变,如卵巢发育不全、卵巢功能早衰、卵巢囊肿等;② 下丘脑—垂体—性腺轴功能紊乱,引起无排卵性月经、闭经;③ 全身性疾病,如重度营养不良、甲亢等。

输卵管因素引起的不孕占不孕妇女总数的50%。输卵管具有摄取卵子并运送受精卵抵达宫腔的作用。各种输卵管炎引起的输卵管阻塞或通而不畅、输卵管发育不全、输卵管畸形等均影响受精卵运送与着床。

子宫因素也是不孕原因。子宫畸形、子宫肌瘤、子宫内膜炎、宫腔粘连等,可影响受精卵着床而导致不孕。多次人流可引起子宫内膜受损、炎症,导致不孕。宫颈黏液异常、宫颈炎可影响精子进入宫腔。

阴道狭窄或阴道横隔影响性交,阻碍精子的进入。严重阴道炎时,大量白细胞消耗精液中的能量物质,降低精子活力,缩短精子生存时间,从而影响受孕。

同种免疫(女性体内有抗精子抗体存在)和自身免疫(自身透明带抗体)均可影响受孕。

2. 治疗

(1) 诱导排卵,提高命中率。对于不排卵而导致不孕者,可选用氯米芬、尿促性素(HMG)、人绒毛膜促性腺激素(HCG)、黄体生成素(LH)、促性腺素释放激素(RH)、溴隐亭等药物诱发排卵。

增强体质与增进健康,纠正营养不良和贫血;改掉不良生活方式、戒烟、戒毒、不酗酒;掌握正确的性知识,学会预测排卵期性交,增加受孕机会。

(2) 消除炎症解除阻塞。① 药物治疗:输卵管慢性炎症,可选中药药物治疗。口服活血化淤中药,同时配合超短波、离子透入等物理治疗,以改善局部血液循环,利于炎症消除。② 机械及手术疏通:输卵管阻塞或粘连者,可采用机械疏通办法,如输卵管通气、通水,暂时解除阻塞。此法经济实用。当机械疏通受阻或无效时,可手术行输卵管造口术、整形术、吻合术达到输卵管再通目的。③ 管内局部用药:地塞米松+庆大霉素加生理盐水注入输卵管内消炎。

(3) 根治其他疾病:若患卵巢肿瘤、宫颈口狭窄、阴道横隔、阴道炎等疾病,应积极治疗。

(二) 男性不育

1. 主要原因

男性不育的主要原因包括精液异常、精子运送受阻、免疫性不育和内分泌功能障碍等。

精液是由精子和附属腺液(精囊腺液、前列腺液、尿道球腺液)组成,呈乳白色、黏稠状,一次射精约5毫升,含3~6亿个精子。精液异常包括精子质量、数量异常和附属腺液化学成分及pH改变。精子异常包括无精、少精、弱精、畸形精子等。影响正常精子产生的因素有:① 睾丸发育异常,如隐睾、睾丸发育不全等;② 全身消耗性疾病,如长期营养不良、慢性中毒、精神过度紧张等;③ 局部原因,如睾丸炎、睾丸结核、精索静脉曲张等。附属腺炎症及免疫性因素可造成附属腺液的改变。

输精管道阻塞:附睾及输精管炎症、结核,是精子通行阻碍的常见原因。阳痿、早泄、不射精和逆行射精,精子不能进入阴道,均可造成男性不育。

男性精液中存在精子自身抗体,精子发生免疫性凝集。

内分泌功能障碍,如甲低,肾上腺皮质功能亢进,垂体功能减退等均能引起不育。

2. 治疗

精子数≥6000万/毫升,精子活动数≥60%,异常精子≤20%,具有生育能力;若精子数量为2000万~6000万/毫升,生育能力差;精子数量少于2000万/毫升,生育能力极差;若精子数量少于500万/毫升,则生育能力接近于零。

由器质性疾病或全身慢性疾病导致的不育,应积极治疗原发性疾病。生精异常导致精子数量过少引起的不育,采用中药治疗促进精子生成,有一定临床效果。

(吕　虎)

11

典型的性传播疾病

性传播疾病（性病）指的是通过性接触而感染的传染性疾病。近年来，学者们将梅毒、淋病、软性下疳、性病淋巴肉芽肿、非淋菌性尿道炎、腹股沟肉芽肿、生殖器疱疹、尖锐湿疣、滴虫性阴道炎、嗜血杆菌阴道炎、巨细胞病毒感染、疥疮、阴虱病、乙型病毒性肝炎、AIDS（包括 HIV 携带者）等疾病都统称为性传播疾病。性病的主要传染途径包括接吻、触摸、性交等性行为传染；患有性病的母亲可通过产道使新生儿感染；少数人可通过接触病人的衣物、被褥、物品、用具、便具等传染上性病；还可通过血源性感染（如输入带有乙型肝炎病毒、HIV 病毒的血液、蚊虫叮咬）；医护人员在检查和处置病人时，如果防护不严，也可能因医源性感染而传染上性病。

性病的防治原则主要有以下两点：预防为主；早期诊断、彻底治疗。

有效减少性病发生最重要的措施是预防疾病。性病的预防应注意以下几方面的问题：① 自觉抵制不安全性行为，避免乱交，杜绝性病的传染来源。② 注意起居和饮食卫生，不与性病患者同床共眠和共用碗筷；性病患者用过的衣物、物品应进行消毒。③ 注意性生活卫生，尤其是保持生殖器官的清洁；尽量避免在女性不适宜性交的时期（如月经期）发生性交。④ 对婚前男女、孕妇、服务行业人员（尤其是新招收的人员）进行相关健康检查。⑤ 公共场所（浴池、旅店、KTV 包厢等）在每位客人使用过后进行彻底消毒。⑥ 加强海关检疫，防止性病从国外流入。⑦ 对采集的血液进行严格的病原检查，防止血源性传染。⑧ 加强医护人员安全防护措施（严格处理病人血液、体液、排泄物），有效防止医源性感染。

一旦发现自己可能患有性病，应尽早到医院进行相关检查，尽可能做到早期诊断；确诊为患有性病时，应进行彻底的治疗。近年来，对很多性病都有了疗效很好的治疗药物，多数性病是可以彻底治愈的。

一、淋　　病

淋病是由淋球菌通过性接触传染的一种性病，其发病率居性病之首。淋病的病原体为淋球菌,主要通过性直接接触传染,也可通过污染的器械、衣物、用具等间接接触传染;淋病孕妇可通过产道传播给新生儿。淋球菌感染不一定要有黏膜破伤,病原体可以直接黏附在黏膜上生长繁殖。由于性行为方式的不同,可引起肛门、直肠、口咽部淋球菌感染。

(一) 淋病表现特点

1. 男性淋病主要表现

淋球菌侵入后,经过3～5天的潜伏期,患者即出现尿道瘙痒、灼热感和轻微疼痛,并有少量稀薄白色黏液自尿道口流出。随后出现尿道刺激症状(尿频、尿痛),尿道口明显红肿,伴有乳白色或黄稠脓液流出;龟头红肿,常因内衣摩擦引起阴茎勃起,同时撕扯尿道而疼痛并伴有出血。经过2～3周后,症状逐渐好转,脓性分泌物减少并转稀,尿痛轻微,晨起少量脓性分泌物黏堵尿道外口(急性淋病性尿道炎)。再经过数周,症状可以全部消退。

如果没有进行适当的治疗,在发病后的1～3周内,约有70%以上的患者因淋球菌侵入尿道而引起下尿路炎症。主要表现有尿频、尿急、尿浊、尿不尽、尿量很少;排尿时尿道与会阴部有烧灼感、疼痛。一般在2～3周内症状可自行消退。

急性期治疗不合理,或患者身体虚弱、酗酒、性生活过度等,尿道炎可能转入慢性期。慢性期患者自觉症状表现轻重不一,一般仅有轻度的尿路刺痛、灼热感、痒感和蚁行感等;晨起可见少量淡黄色黏液封堵尿道口;病程可迁延几年甚至几十年。

并发症:① 前列腺炎:淋病性尿道炎常并发前列腺炎。急性前列腺炎主要表现为发热、尿频、尿急、尿痛,直肠和会阴部有膨胀感,严重时可形成前列腺脓肿。② 附睾炎:淋病性附睾炎常表现出突然发热,尿道脓性分泌物突然消失;附睾肿大疼痛、触痛明显,阴囊多伴有红肿。③尿道狭窄:淋病性尿道狭窄会出现排尿困难,尿流很细,排尿后膀胱中存留较多的尿液,长期会使膀胱壁弹性减弱,导致尿液潴留。

2. 女性淋病表现特点

女性淋病症状多不甚明显,很容易漏诊,急性期和慢性期也不容易区分。主要表现有淋病性宫颈炎(宫颈口红肿,宫颈糜烂,白带增多,呈脓性或带血,有臭味,病人感腰痛)、淋病性尿道炎(尿道口红肿、有脓性分泌物流出,多伴有尿频、尿急、痛)。并发症主要有淋病性前庭大腺和尿道旁腺炎、子宫内膜炎、淋病性输卵管炎、淋病性盆腔炎等。

(二) 淋病治疗

男、女急性淋病患者,可首选青霉素或淋必治进行治疗,也可选用磺胺类药物治疗。慢性淋病患者除采用抗生素治疗外,还应进行局部治疗,如高锰酸钾局部清洗、1%硝酸银尿道注入。尿道狭窄者要进行尿道扩张术,并发前列腺炎者可采用理疗、热疗等措施,必要时应进行外科手术治疗。也可采用中医药进行辨证治疗。

二、梅 毒

梅毒最早发现于1493年,目前梅毒流行于世界各地,居性病发病率的第2位,危害性仅次于AIDS。1964年,我国大陆已经基本消灭此病,近年来梅毒又死灰复燃,在国内开始流行。

梅毒是由梅毒螺旋体引起的主要通过性接触传染的一种慢性传染病。根据传染方式的不同,梅毒可分为获得性梅毒和先天性(胎传)梅毒两种。获得性梅毒主要是通过不洁的性交感染,接吻、输血、医生给梅毒患者检查或手术时被损伤也可被感染。胎传梅毒并不是由于遗传因素导致的,而是母亲感染梅毒后经胎盘侵入胎儿(胎儿受感染后常造成流产或死产,受损害较轻的可足月生产)。

1. 梅毒表现特点

根据发病经过与表现,获得性梅毒大致可分为3期:

Ⅰ期梅毒:典型的损害称为硬下疳,在感染后经过2～4周的潜伏期出现,多发生于外生殖器部位,少数发生在生殖器以外部位。初发损害多为绿豆或黄豆大小的红色丘疹,边缘整齐,基底部有硬结,无触痛,接着发生溃烂。溃烂渗出液含有大量梅毒螺旋体,感染性极强。一般4～8周后,下疳常自愈,经2～3个月无症状期转入Ⅱ期。

Ⅱ期梅毒:多发生于感染8～10周后,以全身皮肤黏膜出现玫瑰疹为特征,并伴有眩晕、低热、全身不适、食欲不振等症状,同时周身淋巴结肿大。皮肤玫瑰疹为粉红色,圆形或椭圆形,好发于躯干和生殖器,2～6周自行消退,遗留色素沉着或红色丘疹。经3周～3个月,症状暂时消退。本期梅毒血清反应100%为阳性,可通过血清反应进行梅毒的诊断。

Ⅲ期梅毒:多发生于感染后2年,主要表现皮肤黏膜溃疡坏死及内脏器官慢性肉芽肿。严重者侵犯中枢神经系统和心血管。

2. 梅毒治疗

青霉素治疗梅毒有特效,青霉素过敏者可选用头孢菌素、四环素或红霉素治疗。

三、尖锐湿疣

尖锐湿疣亦称生殖器疣、性病疣,是由人乳头瘤病毒引起外生殖器疣状增生病变;在性活跃的人群中发病率很高,多数是通过不洁性交引起。性接触追踪观察资料显示,与患有尖锐湿疣者发生性接触的人至少有70%以上会被感染。近年来,尖锐湿疣发病率在全球范围内逐年增高。尖锐湿疣与生殖器癌变有关。

1. 尖锐湿疣表现特点

病毒感染后潜伏期为 1~12 个月,平均 4 个月。初期在外生殖器皮肤表面出现皮肤色或粉红色丘疹,然后可逐渐扩大、增多、融合,呈菜花状或鸡冠状赘生物,伴有瘙痒,烧灼感,性交出血。

赘生物在男性常见于冠状沟、龟头、尿道口,有时见于阴茎体及周围皮肤;男性同性恋者可发生于肛门周围。女性患者赘生物常见于阴蒂、阴唇、肛门周围、会阴部及子宫颈。

2. 治疗

尖锐湿疣的治疗原则是去除疣物,防止复发。去除疣物常采用 10%~15% 石炭酸液烧灼、激光去疣、液氮冷冻等方法治疗。如形成巨大肿块则可采用外科手术予以切除。局部使用 5-氟尿嘧啶、足叶草毒素酊预防复发。

四、艾滋病(AIDS)

人类获得性免疫缺陷综合征(AIDS)是由人类免疫缺陷病毒(HIV)感染引起的严重病症,自 1981 年美国发现首例 AIDS 患者以来,一直以极快的速度在全世界蔓延。联合国艾滋病规划署和 WHO 发表的《2007 年全球艾滋病流行最新报告》估计,2007 年全球共有 3320 万艾滋病毒感染者,新感染艾滋病人数为 250 万。根据中国国务院防治艾滋病工作委员会办公室、卫生部、联合国艾滋病中国专题组联合发布的《中国艾滋病防治联合评估报告(2007)》,到 2007 年底,我国现存艾滋病病毒感染者和病人约 70 万,新发感染者约 5 万人,因艾滋病相关死亡约 2 万人,全人群感染率约为 0.005%(0.004%~0.007%)。

病原体 HIV 分为两个类型。HIV-1 致病能力很强,目前的 AIDS 患者多数是由于 HIV-1 感染引起;HIV-2 致病能力较弱。AIDS 患者、病毒携带者的血液、精液、阴道分泌液、泪液等都存在有 HIV,病毒主要通过血液、性接触、母婴垂直传播感染。国内艾滋病传播途径调查显示,61.6% 经静脉注射毒品传播,9.4% 经采血传播,8.4% 经性接触传播,16.8% 传播途径不详。病毒感染后潜伏期可达 7~8 年,潜伏期内有大量病毒复制。

HIV 病毒在细胞内大量增殖导致被感染细胞破裂(直接杀伤作用),其中最容易被感染的细胞是 CD 4 T 细胞(辅助 T 细胞)。因此,HIV 感染后机体免疫能力低下,从而导致严重的继发性感染而致病人死亡。

1. AIDS 表现特点

AIDS 临床表现可分为三个时期:

(1)感染早期。大多数感染者没有症状或仅微感不适,部分人可出现免疫功能降低,出现全身不适、体重减轻、低烧、淋巴结肿大等症状(类似于感冒症状)。

(2) 艾滋病前期。患者有较为严重的 T 细胞破坏,产生一系列可识别的全身症状。主要表现为发热、盗汗、头痛、全身无力和麻木,经常发生感冒、扁桃体炎以及腹痛、腹泻等消化道表现;全身淋巴结肿大,HIV 抗体阳性,CD 4 T 细胞减少;部分人由于血小板减少而发生紫癜。

(3) 艾滋病发病期。患者形成严重的、不可逆的免疫缺陷。主要表现为发生各种非条件致病菌和条件致病菌感染,各种原发和继发性恶性肿瘤。患者可出现高热、咳嗽、盗汗、贫血、神经错乱、视力减退、瘫痪、吞咽困难,持续腹泻、恶病质,经久不愈的口腔、外生殖器、肛门处疱疹与溃疡性感染,以及皮肤溃疡等症状。

2. 预防与治疗

艾滋病高度致死性与惊人的蔓延速度,已引起世界各国高度注意。但目前无有效治疗措施,仍以预防为主。主要预防措施包括:提高民众对艾滋病的传播性及其严重危害性的认识,不与艾滋病人及其用品密切接触,保持一夫一妻制,避免性乱交,杜绝吸毒,加强国际检疫,加强对血液制品的监管,加强医院规范管理,防止医源性感染等。

AIDS 至今仍然没有特效药物治疗。美籍华裔科学家发明的"鸡尾酒"治疗方案,可抑制血液中病毒的复制。亦可采用抗病毒药物治疗和增强免疫功能的药物(干扰素、白细胞介素、胸腺素)治疗。

(华 萍)

12

常见皮肤疾病

一、痤疮（青春痘）

痤疮（俗称青春痘）是一种最常见的、发生于毛囊皮脂腺的慢性炎症性皮肤病，发病率高达45.6%。这是一种损容性皮肤病，常发生于富含皮脂腺的部位，重型痤疮严重影响人们的容貌和身心健康。

痤疮的发生受到多因素作用。雄激素及皮脂腺分泌旺盛、毛囊导管的角化过度、痤疮丙酸杆菌感染以及炎症反应在痤疮发病中所起的作用已得到学术界公认。不良的饮食习惯（如高脂饮食、多糖、常饮碳酸类饮料、常吃辛辣食物）、化学因素（如矿物油、碘、氯、溴等）、环境因素（如日晒、污染等）、经常性的情绪紧张、化妆品使用不当以及应用某些药物（如雄激素、避孕药、皮质类固醇、抗结核药异烟肼等）均可诱发痤疮或使痤疮加重。

（一）表现特点

痤疮多发于15～30岁的青年男女，男性多于女性。好发于皮脂溢出区，面部、胸部、背部及肩部，多呈对称分布。原发皮损为粉刺（皮脂淤积于毛囊形成脂栓），皮肤最初可出现黑头粉刺或白头粉刺，在毛囊中痤疮丙酸杆菌作用下，逐渐发展为炎性丘疹（红疙瘩）、脓疱、结节、囊肿及瘢痕，通常可见数种皮肤损害并存，散在分布。病程呈慢性、反复发作，常伴有轻微痒痛。

根据皮肤损害程度不同，可将痤疮分成4级：Ⅰ级：黑头粉刺，散发至多发，炎性丘疹散发；Ⅱ级：Ⅰ级+浅在性脓疱，炎性丘疹数目多，限于面部；Ⅲ级：Ⅱ级+深在性炎性丘疹，可发生于面及胸背部；Ⅳ级：Ⅲ+囊肿，易形成瘢痕，发生于上半身。

（二）预防保健与治疗

（1）预防保健。患者应少食辛辣刺激食物，避免高脂饮食及少吃含糖高的食物（如巧克力、干果、奶酪、咖啡、甜点等),多吃新鲜水果蔬菜。调节情绪,避免熬夜,保持乐观的精神状态。每天进行适当的面部护理,如洗脸水温控制在 36℃左右,用中性肥皂洗脸;每天增加洗脸次数,及时清除脸上的油脂。注意防护,避免过度日晒。合理选择化妆品,不用油性膏状的护肤品。特别注意不要用手挤压痤疮,以免引起化脓破溃,在皮肤上遗留瘢痕。

(2) 治疗。轻度痤疮患者,可选一种或多种药物进行局部治疗。消炎杀菌可选用 2.5%~5%过氧苯甲酰乳膏、复方硫黄洗剂、1%氯霉素酊或 1%红霉素酊;改善毛囊皮脂腺口角化可选用 0.05%~0.1%维甲酸乳膏,洗脸后涂抹于患部。

重度痤疮患者,在局部治疗的基础上,再口服药物进行治疗。内服疗法包括抗雄激素治疗、纠正毛囊皮脂腺口角化、抑制痤疮棒状杆菌感染等方面,疗程一般要达 3 月左右。抗雄激素治疗可减少皮脂腺分泌,可选用安体舒通或含有丹参酮成分的中药(如三七丹参片)。女性患者可试用雌激素类药物(如乙烯雌酚或达英-35)。纠正毛囊皮脂腺口角化可选用维甲酸类药物,如异维 A 酸、维胺脂胶囊等。抑制痤疮棒状杆菌感染多选用四环素类抗菌素(如四环素、美满霉素等小剂量长程疗法)。锌制剂(如葡萄糖酸锌)、V_{B_6}、V_A、V_E 等具有减轻毛囊角化过度和调节皮脂腺功能,可同时服用作为补充治疗。

美容治疗也是一个可供选择的治疗方法。UVB 照射、激光疗法(蓝光和强光治疗)可针对痤疮棒状杆菌及皮脂腺发挥作用,减轻炎症。

二、过敏性皮炎

过敏性皮炎是由过敏原引起的,以皮肤瘙痒、皮疹、丘疹等症状为特点的皮肤速发型超敏反应性炎症。过敏体质与过敏原存在是本症发生的主要因素。常见的过敏原有很多种,如花粉、动物皮毛、鱼虾、化纤、染料、油漆、某些药物、昆虫等。易感个体接触过敏源后,过敏细胞活化,机体处于致敏状态。当致敏机体再次接触到相同的过敏原时,过敏细胞释放多种过敏介质(炎性介质),引起毛细血管扩张、血管通透性增加、平滑肌收缩和腺体分泌增多等炎症效应。

本病起病快,主要症状为皮肤瘙痒、红肿、湿疹、斑块等。通常离开过敏原后 2~3 天,症状自然消失。

治疗原则:首先是患者远离过敏原,必要时选用抗过敏药物口服或局部涂敷治疗。可选用苯海拉明(可他敏)、氯苯那敏(扑尔敏)、非尼那敏、曲吡那敏(扑敏宁)、美吡那敏、特菲那定、阿斯咪唑(息斯敏)、西替利嗪(仙特敏)、氯雷他定(克敏能)等药物口服,或注射葡萄糖酸钙、色苷酸二钠,亦可局部涂敷培氯米松、倍他米松、氢化可的松软膏等,均有良好的疗效。

三、湿　疹

湿疹是一种由多种因素引起的表皮及真皮浅层的炎症性皮肤疾病,其特点为自觉剧烈瘙痒,皮损多形性,对称分布,有渗出倾向;慢性病程,易反复发作。湿疹可发生于任何部位,但常见于面部、耳后、四肢屈侧、乳房、手、阴囊等处。

(1) 表现特点。急性湿疹患者自觉剧烈瘙痒,皮损多形性、红斑、丘疹、丘疱疹或水疱密集成片,易渗出,界线不清,周围散在小丘疹、丘疱疹,常伴糜烂、结痂。如继发感染,可出现脓包或脓痂。处理适当则炎症减轻,皮损可在2～3周后消退,但常反复发作,并可转为亚急性或慢性湿疹。

亚急性湿疹仍有剧烈瘙痒,皮损以丘疹、结痂和鳞屑为主,可见少量丘疱疹,轻度糜烂。治疗恰当数周内可痊愈,处理不当,则可急性发作或转为慢性湿疹。

急性、亚急性湿疹反复发作不愈而转为慢性湿疹;亦可开始不明显,因经常搔抓、摩擦或其他刺激,以致开始发病时即为慢性湿疹。患处皮肤浸润肥厚,表面粗糙,呈暗红色或伴色素沉着,皮损多为局限性斑块;常见于手足、小腿、肘窝、乳房、外阴、肛门等处,边缘清楚。病程慢性,可长达数月或数年,也可因刺激而急性发作。

(2) 治疗。治疗湿疹比较复杂。首先要寻找引起湿疹的原因,去除致病因素。患者饮食宜清淡,勿食辛辣刺激性食物;忌烟、酒;不要搔抓,也不要用热水及肥皂烫洗患处等。

急性湿疹无渗液者可选用炉甘石洗剂、复方蛇床子洗剂清洗局部皮肤。有渗液者可选用3%硼酸溶液或20%～40%氧化锌油外搽。亚急性湿疹可选用黑豆馏油及糠馏油糊剂或皮质类醇乳剂等局部外搽。慢性湿疹可用复方地塞米松亚砜溶液、氢化可的松亚砜溶液或复方氢化可的松霜剂等局部治疗。

如皮疹广泛,可口服或注射抗过敏药物治疗,同时加服 V_c。也可在抗过敏治疗基础上,应用0.25%普鲁卡因10～20毫升＋V_c 500～1000毫克静脉注射,每日1次,8～10日为1疗程。

如以上疗法无效或效果不佳,可加用氢化可的松100～200毫克/日,静脉滴注,或强的松口服(10～20毫克/次,2～3次/日)。

四、体癣与足癣

体癣、头癣、手癣、足癣、灰指甲等是常见的皮肤浅部真菌感染。

体癣是发生于面、颈、躯干和四肢等部位的皮肤浅表真菌感染。患者自觉症状为不同程度的瘙痒,由于搔抓,局部皮肤呈苔藓样变化。

足癣(也称脚气、香港脚)是发生于足部(多在足趾之间)的皮肤浅表真菌感染性疾病。由于脚底皮肤角质层厚,致病性真菌嗜好角质层,同时由于脚部潮湿,有利于真菌生长,而导致发病。初起时为散在或成群的小水疱,奇痒,常因抓搔破溃,流液。久病的足癣,或趾间湿润浸渍、表皮发白、表皮下出现溃烂,或表现为脱屑;当病菌侵犯脚跟时,脚跟皮肤变硬而粗糙,冬季常发生裂口。患者应选穿透气性良好的鞋,不与他人共用鞋、袜、巾、盆等,以免传染他人。

灰指甲是浅表真菌感染指甲,造成指甲颜色灰黑以及增生和剥脱性损害。

皮肤真菌感染的一般治疗措施是使用抗真菌软膏剂局部涂敷抗感染治疗。常用的局部抗真菌感染药物有酮康唑、克霉唑、咪康唑、益康唑、氟康唑、伊曲康唑、二性霉素B、灰黄霉素等霜剂,每日局部外用1~2次。在感染症状或皮肤损害消退后,还需继续用药1~2周,以防复发。必要时在医生指导下选用角质剥脱剂联合外用。

(陈 红)

13

其他常见疾病

一、结 膜 炎

结膜炎是由于细菌、真菌、衣原体、螺旋体、病毒等病原微生物感染所致的局部炎症。患者自觉症状主要为眼部异物感、烧灼感、痒和流泪，疼痛，视力障碍等。检查见结膜充血（结膜炎最基本的体征）、水肿、分泌物增多等。本病治疗以去除病因、局部治疗为主，重者可考虑全身用药。

（一）细菌性结膜炎

细菌性结膜炎是一种由细菌引起的常见传染病，多见于春夏季节。根据病程与起病缓急，可分为急性细菌性结膜炎、超急性细菌性结膜炎和慢性结膜炎。

急性细菌性结膜炎（红眼病）起病急，患者眼部刺痒、畏光流泪、异物感、灼热感；脓性分泌多，晨起睫毛常粘在一起。检查可见眼睑肿胀、结膜充血明显。本病有自限性，一般于3~4天达到高峰，10~14天痊愈。如眼部分泌物较多，可用生理盐水(0.9%氯化钠溶液)及3%硼酸水冲洗。治疗可使用1%氨苄青霉素眼药水、0.25%~0.5%氯霉素眼药水、0.1%利福平眼药水或氧氟沙星滴眼液频繁滴眼。重症者可选用氧氟沙星等喹诺酮类抗生素口服治疗。急性期患者需隔离，患者所用物品应严格消毒，与患者接触后一定要洗手，禁止患者进入公共游泳池等公共场所，防止交叉感染。

慢性结膜炎可由急性结膜炎转化而来，或毒力较弱的菌株感染，也可由物理化学刺激等非感染因素所致。特点是自觉症状大于客观检查，主要表现有眼部刺痒、异物感、眼疲劳、睑结膜轻度充血等。可选用上述抗菌素眼药局部治疗。

（二）衣原体性结膜炎（沙眼）

沙眼是由沙眼衣原体感染所导致的滤泡性结膜炎症。多发于儿童及少年时期，潜伏期5~14天，平均7天。主要症状为眼红、眼痛、异物感、流泪，可见黏液（或脓性）分泌物。儿童和成人初发呈急性或亚急性结膜炎表现,婴儿呈慢性滤泡性结膜炎。通常经1～2月急性期后转入慢性期。眼部检查可见结膜充血、乳头样增生(上睑结膜)、滤泡形成,部分患者睑结膜可形成瘢痕,角膜缘滤泡发生瘢痕化等,还可出现沙眼角膜血管翳。

治疗可选用0.1%利福平眼药水、斑马眼药水、氧氟沙星滴眼液、四环素眼膏、红霉素眼膏等局部用药治疗,疗程3～6个月。急性期或严重沙眼可选用四环素、红霉素口服,疗程3～4周。

平时个人应养成良好卫生习惯,不与他人共用毛巾脸盆等,避免接触传染。

二、龋　　齿

牙是人体内最坚硬的器官,嵌于上、下颌骨牙槽内。每个牙在外形上可分为牙冠、牙根和牙颈三个部分;嵌于牙槽内的部分称为牙根,牙根与牙冠之间的部分称牙颈;牙颈表面覆盖的口腔黏膜称牙龈。每个牙根部都有根尖孔,通过牙根管与牙冠内较大的牙冠腔相通,牙根管与牙冠腔合称牙髓腔。从结构上来看,牙齿由牙本质、釉质、牙骨质和牙髓构成;牙本质构成牙的主体,釉质坚硬包在牙冠表面;牙根和牙颈表面则包有牙骨质;牙髓腔内有牙髓,由神经、血管等构成(图13.1)。

龋齿,也称蛀齿、虫牙。通常认为,龋齿是由于口腔不洁,食物残渣残留于牙缝或牙齿表面,经过细菌作用,破坏牙釉质与牙本质并形成空洞而发生。从牙齿的结构可知,当牙釉质被破坏时,患者尚没有不适感觉;当侵蚀深入到牙本质时就会对冷热产生疼痛反应;当侵蚀深入到牙髓腔时就会出现阵发性的剧痛;当牙髓坏死后,由于牙齿内的感觉神经被破坏,疼痛随之减轻或消失。因此,发生龋齿的牙齿,疼痛几天后疼痛减轻或消失,并不是牙病好转的表现,如果不及时进行治疗,龋齿可继续发展,直至牙冠大部分破坏,形成残冠或残根。

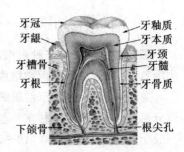

图13.1　牙体与牙周组织

龋齿发生时应及早治疗。在釉质龋阶段进行早期填充治疗(补牙),治疗过程较为简单。当空洞形成,患者对冷热刺激有疼痛反应时进行治疗也为时不晚。如果侵蚀发展到牙髓,未受刺激时也会自发地发生疼痛,治疗则较为困难,效果也欠佳。当牙齿大部分已经被破坏只剩下残冠、残根时,已无法进行补牙,通常只能将损坏的牙齿拔除。

预防龋齿的关键在于保持口腔清洁。刷牙是每一个人常规的自我口腔保健措施,是机械去除菌斑和牙垢最常用的有效方法。刷牙还可以按摩牙龈、增进血液循环、促进牙龈上皮角化,提高牙龈对有害刺激因子的抵抗力,增强牙周组织的防御能力,维护牙龈健康。坚持饭后漱口或刷牙、晚间睡前刷牙,是预防龋齿的有效方法;使用含氟牙膏或单磷酸钠牙膏有一定的防龋齿效果。有些部位是刷牙时经常容易忽视的,例如,用右手刷牙或左手刷牙者常常忽略了上下颌的同侧尖牙与侧切牙(图 13.2);牙相邻面常常难以有效清洁,而牙邻接间隙处最易沉积牙垢或污物的部位,需要用竖刷位;错位牙、重叠牙,常需要采用特殊的牙间清洁器加以处理,如使用邻间刷、牙签、牙线及橡胶按摩器。以上措施都有助于预防龋齿发生。

三、智齿与智齿冠周炎

在人的一生中先后有两套牙齿发生,第一套称为乳牙,第二套称为恒牙(图 13.2)。乳牙自出生后 6~7 个月开始萌出,3~4 岁时出齐,共 20 个,分切牙、尖牙和磨牙。大约 6~7 岁时,乳牙开始逐渐脱落而更换恒牙;12~14 岁时,除第 3 磨牙之外,其他 28 个牙齿全部出齐。第 3 磨牙萌出较晚,称迟齿或智牙,一般在 17~25 岁才萌出,有的人可能萌出时间更迟一些,甚至终生不出。

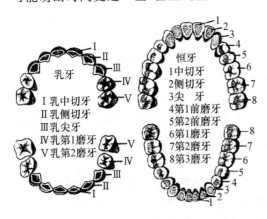

图 13.2 乳牙和恒牙名称

由于人类颌骨在进化过程中发生退化和缩短,使得牙槽骨,尤其是下颌牙槽骨没有足够的空间容纳智齿的正常萌出,常常造成智齿部分萌出且位置不正确。其牙冠常向第 2 磨牙倾斜,并且低于第 2 磨牙,一部分牙冠被牙龈覆盖,两者之间形成一个深而窄的盲袋,细菌和食物残渣沉于其中而不易清除,加上咀嚼食物时覆盖智齿牙冠的牙龈很容易被咬伤而发生溃疡和糜烂,在口腔卫生不良、机体抵抗力低下时,容易发生智齿冠周炎。智齿冠周炎主要表现为患牙局部牙龈肿胀、疼痛,在咀嚼、吞咽时疼痛尤甚;严重者可伴有畏寒、高热、患侧面部明显肿胀、下颌淋巴结肿大疼痛。出现这种情况,待治疗使炎症消退后,最好拔除智牙。

如果智齿萌出位置基本正常,可切开智齿牙冠上的牙龈以利于智齿萌出,避免发生智齿冠周炎。

四、便秘、痔疮与肛裂

(一) 便秘

一般情况下,多数人每日排便一次,个别人每日 2~3 次或每 2~3 日排便一次。正常情况下,排出的大便色黄、成形、湿软、含一定量黏液。某些情况下,大肠黏液分泌过少,或大便在大肠中停留时间过长(超过3天或更长时间才排便1次),并且大便干结,呈羊粪状,难以排出,即为便秘。

有些便秘者常有饱胀感、食欲不振、口腔异味等表现。由于大肠内存在大量的细菌,能分解食物残渣中的糖、蛋白质、脂肪和植物纤维,其中某些代谢产物由肠壁吸收后对机体有害。长期便秘时,毒素(代谢毒物、细菌代谢产物等)不能及时排出体外,皮肤还会产生色斑、暗淡等症状;并且可能诱发或加重痔疮、肛裂。

不良的生活习惯(如排便时看书、习惯性抑制排便等),饮食不合理(如饮食过于精细、纤维素摄入过少、长期饮水不足),肠道正常菌群失调(如长期使用抗生素),身体虚弱,肠道功能紊乱(肠蠕动缓慢)等,都是形成便秘的常见原因。女性行经前期,由于体内孕激素增加,肠蠕动减慢,也可产生周期性排便困难。

为预防发生便秘,人们应形成良好的生活习惯,当出现便意时应及时排便。蔬菜、水果中所含天然纤维素和半合成的多糖及纤维素衍生物如甲基纤维素、羧甲基纤维素等不被肠道吸收,可增加肠内物容积并保持粪便湿软,有良好通便作用,有助于防治功能性便秘。每日应有足够的纤维素摄入,多吃有助于肠道蠕动的食物(如洋葱、萝卜、大白菜、香蕉等)。每天饮水量应不少于1200毫升,防止大便中水分过少。肠道中的正常菌群不仅有利于帮助消化、促进肠道蠕动,还能合成多种维生素,如V_B、V_K等,因此,应尽可能避免滥用抗生素,特别是长期口服抗生素对肠道正常菌群造成的伤害。

中医药治疗对改善便秘有良好的效果。补气养血、润肠通便的药物,如六味地黄丸、补中益气丸、麻仁丸等中成药都有利于促进排便。身体虚弱者,可看中医调补身体、养益脾胃。

泻药是能增加肠内水分,软化粪便或润滑肠道,促进肠蠕动,促进排便的药物。主要用于功能性便秘。必要时可选用泻药(如果导、大黄、番泻叶、芦荟、液体石蜡、开塞露)诱导排便。但泻药只能暂时解决便秘,治标不治本,长期使用泻药通便会形成依赖心理,肠道生理功能得不到调整。

(二) 痔疮

痔疮是一种很常见的疾患,俗话说"十男九痔",但女性患者并不少见、甚至多于男性。根据痔疮发生的位置,可分为内痔、外痔和混合痔三类。外痔位于肛门边缘,可以看见和触摸到,通常有不适感;当有炎症或形成痔栓时,会有明显疼痛和肛门口水肿。内痔位于肛门内,无疼痛,偶尔便血(血呈鲜红色,不与粪便混合),在疲劳、大便干燥、站立过久时容易脱出。内痔便血轻度者多在手纸擦拭时发现,以后可发现粪便表面带血或便后滴血,严重者出现喷射状出血。混合痔多由内痔发展而成,除便血外,可表现出排便时肛门坠胀或脱肛。脱肛早期,肛门可自行纳回,但以后常需用手托回,最后可发展成每当用力时就会脱肛。

无症状的外痔可暂不做处理,有局部炎症或痔栓形成时,可服用通便药或局部应用止痛药膏。也可用1∶5000高锰酸钾溶液或虎杖煎液等坐浴治疗。

内痔出血较多者,应请医生检查,并根据医嘱服用药物,以保持大便润滑、通畅。或根据医生的建议进行治疗。混合痔患者通常需由医生进行有效治疗。

多数痔疮患者都有便秘,因此预防便秘的措施都有益于预防和减轻痔疮发生和发展。保持肛门清洁,便后温水清洗,对预防痔疮的发生和减缓发展都有一定的益处。

(三)肛裂

肛裂是指肛门口周围皮肤黏膜全层的小裂口,通常是感染所形成的小溃疡。肛裂的主要表现是排便出血和肛门局部疼痛。出血多在排便时发生,一般出血量很少。以便后疼痛为主,持续时间30分钟至2小时不等。由于排便疼痛和出血,使患者畏惧排便,造成大便更加干结,排便困难和大便干结又进一步加重肛裂。

通常肛裂的发生也与便秘有密切关系,其预防保健与便秘、痔疮相同。如肛裂时间较久,应请医生进行治疗,一般不难治愈。

五、冻 伤

冻伤是由于人体受到低温侵袭而引起的局部或全身损伤。冻伤与气候因素、身体(全身或局部)因素有关。气候因素主要包括气温、风力和湿度等。全身因素主要有疲劳、饥饿、睡眠不足、疾病、营养不良等;局部因素主要包括不注意外露末梢部位(手、足、耳、鼻)的保暖、乘车或久站、鞋袜过紧或潮湿等。

(一)冻伤的表现

冻伤可分为局部冻伤和全身冻伤。局部冻疮一旦发生,就难免以后连年发生。

局部冻伤常发生于手、足、耳、鼻等机体末梢部位,多发生在10℃以下的低温天气。轻微的冻伤有红(红色或紫红色)、肿、痒、痛等症状;较重者冻伤部位皮肤变得苍白或青紫至紫黑,可出现水泡、溃破,甚至局部坏死。

全身冻伤刚开始时,伤者身体表面血管收缩;时间长了伤者体温逐渐下降,出现寒战、麻木、四肢无力、头昏等症状;严重者可出现神志不清、知觉消失、呼吸循环障碍等危症。

(二)冻伤的急救与治疗

1. 全身冻伤急救

尽快使伤者脱离寒冷环境,严重全身大面积冻伤者,应立即送往医院救治。在送医前或送医途中应注意密切观察伤者呼吸、脉搏,对呼吸、心跳停止者,立即进行口对口人工呼吸和胸外心脏按压术抢救。

程度较轻的全身冻伤者,可采用以下措施进行急救:

进行全身保暖,神志清醒者可喝些热饮料、姜汤或含酒精饮料,以增加身体热量,促进毛细血管扩张,增强血液循环。

受冻部位用温水迅速复温。做法是:立即将受冻部位放入35~40℃的温水中,待肢体温热后离开温水,擦干覆盖保温。如果身边没有温水,可立即将受伤部位置于健康人腋下或大腿之间,以健康人的体温帮助受伤部位复温。不要用过热的水烫洗,也不能用火烤,或用冰、雪揉擦,这些做法都是有害的。

疼痛剧烈时,可酌情给予镇静药或镇痛药,如安定(2.5毫克/次,2~3次/日)、胺酚待因(2片/次,2~3次/日)。

受伤部位复温后,可用酒精或樟脑酒局部擦拭,然后用纱布棉垫包裹取暖。能活动的肢体,复温后应适当增加活动,防止发生运动障碍。

2. 局部冻伤预防与治疗

寒冷季节注意局部保暖,外出时最好戴上手套;空闲时经常轻搓双手至自觉温暖,以促进局部血液循环,这对预防冻疮或减轻冻伤程度有所帮助。

局部轻度冻疮,可酌情选用以下简易方法治疗:

生萝卜1个,洗净后切成大块,轻轻擦患处,以自觉温暖为宜,每日可擦数次。

红辣椒10~12克,去籽切碎后放入白酒70毫升中浸泡7天,再加入樟脑备用。用时摇匀,用棉签蘸药水涂于患处,每日2~3次。

白酒30毫升、花椒15克、生姜6片、甘油6毫升。先将花椒在酒内浸泡7天后捞去花椒,再取生姜片捣汁,与甘油一同加入白酒中备用。用时摇匀,涂于患处,每日1~2次。

伤湿止痛膏,可用于未破溃的冻疮引起的皮肤红肿、痒痛,先用热水洗净局部擦干,然后贴上膏药,2~3贴即奏效。

柿子皮60克用火烤干碾末,适量菜子油烧红待凉,用油将柿子皮粉末调成糊状,涂于患处。本方对已经溃烂的冻疮有较好效果。

对于局部冻疮所形成的水泡,可用经过火焰燃烧消毒的针刺破水泡,泡液流出后,盖上无菌纱布保暖。如创面已经溃烂,可用1%高锰酸钾溶液冲洗,然后涂上消炎止痛膏,再用无菌纱布包裹保暖。

(余万霞)

第四篇
急救篇
Ji Jiu Pian

14

创伤性急救

外界刺激作用于人体，造成组织或器官结构破坏和生理功能紊乱，称为创伤或损伤。机械（棍、拳打击，跌、撞、挤压）、物理（高温、寒冷、电击、放射线）、化学（酸、碱、毒气）、生物（毒蛇、昆虫）等因素都可造成损伤。不同因素造成损伤的程度和严重性与致伤因素的强度、性质、作用时间和速度、作用于人体的部位都有一定关系。轻度损伤一般仅有局部表现，如疼痛、淤斑或肿胀、功能障碍、伤口和流血等；较重的损伤不仅有局部表现，还有全身症状，如发热、精神不振、食欲减弱、休克等。

一、开放性外伤急救

开放性外伤是指局部皮肤或黏膜破裂的机械性损伤，如擦伤、刺伤、切（割）伤、裂伤等。皮肤被粗糙物体擦过所致的表面损伤即为擦伤，伤处有擦痕、小出血点和组织液渗出；有时有尘土、煤渣等异物存留。处理擦伤的关键是清洗创面、除去异物。根据当时的条件，可用自来水、生理盐水、肥皂水或3％双氧水清洗创口；将伤口处的煤渣、尘土等异物彻底清除干净；然后在创面涂上红汞或紫药水。细长、尖锐的物体（如针、铁钉、木刺、刺刀）刺入身体造成刺伤，一般伤口细小但较深，可能会造成深部组织和体内器官的损伤；刺入物常可折断留在伤口内，有时可将衣服、碎片等异物带入伤口，容易发生感染。这类伤口有发生破伤风杆菌感染的危险，现场处理后应及时到医院请医生进一步诊治。切（割）伤常由刀、玻璃片等锐器造成，伤口边缘整齐且多直线状，出血较多，但创口周围的组织损伤较轻；深的切（割）伤可切断大血管、神经、肌腱等。切（割）伤伤口首先应进行止血。小而浅的切割伤口自行止血包扎即可；伤口较大且深时，通常应请医生进行处理。裂伤是因钝器打击或跌倒着地而造成的皮肤和软组织裂开损伤，伤口边缘不整齐，周围组织破坏严重而广泛，创口内可有异物存在。裂伤一般都需要清创。

以下介绍开放性外伤中几种较为常用的止血、清创处理、包扎及骨折的现场急救处理方法。

（一）出血的处理

创伤后可引起出血，如较大动脉发生损伤还会导致大出血。对于大出血伤者，如不及时抢救或处理不当，会使伤者出血过多，轻者导致肢体坏死致残，重者还可能会造成死亡。

1. 出血种类

（1）外出血。外出血种类可根据流出血液的颜色和出血状态进行判断。毛细血管出血的血液呈红色，从伤口渗出；静脉出血时血液呈暗红色，连续不断地从伤口流出；动脉出血特点是血液呈鲜红色，随着心跳频率从伤口向外喷射或一股一股地向外冒出。

（2）皮下出血。跌、撞、挤、挫伤等可使皮下软组织内出血，形成血肿、淤斑。经过一段时间可自行痊愈。

（3）内出血。指内脏和深层组织损伤，血液流入组织内或体腔内，从外表不能看见的出血。内出血对伤员健康和生命威胁很大，对于受伤后伴有休克的伤员，在看不见外出血时，应想到可能有内出血。

2. 失血后的表现

成人体内的血液量约有 5000~6000 毫升。健康人少量急性失血（≤10%，约 500 毫升），除心跳略微加快外，没有其他特殊症状。急性失血超过全身血量的 15% 时，伤者出现血压轻度下降，手脚发凉，出冷汗，脉搏加快，呼吸浅快，神态不安，尿量减少等休克症状。失血量越大，休克症状越严重。

3. 出血的急救处理（止血）

毛细血管出血和小静脉出血，通常用纱布、绷带包扎好伤口，一般就可以止血。大静脉出血可用加压包扎法进行止血。动脉出血可采用指压法、加压包扎法、填塞法、止血带法等方法止血。内出血伤员应立即送往医院救治，运送途中使伤者安静平卧、注意保暖。

（1）指压止血法。在伤口上方（近心端）找到搏动的血管，用手指或手掌将血管压在骨头上；紧急时可隔着衣服压迫，使之止血。该法为临时措施，不适于长时间止血，不便于伤员搬运。因此，在指压止血的同时，应立即寻找材料，尽快换用其他止血方法。由于出血部位的不同，压迫点也不一样。指压止血法主要用于以下部位（图 14.1）：① 头顶、额部、颞部出血，在耳垂前 1 厘米左右、下颌关节上方，用力压住跳动的颞浅动脉；② 面部出血，用手指压住下颌角前一横指处跳动的血管（面动脉）；③ 肩部和腋窝大出血，从锁骨上窝压迫锁骨下动脉，将这一段动脉压在第一肋骨上；④ 手、前臂、肘部、上臂下段出血，用手指压迫上臂中 1/3 内侧搏动的肱动脉；手指出血可用食指和拇指压迫伤指根部的两侧（指动脉）；⑤ 下肢（脚、小腿、大腿）出血，可用双手拇指或拳头压迫大腿内侧根部血管（股动脉）处。

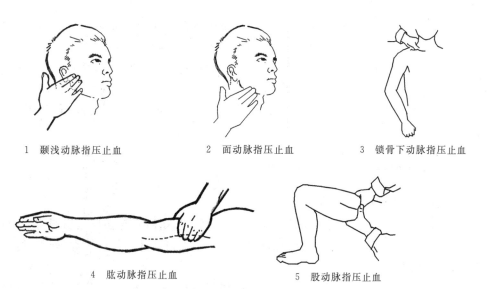

图 14.1 指压止血

(2) 加压包扎止血法。适用于全身各部位,绝大部分外出血都可应用此法。由于用力包扎,可将伤口内的大小血管压闭而达到止血目的。做法是用无菌或干净的敷料填塞伤口,外加消毒或干净的纱布压垫,再用绷带加压包扎(图 14.2)。加压包扎时应将伤肢抬高,绷带从远端开始包扎,上下各超过伤口3~4厘米。如果继续出血渗透了敷料,可再加敷料包扎。包扎时应特别注意松紧适度,既要达到止血目的,又不能阻断肢体血液循环。

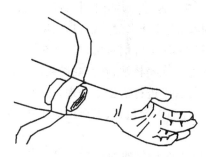

图 14.2 加压包扎止血

(3) 填塞止血法。常用于大腿根部、肩部、腋部、颈部等部位伤口出血。操作方法是将急救包的棉敷料或消毒的纱布填塞在伤口内,再加敷料进行包扎,把伤口内的血管挤压闭合而达到止血目的。

(4) 止血带止血法。适用于四肢。使用止血带时应特别慎重,只有在上述止血方法无效时最后采用。使用时要注意正确的操作方法和严格掌握注意事项。具体操作是:先在上止血带的部位(伤口上端靠近伤口、肌肉多的地方)用三角巾、毛巾或衣服等平整垫好,然后双手取橡皮止血带中段适当拉长后,绕肢体2~3圈,橡皮管末端压在紧缠着的橡皮管下方加以固定(图14.3)。通过橡皮管的弹性收缩力压迫动静脉血管,以达到止

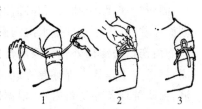

图 14.3 止血带止血

血目的。没有橡皮止血带时,可用绷带、三角巾等捆绑止血。止血带止血时应特别注意以下几点:① 止血带的松紧度以刚能止住血、不能摸到远端动脉搏动为宜。② 上止血带时间应尽量短(不宜超过 1 小时),上止血带超过 2 小时,必须每隔 1 小时松开止血带一次,每次放开时间 1~3 分钟,松开止血带时,应采用指压法进行临时止血。③ 使用的止血带不可过细,最好是扁而宽的橡皮止血带,禁止用电线、铁丝等物捆扎止血。

(二) 外伤伤口清创处理与包扎

1. 外伤伤口的清创处理

开放性外伤的伤口可沾染细菌,并可能有异物进入体内,对伤口适当的清创处理极为重要。开放性外伤的伤口可分为清洁伤口、污染伤口和感染伤口 3 类,处理时应根据不同情况区别对待。

(1) 清洁伤口。是指没有污染的伤口,如刀切伤等,这类伤口无需进行清创处理。较小而浅的伤口经过消毒和包扎即可痊愈。较大的伤口经消毒和(医生)缝合后,多数可很好地愈合。

(2) 污染伤口。伤口有致病菌存在但尚未发生感染。这类伤口应采取适当的清创处理,将其变为清洁伤口。清创应在受伤后 6~8 小时内实施,因为此时细菌仅侵入伤口表面轻度繁殖,还没有进入深部组织。用无菌生理盐水或冷开水清洗伤口,清除伤口内的污物和异物,必要时可用镊子或刀片将异物剔除;然后用消毒剂对伤口进行消毒处理。较小的伤口经清创处理后,可在伤口处撒抗生素(如头孢唑林钠、磺胺嘧啶银等)预防感染;最后用无菌敷料包扎伤口。伤口较大时,最好由医生进行清创等处理。大面积创伤伤口沾有异物或泥土者,现场急救时可不做伤口处理而直接包扎,然后由医生进行清创及后续处理。

(3) 感染伤口。是指损伤后较长时间,或已经发生感染和化脓的伤口。处理原则是控制感染、加强换药和促进伤口愈合。换药的目的是清除伤口分泌物、去除伤口异物、控制伤口感染和促进肉芽组织生长,以利于伤口愈合。换药时应准备无菌敷料、镊子、酒精棉球、纱布、胶布和必需的外用药品。用镊子轻轻揭开紧贴伤口的敷料(敷料与创面黏着时,先用生理盐水湿润后再揭,以减轻患者痛楚和防止损伤创面及出血);先用碘酒由伤口边缘向外轻轻擦洗伤口周围的皮肤,再用 75% 酒精棉球擦拭伤口四周的碘酒,然后用生理盐水棉球蘸净伤口内的分泌物(很深的伤口每次使用一个棉球蘸去脓液,谨防棉球留在伤口内)。根据伤口情况选择用药:伤口浅平,颜色鲜红呈细颗粒状,分泌物较少较易出血,用无刺激性的油膏(如凡士林纱布或中药生肌散、白玉膏等);伤口局部炎症明显,分泌物较多,肉芽组织水肿的伤口,用高渗盐溶液浸润纱布(如 5%~10% 氯化钠溶液或 20% 硫酸镁等)湿敷;伤口脓液较多者,可选用漂白粉硼酸溶液浸润纱布湿敷。伤口处理完毕,用1~2块换药纱布(分泌物较多时可再加纱布棉垫)覆盖,最后用胶布固定敷料。

(4) 特殊伤口。如内脏脱出暴露,不能将其直接送回伤口。暴露不多时可用纱布盖好,外用三角巾等材料包扎;暴露较多时可用碗等器具盖住暴露物,再行包扎。切忌匆忙将暴露物塞回。

2. 外伤包扎

伤口是细菌侵入的门户,一旦被细菌污染后很可能引起化脓或并发败血症等,严重危害健康。因此,伤口经必要的清创处理后,应及时妥善包扎。这样既可保护伤口、减少感染,又可压迫止血、固定骨折和敷料,减轻伤口疼痛。常用的包扎材料是绷带卷、三角巾、纱布等,紧急情况下也可选用衣服、手帕、毛巾、床单等简便器材。包扎时应先找到伤口,检查伤情,有大出血时应先止血;中小型伤口出血采用加压包扎;严重肌肉韧带损伤或骨折时,必须用夹板固定。包扎的要领是动作应轻巧、伤口要包全、打结避开伤口、松紧要适度、固定要牢靠。

(1) 绷带包扎法:应用绷带包扎时应平整,不可包扎过紧;包扎开始和终末处必须固定两圈,以防脱落或松散;包扎四肢时应从末端开始,指(趾)最好露在外面,以便观察血液循环情况;使每圈绷带压住前圈的1/3~1/2;包扎时在指缝、耳后和骨突处加上衬垫。绷带包扎法在全身各部位应用时,基本上由以下几种方法结合变化而成:① 环形包扎法,适用于颈部、头部、腕部等,方法是每圈重叠,环绕数圈即可(图14.4)。② 螺旋包扎法,常用于四肢、胸部、腰部等部位。做法是先用环形包扎固定开始端,再斜向上绕,后圈盖住前圈的一半或大半(图14.5)。③ 螺旋蛇形包扎法,适用于扶托敷料和固定夹板,包扎时绷带斜行缠绕,每圈之间保持一定距离而不重叠(图14.6)。④ 螺旋反折包扎法,适用于前臂、小腿包扎。从远端开始包扎,先用环形包扎法固定末端,再斜旋上升缠绕,每圈反折一次(图14.7)。⑤ "8"字环形包扎法,多用于关节突出部位。做法是一圈向上一圈向下地包扎,每圈在中间和前圈相交,并根据需要与前圈重叠或压盖一半(图14.8)。

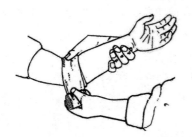

图14.4 环形包扎

图14.5 螺旋包扎

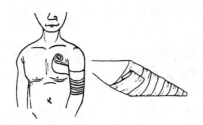
图 14.6 螺旋蛇形包扎

图 14.7 螺旋反折包扎

(2) 三角巾包扎法：适用于全身各部位包扎，具有应用灵活、包扎面积大、效果好、易掌握等特点。包扎要领是边要固定、角应拉紧、中心伸展、敷料贴实。如手边无现成的三角巾时，可用一块方布或纱布对角剪开，即成两块三角巾。常用包扎方法如下：

图 14.8 "8"字环形包扎

① 头顶下颌包扎，三角巾底边齐眉、顶角向后盖在头上，两底角经两耳上缘拉到头后部，左右交叉压住顶角，再经两耳垂下向前下拉，一底角包绕下颌到对侧耳垂前下，与另一角十字交叉后，分别经两耳前上提到头顶打结；再将顶角反折上提到头顶部，与两底角相遇打结(图 14.9)。

图 14.9 头顶下颌包扎

② 帽式包扎，将三角巾底边折叠约 2 指宽，放于前额与眉弓相平，顶角拉至枕后，两底角沿双耳上方向后拉至枕骨粗隆下交叉，将顶角折入一侧，外旋 90°使底角压住顶角，然后双手前拉，经双耳上方绕至一侧颞部打结(图 14.10)。

图 14.10 帽式包扎

③ 面部包扎，将三角巾顶角打一结套住下颌，罩住面部，拉紧两底角、交叉至前额打结。包好后根据伤情，在眼、口、鼻处将布拉起、剪洞(图 14.11)。

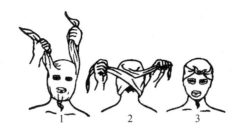

图 14.11　面部包扎

④ 胸部包扎,将三角巾底边横放于伤侧胸部,顶角拉过肩部到背后,与左、右角在背后打结(图 14.12)。

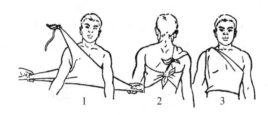

图 14.12　胸部包扎

⑤ 肩部包扎,将三角巾叠成 90°燕尾式,燕尾夹角放于肩部正中,夹角向颈部;包扎时,燕尾底边两角包绕于上臂外侧打结,拉紧两燕尾角,分别包绕于胸背,在对侧腋下打结(图 14.13)。

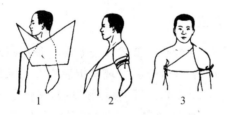

图 14.13　肩部包扎

⑥ 单侧下腹包扎,将三角巾叠成 90°燕尾式,燕尾角底边的一角系带,夹角对准大腿外侧正中线,底边两角绕腹背打结;然后两燕尾角包绕大腿相遇后打结(图 14.14)。

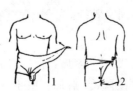

图14.14　单侧下腹包扎

⑦ 手(足)包扎,将三角巾底边横放于腕部,手掌或手背放于三角巾中央,再将顶角反折回盖在手上,然后将两角交叉,绕腕部环绕一周打结,打结时将顶角折回打在结内(图14.15)。

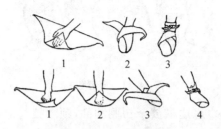

图 14.15　手(足)包扎

⑧ 小腿、脚包扎,足趾朝向底边,将足放在近一侧底角,提起顶角与另一底角包绕小腿打结,再将足底下底角折到足背,绕脚腕打结固定(图14.16)。

图 14.16　小腿、脚包扎

(三) 骨折的现场急救

骨折是指由于暴力冲击,使骨头全部或部分断裂。骨折断端暴露在外的称为开放性骨折,断端不暴露的称为闭合性骨折。发现骨折后应及时采取固定措施。固定的主要目的在于制动,避免骨折断端割伤血管、神经和皮肤,减轻疼痛,防止搬运时增加伤者痛苦,减少发生休克的可能。现场急救时,切忌将暴露于伤口外面的骨断端送回伤口内,严禁用水冲洗伤口或在伤口涂药;要保持伤口清洁,按现状固定。

抢救骨折时应记住"先救命,再救肢"的原则,对于外伤性骨折或复杂性外伤的伤者,首先要抢救伤者生命,而不应急急忙忙地先去处理骨折。如伤者既有骨折又有明显的大出血,应先包扎止血,然后再固定骨折。

1. 骨折的辨认

骨折部位通常会出现下列症状:① 疼痛:骨折者首先是感觉局部剧烈的疼痛;活动时疼痛加重,骨折处有明显的压痛。② 肿胀:由于骨折断端和小血管损伤出血和软组织损伤水肿,骨折处可出现明显肿胀。③ 畸形:由于骨折断端错位,使肢体发生异常弯曲、旋转和缩短等畸形。④ 功能障碍:骨折后肢体失去原有的杠杆作用,伤肢出现功能障碍。⑤ 骨擦音：是骨折断端在移动时相互摩擦而发出的声音，是骨折特征和诊断依据（禁止故意移动骨折断端测试骨擦音，以免造成疼痛或周围组织损伤）；不完全骨折或骨折断端夹有软组织时，可不出现骨擦音。

2. 骨折的现场急救

在现场急救骨折者时，首先应注意伤者有无休克、有无骨折以外的内出血或内脏损伤，如出现上述情况，应先进行处理，以挽救伤者生命；然后再固定伤肢。抢救骨折患者的步骤如下：

① 保持呼吸道畅通。对昏迷的伤者，最好采用俯卧，注意清理呼吸道，以免发生呼吸障碍。

② 止血。如有出血，应先进行止血，然后包扎伤口，再进行固定。

③ 加垫。用夹板或就地取材固定骨折时，固定器材不要与皮肤直接接触，在骨突处先用棉花或布块等柔软的物品垫好，以免把骨突部位皮肤擦伤。

④ 不可乱动骨折部位。四肢或脊柱骨折时，应就地固定，不可随意搬运伤员，以免骨折断端刺伤血管和神经。对于外露的断骨不可送回伤口，以免增加污染。如伤员还有再次受伤的危险时，应先将伤者搬运到安全地点再进行固定。固定骨折时不免要移动伤肢或将伤肢抬起，可用一手（或一人）握住伤处上方，另一手（或另一人）握住伤处下端，顺肢体轴线方向做反向牵引，使骨折断端相互分离（牵引时不能将肢体扭曲），然后边牵引边移动，另外的人对伤肢进行固定。

⑤ 固定。骨折两端都要固定，所用的夹板要扶托整个伤肢（包括骨折断端的上下两个关节），绑扎松紧适当，并露出手指（或足趾）观察血流情况。如指（趾）尖出现苍白、青紫，说明绑扎过紧，应适当放松后重新固定。上肢骨折时可用伤者本人的胸部、厚纸板、报纸卷、杂志等器材固定；下肢骨折时可利用伤者本人的健侧肢、树枝、箱板、木棒等器材固定；用棉花、衣服等做垫；用腰带、皮带、背包带、绳索等代替绷带进行捆扎。

常见骨折的临时固定方法：

（1）前臂骨折固定，可根据器材情况选择夹板固定、三角巾悬吊固定和衣襟悬吊固定三种方法。

① 夹板固定法：将两块夹板分别放在前臂掌侧和背侧，垫好后用绷带或三角巾固定。上掌侧夹板时，先在手心放一团棉花让伤者握住，使腕关节稍向背侧，然后固定，最后用三角巾将前臂悬吊在胸前（图 14.17）。

② 三角巾悬吊固定：先将伤者前臂屈曲，手端略高，用三角巾悬吊于胸前，再用一条三角巾将上臂和悬吊前臂的三角巾一同固定在胸部（图 14.18）。

③ 衣襟悬吊固定：将伤侧衣襟向外向上反折，托住前臂，在衣襟角剪一小口，挂在第一或第二纽扣上（图 14.19）。

图 14.17　前臂骨折夹板固定

图 14.18　前臂骨折三角巾悬吊固定

图 14.19　前臂骨折衣襟悬吊固定　　图 14.20　上臂骨折躯干固定　　图 14.21　上臂骨折夹板固定

（2）上臂骨折固定。主要采用躯干固定和夹板固定两种方法。

① 躯干固定法：用三角巾或一条宽带子将上臂固定于胸侧（宽带中央要对准骨折处），再用三角巾将前臂和宽带子一起固定在胸部（图 14.20）。

② 夹板固定法：将伤肢屈曲贴于胸前，在上臂外侧放一块夹板，垫好后用两条布带将骨折上下端固定，再将前臂吊于胸前，然后用三角巾将上臂固定于胸部（图 14.21）。

（3）锁骨骨折固定。主要有三角巾固定和绷带"8"字固定两种方法。

① 三角巾固定：在两侧腋下垫上大棉垫，用两条三角巾或其他带子从腋窝绕到肩上打结（图 14.22）。

② 绷带"8"字固定：从背后用绷带分别缠绕两肩，向后拉紧固定（图 14.23）。

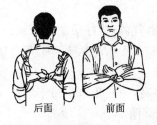
图 14.22　锁骨骨折三角巾固定

图 14.23　锁骨骨折绷带"8"字固定

（4）肋骨骨折。单纯肋骨骨折通常无需固定，但多根肋骨骨折时，常需要固定。做法是先在骨折部位垫上棉花，让伤员用力吸气，再用 10 厘米宽的橡皮膏粘贴在伤侧胸部。橡皮膏长度超过前胸后背的中线即可。

（5）脊柱骨折。抢救要领是：包扎、面部朝下、禁用软担架。搬运伤员时，严禁使脊柱屈曲的活动（如一人抬胸一人抬脚搬运），否则容易造成伤者脊柱断裂或下肢瘫痪等严重后果。可用铺板或门板平放伤员一侧，然后由 3～4 人分别托住伤员的头、肩、臀和下肢，要求动作一致、同时行动，将伤员抬到或翻到木板上，使伤员俯卧（俯卧时在伤者肩下垫一大衣卷），然后用 3～4 条宽带子将伤者固定于木板上（图 14.24）。搬运颈椎骨折伤员时，也应由 3～4 人搬运，其中 1 人管头部牵引固定，使头部和身体呈直线位置不移动，并轻轻做与身体相反方向的牵引，使伤员仰卧于木板上；颈下放一小垫，颈两侧用衣服垫好，再用砂袋塞紧，以防头部摇动。对于开放性的脊柱骨折，应及时包扎伤口、尽快送往医院救治。

图 14.24　脊柱骨折伤者搬运

（6）大腿骨折固定。主要有健侧肢固定和夹板固定两种方法。

① 健侧肢固定：将伤肢与健肢伸直并拢，分段扎紧固定（图 14.25）。

② 夹板固定：用一块相当于从脚跟到腋下长的木板放在伤肢外侧，用 6～7 条带子同健肢一起扎紧固定（图 14.26）。

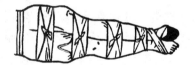 

图 14.25　大腿骨折健侧肢固定　　　　**图 14.26　大腿骨折夹板固定**

（7）小腿骨骨折固定。常用健侧肢固定和夹板固定两种方法。

① 健侧肢固定：伤员仰卧，两脚并拢，在两腿之间的空隙垫上棉花等填充物，然后将两腿缠绑在一起固定（与大腿骨折固定相同）。

② 夹板固定：用一块相当于从脚跟到大腿中部长的木板放在伤肢外侧，垫好后用 4～5 条带子分段固定，在脚部应做"8"绷带固定，使小腿与脚成直角（图 14.27）。

图 14.27　小腿骨折夹板固定

二、封闭性外伤的急救

闭合性外伤是指局部皮肤或黏膜完整的机械性损伤。常见的闭合性外伤主要有挫伤、扭伤、挤压伤等。由于钝物打击造成皮下组织损伤，称为挫伤，表现为局部肿胀、疼痛、皮肤青紫、皮下出血、血肿、压痛等。扭伤是由于外力作用发生关节异常扭转，造成关节韧带、肌腱等组织部分撕裂，损伤部位出现疼痛、肿胀、皮肤青紫和关节活动障碍等。因重物挤压人体某一部位可造成挤压伤，多见于交通事故、工厂事故、房屋倒塌，伤处有较为广泛的组织破坏、出血和坏死，严重的挤压伤可导致休克和急性肾功能衰竭。

（一）关节扭伤的处理

关节扭伤为常见的运动性损伤，引起关节扭伤的常见原因有跌、挫压、牵拉、撞击、强力扭转等。受伤部位关节疼痛、肿胀、淤血、活动受限等。

扭伤早期应立即进行局部冷敷（参见第19章"三、冷敷与热敷"），抬高患肢，以减少渗血和血肿形成。然后再用75%酒精将七厘散、活血止痛散、跌打丸或云南白药等中成药调成糊状涂于患处；或在患处涂抹跌打红花油等活血化淤药物，或贴伤湿止痛膏。同时可口服云南白药、跌打丸、活血止痛散等活血化淤中成药。扭伤较重时，在上述处理的基础上，用6～8厘米宽、40～50厘米长的胶布将受伤部位固定于外翻背屈位（固定时间1～2周）。

扭伤24～48小时后，关节肿胀，应进行热敷和局部按摩，以促进淤血吸收、肿胀消退。疼痛较重者，可酌情口服消炎痛、吡罗昔康、布洛芬等消炎止痛药。

对可疑骨折或关节脱位者，应及时送往医院治疗。（骨折后会出现局部剧烈疼痛、肿胀、畸形、功能障碍、摩擦音等症状；关节脱位时可出现关节畸形和（或）活动障碍、脱位关节肿胀及触痛等症状。）

（二）急性腰扭伤处理

急性腰扭伤俗称闪腰岔气，是一种常见的软组织损伤。活动姿势不当、用力不当、过度负重、外力撞击等是导致急性腰扭伤的常见原因。

扭伤后腰部出现疼痛、活动受限、咳嗽、活动时疼痛加重。检查可见患部肌肉紧张，有明显压痛及牵拉痛，扭伤部位无淤血、血肿及肿胀现象。

较重的腰扭伤应卧硬板床休息，在不增加腰部损伤的情况下可适当进行活动。

扭伤后可采用针灸、内服外敷、穴位按压、药酒穴位按摩、推拿等方法治疗。

内服药可选用跌打丸、云南白药、沈阳红药、活血止痛散等舒筋活血中药口服；外敷药可选用消炎镇痛膏、活血止痛散、跌打红花油等。

推拿：伤者俯卧于床上，术者用右手掌根部放于腰部压痛处，左手叠于右手背，令伤者深呼吸。在伤者深呼气时术者两手向下推按，吸气时双手抬起，反复使用。推拿后如仍然较为疼痛,可外敷上述药物。

指压加隔姜灸:先在痛区找到明显压痛点,然后用拇指按于压痛点(指面与被压部位呈45~90°),由轻渐重按压,当患部感到酸胀时,持续按压1~2分钟后将手指缓慢放松,稍停片刻反复按压5~7次;然后再实施指掐法,用拇指尖掐压痛点(操作逐渐加重不可突然用力,以防损伤皮肤),持续1分钟左右逐渐放松,再用手指按揉被掐处缓解掐后带来的不适。取1毫米厚的生姜1片,用粗针在姜片上穿若干孔,放在痛点上,再取黄豆大小的艾柱放于姜片上点燃施灸(艾柱过大可能会烫伤皮肤),如姜片被烤皱缩可即时更换姜片,灸4~5壮(每更换一个艾柱为1壮),皮肤出现潮红即可。灸后用手掌在痛处缓慢揉动片刻,患者即可下床活动。

(吕 虎)

15

烧、烫伤急救

烧、烫伤是由于火焰、蒸汽、热水、热油、电流、放射线等物理因素或强酸、强碱等化学物质作用于人体,造成局部组织变质、坏死、凝固或炭化等损伤。轻度烧伤仅是皮肤受损,较重者可深达肌肉、骨骼,严重者还能引起一系列全身变化,如休克、感染。处理不当,常可导致严重的并发症,甚至死亡。

一、烧、烫伤分级

烧、烫伤的范围与程度可造成不同程度的全身性反应。因此,烧伤面积及其深度估计是判断伤情和进行治疗的依据。根据烧、烫伤面积与深度,可判定烧、烫伤的轻重程度。

1. 烧、烫伤面积计算

中国人的体表面积分布如表 15.1。计算烧伤面积时,先将大面积烧伤按表 15.1 计算,零星烧伤处以手掌法计算(伤员自己一侧手掌面积是 1%),两者相加即为烧伤总面积。

表 15.1 人体各部分表面积

部 位		成人体表面积	小儿体表面积
头部		9%	9%+(12-年龄)%
	发部	3%	
	面部	3%	
	颈部	3%	
双上肢		18%	
	双上臂	7%	18%
	双前臂	7%	
	双手	4%	

续表

部 位		成人体表面积	小儿体表面积
躯 干		27%	
	躯干前面	13%	27%
	躯干后面	13%	
	会 阴	1%	
双下肢		46%	
	双 臀	5%	46%-(12-年龄)%
	双大腿	21%	
	双小腿	13%	
	双 足	7%	

2. 烧、烫伤深度估计

根据烧、烫伤严重程度,可将烧、烫伤分为3度。

Ⅰ度烧、烫伤:仅伤及表皮,受伤部位皮肤发红、肿胀,感觉火辣辣的疼痛。

Ⅱ度烧、烫伤:伤及深度达真皮层,受伤部位皮肤出现水泡、发热,感觉疼痛难忍或痛觉迟钝。

Ⅲ度烧、烫伤:伤及深度达全皮层或更深,受伤部位皮焦肉烂,严重者可伤及筋、骨;由于感觉神经全被破坏,可无痛觉。

3. 烧、烫伤轻重程度判定

根据烧、烫伤深度和面积,可划定烧烫伤的轻重程度。

轻度烧、烫伤:烧、烫伤面积≤10%,烧、烫伤深度Ⅰ、Ⅱ度。

中度烧、烫伤:烧、烫伤面积在11%~30%之间的Ⅰ、Ⅱ度烧、烫伤,或面积≤10%的Ⅲ度烧、烫伤。

重度烧、烫伤:烧、烫伤面积在31%~50%之间的Ⅰ、Ⅱ度烧、烫伤,或面积在11%~20%之间的Ⅲ度烧、烫伤,或烧、烫伤面积≤30%,烧、烫伤深度Ⅰ、Ⅱ度,但伴有休克、严重创伤、化学中毒或重度呼吸道烧伤者。

严重烧、烫伤:烧、烫伤面积在51%~80%之间的Ⅰ、Ⅱ度烧伤,或面积在21%~50%之间的Ⅲ度烧、烫伤。

特重烧、烫伤:烧、烫伤面积≥80%的Ⅰ、Ⅱ度烧、烫伤,或面积≥50%的Ⅲ度烧、烫伤。

日常生活中经常遇见的烧、烫伤问题是:小面积Ⅰ、Ⅱ度烧、烫伤的急救处理、大面积烧、烫伤的急救和搬运、化学灼伤以及特殊部位烧伤处理、电击伤急救处理等。

二、烧、烫伤急救

1. 火烧伤急救

首先采取有效措施使伤员尽快脱离热源，缩短烧伤时间；尽快脱去着火的衣服，附近有水可用水浇灭，或跳入水池、河沟等灭火；来不及脱去衣服时，应立即就地卧倒，慢慢翻滚压灭火焰。切勿奔跑而使身上的火焰更旺，不要叫喊以免造成呼吸道烧伤，也不要用手来扑灭火焰而造成手部烧伤。

检查伤员烧伤部位、程度、面积及有无其他合并损伤。在现场检查和搬运伤员时，要注意保护创面、防止污染。有呼吸道烧伤的，应注意保持呼吸道通畅，及时清除口腔和鼻腔的泥土和异物，随时清除分泌物。不论伤情轻重，都要及时急救。常用方法如下：

（1）冷水冲洗。小面积、Ⅱ度及以下烧伤，尤其是四肢部位烧伤，立即用冷水冲洗伤部。方法是将受伤部位置于水龙头下冲洗或在流水中浸泡，水温以 20℃ 左右为宜。冷水降温治疗越早越好，在烧伤 30 分钟内用冷水冲洗，烧伤部位红斑明显缩小、疼痛明显减轻。不宜在烧伤创面上涂药特别是油类药物（可尽早用氯化钠湿敷），以免造成医生清创困难。大面积、深度烧伤禁用此法，中等面积烧伤慎用此法。

（2）饱和氯化钠溶液湿敷。饱和氯化钠溶液敷于烧伤创面，不仅能防止创面感染，还能保护受伤组织，有利于创伤愈合。烧伤后立即用饱和氯化钠溶液敷于烧伤创面，能使浅Ⅱ度烧伤部位皮肤不起水泡，并有止痛作用。做法是将一份盐和两份水混合溶解混匀，制成饱和氯化钠溶液；中、小面积烧伤，可用 3～6 层厚、适当大小的纱布在饱和氯化钠溶液中浸泡后敷在创面上，再用无孔油纱布覆盖其上减慢水分蒸发，最后用无菌敷料包扎；每天更换 1～2 次。面积较大的烧伤，早期可采用湿敷，渗出期过后再进行包扎。

（3）伤部水泡刺破。Ⅱ度烧伤部位出现较大水泡时，先用盐水或自来水将创面冲洗干净，用针（经过火焰消毒后）刺破水泡，泡液流出后用紫药水涂一层，干后再涂，涂布 4～5 层后再包扎。手、脚部位烧伤，在包扎时一定要将指（趾）分开包扎，或在指（趾）间夹上消毒纱布，以防止粘连。

对于烧伤面积大、重度烧伤者，在进行以上急救处理后，应尽快将伤员送往医院。护送过程中密切注意伤者病情变化，如发生呼吸、心跳停止，立即实施口对口人工呼吸和胸外心脏按压术抢救（参见第 19 章）。如伤员神志清楚，可口服抗菌药物如 SMZ（4片/次）、乙酰螺旋霉素（0.6 克/次）或头孢拉定（1 克/次）等抗生素预防感染。

头、面、眼、耳、呼吸道、手、会阴等特殊部位烧伤，即使是同样面积和深度的烧伤，其伤情程度往往较重，现场处理后应立即送往医院救治。

2. 烫伤急救

热水或热油烫伤时,应尽快脱去被热水、热油浸渍的衣服,烫伤部位立即在冷水中浸泡或冲洗,迅速降温,以减少损害。然后用浸有饱和氯化钠溶液的纱布湿敷,方法同上;或将受伤部位用水湿润后直接将氯化钠撒于烫伤部位,再用无菌敷料包扎。对于浅Ⅱ度及以下的小面积烧伤,用食用酱油(内含5%~10%左右的盐)涂布于受伤部位也有一定效果。

烫伤部位出现大水泡时,按上述刺破水泡法处理。

大面积或重度烫伤者,应尽快将伤员送往医院。护送过程中密切注意伤者病情变化,如发生呼吸、心跳停止,立即实施抢救。

三、酸、碱灼伤急救

日常生活中直接接触或误服强酸、强碱,可导致酸、碱灼伤。发生酸、碱灼伤时,应立即采取急救措施,尽量减少组织损害。

1. 强酸类灼伤急救

硫酸、盐酸、硝酸、石炭酸(苯酚)为常见的引起酸烧伤的酸类物质。强酸可引起组织蛋白凝固、析出细胞水分,烧伤局部形成焦痂,能防止酸类物质向深部组织侵蚀。根据焦痂的颜色可大致判断酸类性质,黑色或棕黑色焦痂为硫酸烧伤,黄色焦痂为硝酸烧伤,白色或灰黄色焦痂为盐酸或石炭酸烧伤。

发生皮肤酸灼伤时,立即用大量流动清水持续冲洗灼伤部位,以除去或稀释身体上的酸;然后用5%碳酸氢钠溶液中和(石炭酸灼伤须用75%酒精中和);再用大量清水彻底冲洗。最后在受伤部位涂抗菌油膏。流水冲洗时应特别注意眼部的彻底冲洗。

如误服强酸,可立即给伤者服用氧化镁或氢氧化铝中和,如无上述药品,可给伤者服用稀肥皂水进行中和。禁用碱水(碳酸钠溶液)和苏打水(碳酸氢钠溶液)。

2. 强碱类灼伤急救

常见的强碱有苛性碱(氢氧化钠、氢氧化钾)、石灰碱等。强碱对组织的破坏和渗透力强,除立即作用外,还能皂化组织,析出细胞内水分,溶解组织蛋白,使烧伤逐渐变深。急救处理方法如下:

苛性碱(氢氧化钠、氢氧化钾)烧伤时,立即用大量流动清水持续冲洗灼伤部位,以除去或稀释身上的碱,防止继续损害皮肤和吸收中毒;同时尽快脱去浸有碱液的衣服。对石灰碱引起的烧伤,应先将石灰粉擦干净后,再用大量清水冲洗(切不可将伤部泡在水中,以免石灰遇水产热而加重烧伤)。然后再在受伤部位涂抗菌油膏。冲洗时应特别注意眼部的彻底冲洗。

误服强碱(如氢氧化钠、氢氧化钾等),立即给予伤者口服食醋或柠檬汁、橘子汁进行中和。

　　酸、碱灼伤以后的处理同一般的热烧伤。大面积重度酸、碱灼伤者，在进行上述处理后应尽快将伤员送往医院。护送过程中密切注意伤者病情变化，及时进行抢救。

四、触 电 急 救

　　一定的电流或电能(静电)通过人体，可引起不同程度的组织损伤和器官功能障碍，甚至死亡，称为电击，俗称触电。触电常见的原因是人体直接接触电源，或在高压电和超高压电场中，电流经过空气或其他介质电击人体。为尽可能预防触电，应学习和掌握用电常识，修理电器或电线时不宜带电操作；必须进行带电操作时最好带上绝缘手套，不能同时接触火线和地线两根电线；经常对所用电器、电线进行检查和检修。雷雨天气，不宜撑伞、骑摩托车或自行车外出，不应进行游泳和其他水上运动；从事室外工作的人员切勿站在高处或在田野上运动，或在树下避雨；不能接触天线、水管或铁丝网，远离带电设备。

1. 触电后的主要表现

　　遭受轻度电击者，可出现惊恐、心悸、头昏、头痛、痛性肌肉收缩和面色苍白等症状。高压电击特别是雷击时，常可发生意识丧失、心跳呼吸骤停。如不及时抢救，常发生死亡。电击处周围皮肤组织可有轻度烧伤，如有衣服点燃，可出现与触电部位无关的大面积烧伤。

2. 触电的急救

　　发现有人遭电击后，应立即切断电源。如一时不能切断电源，应用绝缘物(如干的木器、竹器、陶瓷、塑料、橡胶等)挑开或夹住电线，使其脱离接触者。切忌用手直接接触触电者，或用新鲜树枝挑开电线，以防救护者触电。

　　短时间、轻度触电者，触电症状较轻，在脱离电源后经过休息，一般可自行恢复正常。

　　较重的触电者，在脱离电源后应立即检查呼吸、心跳。对呼吸、心跳停止者立即进行抢救，挽救触电者生命。进行人工呼吸和胸外心脏按压术抢救时应持续较长时间，在触电者完全清醒前不应轻易放弃。

　　出现昏迷或休克，可针刺(或用手指掐)人中、合谷、十宣、涌泉等穴位。

　　触电者已经清醒时，应卧床休息，并严密观察病情变化，如再度发生心跳、呼吸停止，应及时抢救。

　　在进行以上急救的同时，应将触电者尽快送往医院或请医生现场救治。局部组织烧伤处理参见火烧伤急救方法。由于电击而从高处摔下造成外伤者(如骨折、血气胸、颅脑外伤等)，在搬运和处理时应特别注意(参见第14章)。

(陈　红)

16

中毒性急救

进入身体内的化学物质达到中毒剂量,对组织和器官产生损害,所引起的全身性疾病称为中毒。引起中毒的化学物质称为毒物。根据毒物的来源和用途,可分为工业性毒物、药物、农药、有毒植物、昆虫、细菌和真菌毒素等。短期内身体吸收大量毒物可引起急性中毒,表现为发病急、症状严重、变化迅速,如不及时抢救和治疗,可危及生命。

一、急性一氧化碳(煤气)中毒急救

一氧化碳(CO)是一种无色、无味、无臭、比空气轻的气体,空气中CO浓度达到12.5%时有爆炸的危险。人吸入过量的CO引起的中毒,称为急性CO中毒,俗称为煤气中毒。急性CO中毒是较为常见的生活和职业中毒。在生产和生活环境中,含碳物质(如煤、碳、柴、燃油)不完全燃烧可产生CO。煤炉产生的气体中含CO高达6%~30%,冬季燃煤取暖时,如果室内通风不良就容易造成煤气中毒。人工煤气(水煤气)含CO 30%~40%,生活中煤气管道漏气等会导致吸入中毒。失火现场空气中CO含量可达10%,也会引起现场人员中毒。CO被人体吸入后,85%与血液中红细胞的血红蛋白(Hb)结合形成碳氧血红蛋白(CO-Hb)。CO与Hb的亲和力比氧与Hb的亲和力大240倍,它不仅使血红蛋白不能携带氧气,还能使血氧难以释放,造成人体组织细胞缺氧而引起一系列中毒症状。每日吸烟一包,可使血液CO-Hb浓度升至5%~6%,连续大量吸烟也可导致CO中毒。

1. 急性煤气中毒表现

轻度中毒者表现为不同程度的头痛、头晕、恶心、呕吐、心悸和四肢无力,甚至短暂晕厥。此时如能警觉,迅速脱离现场,吸入新鲜空气后症状可很快消失。

中度中毒者可出现胸闷、气短、呼吸困难、幻觉、视物不清、判断力降低、运动失调、嗜睡、意识模糊等症状。此时中毒者已经不可能自行脱离现场。

严重中毒者迅速出现昏迷、呼吸慢而深、体温下降、瞳孔散大、大小便失禁等症状,抢救不及时可造成死亡。

2. 急性煤气中毒急救

迅速将中毒患者转移到空气新鲜的地方，松解衣扣，注意保暖，安静休息，以减少脑、心脏组织耗氧量。轻度中毒者可很快缓解。

中度、重度中毒者，可针刺（或用手指掐）人中、合谷、十宣等穴位。如患者呼吸困难，有条件时可吸氧。同时尽快请医生抢救或急送就近医院救治。出现呼吸、心跳停止的患者，应立即进行人工呼吸和胸外心脏按压术抢救。在医生未到达之前，不可轻易判断患者死亡而放弃抢救。

需要特别注意的是，由于管道煤气（人工煤气）泄漏引起的室内煤气中毒现场，在未打开窗户进行充分通风前，禁止打开电器（如排风扇）开关或使用明火，以免引起爆炸。

二、急性酒精（乙醇）中毒急救

酒是人们经常饮用的含酒精的饮品，谷物和水果发酵制成的酒含乙醇量较低，常以容量浓度（L/L）计，啤酒含酒精3％～5％，黄酒含酒精12％～15％，葡萄酒含酒精12％～25％；蒸馏形成的烈性酒，如白酒等含酒精50％～60％。一次饮入过量的酒精或酒类饮料引起的先兴奋继而抑制的状态，称为急性酒精中毒，俗称为醉酒。

1. 酒精中毒的表现

酒精中毒表现、发作时间与饮酒量、血酒精浓度及个人耐受性有关，一般可分为3期：

（1）兴奋期：表现为面色潮红、精神兴奋、健谈、饶舌、情绪不稳定、自负、易激惹等；可有粗鲁行为或攻击行为，也可表现为沉默、孤僻；呼出气体有浓烈的酒味。

（2）共济失调期：表现为动作笨拙、步态不稳，语无伦次、含糊不清；可出现恶心、呕吐、困倦等症状。

（3）昏睡期：表现为昏睡、面色苍白、皮肤湿冷、口唇微紫、呼吸缓慢而有鼾声、脉搏快速等。严重中毒者可出现呼吸、循环麻痹而危及生命。

部分人醉酒醒后可有头痛、头昏、无力、恶心、震颤等症状。

2. 酒精中毒的急救

一般轻度醉酒者无需特别治疗，由于醉酒后皮肤血管扩张，应注意保暖，防止受凉。兴奋躁动者，必要时加以约束。

共济失调者应休息，避免活动和发生意外。烦躁不安或过度兴奋者，可服用小剂量（1～2片）安定。

由于酒精可经胃吸收，中毒早期可采用简易催吐法，将胃内的酒尽量呕出。

饮酒后出现昏迷、呼吸衰竭、休克等症，应及时送往医院救治。送医院前如出现呼吸、心跳停止，应立即进行人工呼吸和胸外心脏按压术抢救。

空腹状态下饮酒时，一些人在饮酒后不久就出现头昏、心慌、出冷汗、恶心、呕吐、脉搏快而弱，常被误以为是醉酒。这其实是由于酒精性低血糖所致。由于空腹时酒精可很快在胃内直接吸收，而酒精在体内氧化产能比葡萄糖更加容易，从而抑制了肝糖原分解和糖异生过程，使血糖得不到及时补充，造成血糖浓度急剧下降。当空腹饮酒出现以上症状时，给予糖开水口服，同时注意保暖和卧床。症状较轻者不久即可缓解，症状较重者应迅速送医院抢救。

三、食物中毒急救

由于进食被细菌或细菌毒素污染的食物（如变质食物）、含有毒性物质（如砷、汞、铅、氰化物、有机磷等）的食物或本身具有自然毒素的食物（如扁豆毒蛋白、马铃薯毒素、毒鱼、毒蘑菇等）所引起的急性中毒性疾病，统称为食物中毒。

1. 食物中毒的表现特点

通常食物中毒的表现具有以下特点：① 发病急剧，同餐人员短期内同时发病；② 共同表现为恶心、呕吐、腹泻、腹痛，部分人有发热症状，严重者可出现休克、脱水。③ 停止进食这种食物后，不会再有新的病人出现，也不会相互传染。

2. 食物中毒的急救

一旦发生食物中毒，应立即请医生或紧急送往最近的医院，以便使中毒者能得到及时救治；同时报告当地卫生防疫部门。对可疑食物或病人呕吐物、粪便应进行收存，以便于进行化验检查，及时找出中毒原因，采取针对性的抢救治疗措施。

不论何种食物中毒，在医生到来之前，可迅速采取简易催吐法进行催吐，使胃内有毒物质排出体外，减少毒物吸收。催吐后可让中毒者口服植物油、牛奶、豆浆、生鸡蛋等以保护胃黏膜。

活性炭（可用几片面包或馒头烤焦后，用擀面杖碾碎自制炭末）加水调成糊状，口服，以吸附未吸收毒物；或口服 0.01%～0.02% 高锰酸钾溶液，降解消化道内未吸收的毒物。

对于中毒腹泻者，可大量饮（糖、盐）水，同时口服止泻药物（如易蒙停、次碳酸铋、思密达等），防止腹泻引起的脱水。

四、安眠药物中毒急救

在药物中毒中，以镇静催眠药中毒最为多见，其中又以安定中毒较多。镇静催眠药物是中枢神经系统抑制药物，具有镇静、催眠作用，俗称安眠药。目前较为常用的镇静催眠药物主要有地西泮（安定）、氯西泮、氯氮䓬、奥沙西泮、三唑仑等苯二氮䓬类药物，以及巴比妥、苯巴比妥、戊巴比妥、司可巴比妥等巴比妥类药物。一次性大量服用,可引起急性安眠药中毒。

1. 安眠药物中毒表现

安眠药物中毒可引起不同程度的中枢神经系统抑制,症状严重程度与服用药物剂量有关。

轻度中毒者主要表现为嗜睡、头昏、情绪不稳定、言语含糊不清、注意力不集中或意识模糊、记忆减退、共济失调、步态不稳等。

重度中毒者主要表现为由嗜睡到昏迷、呼吸浅而慢到呼吸停止(呼吸抑制),也可出现休克或低血压、体温降低等症状。

2. 安眠药物中毒急救

发现安眠药物中毒者,应尽快送往就近医院进行救治。为争取时间,在医生未到或未到达医院前可采用以下急救措施进行现场急救。

立即采用简易催吐法催吐,清除胃内毒物;活性炭加水调成糊状口服,以吸附未吸收药物,减少药物吸收。如未能及时进行催吐,毒物已由胃内转入肠道内,可口服20%的硫酸镁溶液导泻,服用硫酸镁后大量饮水,使毒物随腹泻排出体外,清除肠道内未吸收药物。

安眠药物吸收后多从尿中排泄,若有条件可输液抢救,无条件时,可让中毒者大量饮水,同时口服碳酸氢钠(小苏打)碱化尿液,促进药物排泄。

若有条件,从急救开始就应使用解毒药物以缓解毒性和阻止毒物吸收。无条件时,在采用以上急救措施的同时,尽快将患者送往医院救治。

五、农药中毒急救

农药是指用于杀灭害虫、啮齿动物、真菌和莠草等防治农业病虫害的药品。目前,常用的农药包括杀虫剂(有机磷类、氨基甲酸酯类、菊酯类、甲咪类)、灭鼠药和除草剂等。上述农药在生产、运输、销售、储存和使用过程中,被过量接触、残留在农作物上的量过多、污染食物或被意外食入,均可引起中毒。

农药主要经过胃肠道、呼吸道、皮肤或黏膜吸收,吸收后迅速分布到全身各器官。引起中毒的主要原因如下:① 日常生活中的急性农药中毒主要是由于误服、故意吞服、饮用被农药污染的水源、食用被农药污染的食品或滥用杀虫剂治疗皮肤病或驱虫等。② 在农药精制、出料、包装等生产过程中,手套破损或衣服、口罩污染可导致中毒,也可由于设备密闭不严产生泄漏或在事故抢修过程中,农药污染手、皮肤或经呼吸道吸入而中毒。③ 施药人员喷洒农药过程中,药液污染皮肤或经湿透的衣服由皮肤吸收,或者吸入空气中的杀虫剂而导致中毒;配药浓度过高或手直接接触杀虫剂也可引起中毒。

1. 农药中毒的主要表现

急性中毒发病时间与农药种类、剂量、中毒途径和机体状态（如空腹或进餐）等密切相关。口服中毒一般在 10 分钟到 2 小时发病；呼吸道吸入后约 30 分钟左右发病；皮肤吸收后约 2~6 小时发病。

轻度中毒时，可出现头昏、头痛、乏力、口渴、烦躁不安、恶心、呕吐、腹痛、大汗淋漓、流涎和瞳孔缩小等症状，部分中毒者可出现呼吸困难、咳嗽等症状。

中、重度中毒除以上症状加重外，还可出现肌肉震颤或全身肌肉强直性痉挛，意识障碍、谵妄、抽搐和昏迷，大小便失禁等症状，严重者可发生呼吸、循环障碍而死亡。

有机磷农药中毒者口中呼出气体有大蒜味。

2. 农药中毒急救

发现中毒者后，立即将中毒者撤离中毒现场，置于空气新鲜处。

迅速清除呼吸道分泌物，保持呼吸道通畅，有条件时给予吸氧。

经皮肤、黏膜途径的中毒者，应彻底清除未被机体吸收的毒物，如迅速脱去污染衣服，用肥皂水或清水清洗污染皮肤、毛发、指甲；眼部污染时用清水、生理盐水（0.9％氯化钠溶液）、2％碳酸氢钠溶液或 3％硼酸溶液清洗。

口服中毒者，立即用简易催吐法进行催吐，然后饮水再进行催吐，反复几次。有条件时，可用清水、生理盐水、2％碳酸氢钠溶液或 0.02％高锰酸钾溶液迅速洗胃；然后用 20~40 克硫酸镁或硫酸钠溶于 100 毫升水中口服（或胃管注入 20％~30％硫酸镁或硫酸钠溶液）导泻，再口服或胃管注入清水 500 毫升。

出现呼吸停止者，立即实施人工呼吸，心跳停止者立即进行胸外心脏按压术抢救。

在实施以上急救措施的同时，立即请医生或送往医院进行救治。

（华　萍）

中暑与溺水急救

一、中暑急救

通常在湿热环境(气温高、湿度大)和干燥环境(如阳光下,气温高、辐射强)中容易发生中暑。在夏天闷热(>32℃)、湿度较大(>60%)和无风的环境中,长时间工作、体力劳动或走路,又无防暑降温措施时,对高温适应性较差者可发生中暑。在室内高温和通风不良的环境中,年老、体弱、妇女也很容易发生中暑。过度肥胖、汗腺功能障碍以及高温天气穿透气性不良的衣服等也容易发生中暑。

1. 中暑的主要表现

中暑的主要表现有头痛、头晕、恶心、呕吐、胸闷、乏力,也可出现肌肉痉挛、多汗等症状。严重者可出现体温升高、突然晕倒、不省人事。

2. 中暑急救

夏热季节出现头昏、胸闷、心悸、乏力、口渴、恶心等中暑先兆表现时,应立即转移到通风阴凉处休息,喝些清凉饮料,备有解暑药品时可服用解暑药,很快就能恢复。

遇到中暑患者,首先应采取降温治疗。迅速将患者转移到通风良好的低温环境中,脱去衣服或松解衣扣,给其扇风;同时进行皮肤肌肉按摩,用凉水擦身、用凉湿毛巾或冰袋贴敷在患者头部和胸部等进行体外降温。体外降温无效、能饮水者,给予患者饮用冰水、冰盐水,或用冰盐水进行胃肠灌洗进行体内降温。

中暑后昏迷的患者,可针刺(或用手指掐)人中、十宣、委中等穴位。也可用清凉油、风油精等涂擦患者太阳穴。注意保持患者呼吸道畅通,防止误吸,必要时进行气管插管。

中暑后高热不退、昏迷不醒者,在进行以上紧急处理的同时,迅速将患者送往医院救治。

3. 中暑的预防

加强防暑降温卫生宣传教育,使人们了解常用的防暑降温措施。改善年老体弱者、慢性病患者、孕妇、产褥期妇女的居住条件。有慢性心脑血管疾病和肝、肾疾病以及年老体弱者,不宜从事高温作业。

夏热季节应改善劳动及工作、学习条件,合理安排劳动时间和强度。在高温环境下停留 2～3 小时,应注意补充水分,经常饮用含钾、镁和钙盐的防暑饮料、饮用绿豆汤或服用十滴水、人丹、时疫急救丹等解暑药物。

炎热天气应穿宽松透气的浅色衣服,避免穿着紧身不透气服装。尽量避免在烈日下长时间暴晒。

中暑发生后数周内,尽量避免室外剧烈活动和暴露于阳光下。

二、溺水急救

溺水是世界上最常见的意外死亡原因之一。在中国,溺水死亡是伤害死亡的第三位原因;90％左右的溺水发生于淡水,其中 50％发生在游泳池中。溺水如不及时抢救,短期内可危及生命。为预防溺水发生,下水游泳时应根据自身的体力、水性来游泳,下水前要做好充分的准备活动,不要在饥饿或疲劳时下水游泳;在天然场所游泳时应特别谨慎,不能在禁止游泳的水面游泳;游泳时最好结伴而行,以便发生意外时能得到及时救护。

(一) 溺水过程及主要表现

溺水者表现差异较大,与溺水时间长短、吸入水量多少等有关。溺水者可有头痛或视觉障碍,剧烈咳嗽、胸痛、呼吸困难(浅表、急促或停止)和咳粉红色泡沫样痰;口腔和鼻腔内充满泡沫或泥污,皮肤发绀,颜面肿胀,眼球结膜充血等。可出现烦躁不安、抽搐、昏睡和昏迷等。严重者出现神志丧失、呼吸、心跳停止,进入临床死亡状态。

通常溺水过程可分为 4 个时期,各期表现特点及持续时间如下:

(1) 正常呼吸暂停期。持续时间约 1～2 分钟。刚溺水时,溺水者暂时屏闭呼吸,在水面上下挣扎;此时可吸入或吞入少量的水,从而导致反射性呼吸暂停。溺水者神智清楚,可出现血压升高、心跳加快等症。

(2) 咳吐挣扎期。持续时间约 0.5～1 分钟。由于溺水者一时性暂停呼吸使体内缺氧,直至不能忍受时又开始呼吸。此时水可经呼吸道进入肺中,引起剧烈呛咳,同时水也可经食管进入胃腔,而出现呕吐。这些咳、吐物有时被误吸入到呼吸道而造成窒息。溺水者神志不清、呼吸浅表、血压开始下降、心跳由快转慢,各种反射明显减弱。

(3) 二次呼吸昏迷期。持续时间约 1 分钟。溺水者基本停止呼吸,有时也可出现再次呼吸。表现为昏迷、心跳微弱、呼吸微弱或停止,瞳孔不同程度散大,各种反射全部消失,全身肌肉松弛,有时出现大小便失禁,大量水进入体内。

(4) 临床死亡期。持续约半分钟左右。溺水者心跳、呼吸停止,瞳孔散大,进入临床死亡状态。

(二) 溺水急救

溺水致死过程很快,通常在5分钟左右,抢救溺水者刻不容缓。溺水急救包括水中急救和岸上急救。

1. 水中自救与急救

(1) 水中自救。溺水后应尽可能保持镇静,尽力自救。具体做法是下沉前迅速吸气、下沉时尽量憋气;尽可能保持身体垂直,双臂不要高举,两腿有节奏向下压水。当头部露出水面时,将头部后仰,用口呼吸。用这种方法可争取时间,等待救援。

(2) 他人救护。发现有人溺水时,应尽快将溺水者从水中救出。不会游泳的救援者可采用长竿、长绳等抛向溺水者,将溺水者拉到岸上,同时呼叫其他救援者到来。会游泳者可入水救助,方法是从溺水者背后用自己的左手经溺水者左腰伸向前,握住溺水者右手或托住其头部,以仰泳姿势将溺水者救上岸。如溺水者在水中挣扎,可从背后托住其腋窝,仰泳拖出。当溺水者紧抓救援者不放时,可向后推溺水者的脸或捏紧其鼻子,使其放手;如果救援者的手被溺水者抓住,可将手向内回转摆脱,再将其拖上岸。如溺水者已经昏迷,拖带时应尽量将其面部露出水面,尽快拖带上岸。

2. 岸上急救

将溺水者从水中救出后,立即采取以下措施急救:

(1) 保持气道通畅。迅速清除口、鼻腔中的污水、污泥、分泌物和其他异物,解开其衣扣、裤带,叩打背部使气道液体排出,保持气道畅通。

(2) 控水。采取头低脚高的俯卧位,将溺水者呼吸道和消化道的水控出。做法是将溺水者俯卧,将衣服卷或小木凳或大石头等垫于溺水者腹部下面,将水控出。如身边无以上物品,救助者一腿跪地、另一腿屈膝,将溺水者腹部放于膝盖,使其头部自然下垂,然后叩打或按压其背部。控水持续时间不宜过长。

(3) 心肺复苏。采用以上急救措施时,应注意检查溺水者呼吸、心跳,对心跳、呼吸停止者,立即进行人工呼吸和胸外心脏按压术抢救。

溺水严重者应尽快送往医院救治;溺水较轻、神志清醒者,可给予少量浓茶、热汤或酒类饮用,同时注意保暖。

(华 东)

18

其他突发状况的急救

一、窒息的急救

窒息是指由于异物进入呼吸道导致呼吸道部分或完全阻塞而引起呼吸困难或呼吸停止。如未得到及时有效的抢救，常危及患者生命。口、鼻腔异物多见于溺水、火灾等事故；气管内异物常因进食、口含食物说笑、儿童哭闹等深吸气时将异物（如花生米、豆、米粒、果核等）吸入，昏迷、醉酒等患者将痰液、血块、呕吐物等误吸或不能及时咳出而发生窒息。

1. 窒息的主要表现

异物进入呼吸道、造成呼吸道部分阻塞时，可出现呛咳、咳血、气急、气喘、声嘶、呼吸困难等症状；发生窒息时患者典型表现是伸直五指捂在颈前、面露惊恐表情、不能咳嗽、面色青紫。

2. 窒息的急救处理

发生窒息时必须立即进行现场抢救，否则可因窒息而死亡。清除呼吸道异物，保持气道通畅，是抢救呼吸道阻塞和呼吸停止的重要措施。抢救动作要尽可能快，尽可能缩短抢救时间，挽救患者生命。

（1）清除口、鼻腔异物。可用棉签、湿巾等迅速清除口、鼻腔内的痰液、呕吐物、血块、泥土等异物，装有假牙的患者要将其假牙取出，保持呼吸道通畅。

（2）清除气管异物。如有痰液、呕吐物、血块、泥土等异物吸入气管而阻塞呼吸道，应采取简易吸痰法吸出异物。做法是患者取卧位或半坐位，头稍后仰、并偏向一侧，抢救者用50毫升或100毫升注射器连接多孔鼻导管，将导管从口腔插入气管内吸出阻塞物（如喉头有分泌物，鼻导管应从鼻腔插入）。如患者因痰液等突然阻塞窒息，而手边又无任何急救设备，救护者可采用口对口吸痰法抢救。做法是一手托住患者下颌使头后仰，另一手紧捏患者鼻孔，用自己的口对准患者的口用力将分泌物或其他异物吸出。

如固体异物进入气管造成呼吸道阻塞，可根据不同情况采取以下方法进行急救：

神志清醒者用立姿、昏迷者采用卧姿,选用叩背法、腹部挤压法、冲击胸部法等方法抢救。叩背法与腹部挤压法或冲击胸部法联合应用则效果更好。这些方法的原理是利用肺内残存的气体将异物冲出气道。

① 叩背法。抢救者立于患者一侧偏后处,一手置于患者胸部,尽量使患者头部低于胸部,另一手用掌根在患者肩胛骨之间的脊柱上用力叩击4~5次;昏迷者取侧卧位,面向抢救者,抢救者一手固定患者肩部,另一手用掌根在患者肩胛骨之间的脊柱上猛击4~5次(图18.1)。

② 腹部挤压法。抢救者站立于患者背后,双手合臂抱住患者腰部,一只手紧握住另一只手的拳头,使拳头拇指顶住患者上腹部,抢救者快速、用力向后、向上连续挤压4~5次;神志昏迷者取仰卧位、头偏向一侧,救护者跪于患者髂部旁,用一只手掌根顶住患者上腹部,另一手叠于其上,向上、向后连续快速挤压4~5次(图18.2)。

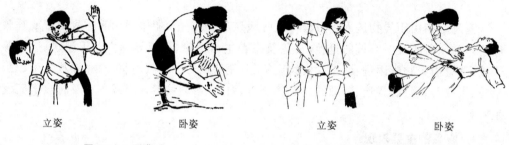

立姿　　　　卧姿　　　　　　　立姿　　　　卧姿

图18.1　叩背法　　　　　　图18.2　腹部挤压法

③ 冲击胸部法。对于肥胖或晚期妊娠患者,可采用该法。抢救者站立于患者背后,双手合臂抱住患者胸部。一只手拇指侧位顶住患者胸骨中部,另一只手握拳,快速用力向后连续冲击4~5次;神志昏迷者取仰卧位、头偏向一侧、双膝曲向腹侧,救护者跪于患者身旁,用一只手掌根顶住患者胸骨中部,另一手叠于其上,向上、向后连续快速冲击4~5次(图18.3)。

立姿　　　　　　　卧姿

图18.3　冲击胸部法

儿童气管异物者,可将其俯卧横放于抢救者大腿上,让其头部低于躯干,用力拍击(力量稍小于成人)4~5次;然后扶住患儿头部和背部,将患儿翻转仰卧于地面或床上,用一只手掌根连续冲击胸部4~5次(图18.4)。

婴儿气管异物者,将婴儿俯卧跨骑在救护者手臂上,头部低于躯干(救护者的手必须围绕婴儿下颌及胸部以防失手),用食指和中指在婴儿肩胛骨之间快速拍击4~5次;立即将婴儿翻转,仰卧于另一只手臂上,用食指和中指在婴儿胸骨中部快速冲击4~5次(图18.5)

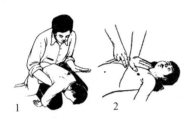

图18.4 儿童气管异物排出法

图18.5 婴幼儿气管异物排出法

窒息属于急症,对这类患者在采用上述急救措施的同时,应做好送医院的准备。如经过抢救异物已经排出,患者窒息解除、恢复呼吸,可暂时不送医院,但应及时请医生检查,并给予抗生素(如SMZ、阿莫西林、头孢氨苄、头孢拉定、乙酰螺旋霉素、氧氟沙星等任何一种)预防感染。如经过抢救异物未能排出,窒息未能有效解除,则应立即就近送往医院救治。呼吸停止者应立即进行人工呼吸,心跳停止者应同时进行胸外心脏按压术抢救。

二、晕厥的急救

晕厥是指突然发生暂时失去知觉和行动的现象,多数为脑缺血、缺氧所致。引起晕厥的原因很多,疼痛、惊恐、情绪紧张、焦虑、闷热、脱水、站立过久、长跑骤停等都可诱发,甚至站立排尿时也可能发生晕厥。对于晕厥患者,在经过急救清醒后,还应就诊寻找病因,以便进行进一步治疗。

1. 晕厥的主要表现

发生晕厥前,患者常有乏力、头昏、恶心、耳鸣、出冷汗、心慌等先兆症状(此时立即平卧,症状可能得以缓解),随即出现眼前发黑、站立不稳而昏倒。晕厥后患者出现面色苍白、意识丧失、脉搏快而弱、呼吸浅表等症状。通常经过几分钟即可恢复清醒。

2. 晕厥急救

一旦见到患者前额出汗、面色苍白,或自述头昏、心慌,应迅速使患者仰卧(不能用枕头),取头低脚高体位;解开衣扣及腰带,将患者移至通风处,有条件时给患者吸氧,在冬季应注意保暖。如现场环境不允许患者躺下,可让患者坐下,将头垂至双膝之间。如果患者不能躺下或坐下,可让其单膝跪下,俯伏上身,像系鞋带的姿势。

立即针刺(或用手指掐)人中、百会、十宣等穴位。

经过以上处理患者还不清醒,可往脸上喷冰水、冷水或嗅氨水,也可用通关散等中药吹入鼻腔。如发生呼吸停止,应立即进行口对口人工呼吸。

患者清醒后,可喝一些热糖水、茶水或少量葡萄酒等。

通常患者在5～10分钟左右就会恢复神智,否则应尽快找医生救治。患者清醒后至少应仰卧10分钟,过早起身容易导致晕厥复发。

三、虚脱的急救

虚脱是由于某种刺激而导致的周围血管功能急性衰竭的一种暂时现象。在出血量较大、疾病、剧痛、炎热、寒冷、过度疲劳、脱水和全身虚弱等情况下较为容易发生虚脱现象。

1. 虚脱的主要表现

患者突发恶心、头晕,面色苍白或发绀,脉搏快而弱,呼吸浅表,出冷汗,体温降低,肌肉松弛,感觉迟钝等症,有时可出现意识模糊。

2. 虚脱的急救方法

发现有人头晕、恶心、出冷汗时,迅速使其平卧,保持安静。立即松解衣扣,给予热水、热茶或少量果酒类饮料。如患者尚未恢复,可针刺(或用手指掐)人中、内关、中冲、足三里等穴位救治。

因外伤出血过多或在某种疾病基础上出现的虚脱,在进行以上紧急处理的同时,及时将患者送往附近医院,或请医生进行进一步救治。

四、高热的处理

发热(即体温超过正常)是机体发生疾病时的常见症状,当体温升高超过39℃时,称为高热,超过41℃称为超高热。引起高热的原因多而复杂,通常可分为感染性高热和非感染性高热两大类型。由于病原微生物侵入人体后所引起感染性疾病导致的高热,称为感染性高热,如流行性感冒、肺炎、流行性脑膜炎、流行性乙型脑炎、伤寒、急性细菌性痢疾、疟疾等。非感染性高热多见于组织损伤,如重度烧伤、重度外伤、急性白血病等,某些药物可引起高热,中暑、严重脱水等也可出现高热症状。

1. 高热的表现

体温升高超过39℃,患者可出现精神兴奋、皮肤潮红、眼结膜充血、嘴唇干燥、舌苔厚实等症状。3岁以下儿童,常因高热而引起惊厥(惊厥的表现特点为双眼斜视或上翻,口角及面部肌肉抽动或一侧手脚抽动;也可表现为突然意识丧失、闭气、四肢抽动、双眼上翻、头后仰、面色青紫等)。

2. 高热时急救处理

发生高热者,在采用以下急救措施的同时,应尽快送医院就诊,找出病因,采取有效治疗方法。

高热患者首先应尽快进行身体降温处理,尽量减少高热对脑等重要组织的损害。降温措施包括物理降温和药物降温两种。物理降温的具体做法是:体温超过39℃,给予头部冷敷;体温超过39.5℃时,可进行温水擦浴或酒精擦浴;当体温超过41℃时,可在患者身体周围放置冰块或将患者置于冷柜中降温。当物理降温无效时,可选用适当的解热镇痛药进行药物降温,如消炎痛(吲哚美辛,25毫克/次)、吡罗昔康(20毫克/次)、阿司匹林(0.3～0.6克/次)、对乙酰氨基酚(扑热息痛,0.5克/次)或布洛芬(0.2～0.4克/次)等。高热昏迷者或(和)惊厥者,可口服安宫牛黄丸(3克/次)、紫雪(1.5～3克/次)或万应锭(5锭/次)等药物急救治疗。

保持室内空气新鲜,注意患者身体清洁,给予患者多饮水。出汗后应及时更换衣服、被褥,并注意防止受凉。

五、急性腹痛的急救处理

急性腹痛是多种疾病均可出现的一个常见的症状。这类病人除腹部剧痛外,还具有情况复杂、病情重、变化快等特点,如处理不当,可导致严重的并发症。

1. 急性腹痛的常见原因

引起腹痛的原因多而复杂,常见原因有以下几种:① 腹腔内器官炎症,如急性阑尾炎、急性胰腺炎、急性胆囊炎、急性腹膜炎、急性胃肠炎等。② 腹腔内器官穿孔,如胃穿孔、肠穿孔、胆囊穿孔等。③ 腹腔器官梗阻,如急性肠梗阻、胆道蛔虫、胆道结石等。④ 腹腔内器管破裂,如肝脾破裂、输卵管妊娠破裂等。⑤ 腹腔外脏器炎症,如细菌性肺炎、胸膜炎等引起的反射性腹痛。

2. 急性腹痛的急救处理

发生急性腹痛时,在采取以下急救措施的同时,尽快将病者送往医院或请医生到场急救。

急性腹痛时,患者应禁食、禁水,以减轻肠胃负担;未明原因前禁用强烈止痛药物,如吗啡、阿片、杜冷丁等,以防止掩盖病情而延误诊断;禁用泻药,如开塞露、硫酸镁等,减少胃肠道蠕动;禁止灌胃或洗肠,以免加重腹痛或使病症扩散。

可采用指压止痛或按摩法止痛。

(1) 指压止痛法：适用于上腹部疼痛。本法操作简单，无不良反应，可作为一种应急的对症治疗方法。做法是：让患者仰卧，两腿自然弯曲。术者用右手食指从患者剑突顶点（心窝）沿肋缘轻轻向下按一遍，找出按压处最红的一点，用力按压（此时患者可感到非常疼痛），可减轻腹痛。也可选出肋缘处最痛点，持续按压5～10分钟。

(2) 按摩止痛法：患者取俯卧或坐位，术者站在患者左侧，以右手拇指呈45°角，来回按摩7～8胸椎棘突3～5分钟，按摩力量以患者能忍耐为度。（颈后一个特别高的棘突为第7颈椎，紧靠下面是第1胸椎棘突）。

六、毒蛇咬伤的急救

世界上已发现毒蛇近500种，我国至少有50种，常见的毒蛇有眼镜科（眼镜蛇、眼镜王蛇、金环蛇、银环蛇）、蝰蛇科（蝰蛇、尖吻腹、竹叶青、蝮蛇）、海蛇科（海蛇）。咬伤部位以手、臂、足和下肢为常见，咬伤季节以夏、秋两季多见。

1. 毒蛇咬伤的主要表现

毒蛇咬伤后，局部伤口附近可出现组织肿胀、周围皮肤呈青紫色、烧灼样剧痛，还可出现出血、起水泡，甚至损伤组织坏死；有些可出现肢体麻木或感觉消失等表现。如不及时处理，可出现畏寒、流涎、恶心、呕吐、脉搏加快、呼吸急促，进而出现复视、头昏，最后可因呼吸中枢抑制等而死亡。

2. 毒蛇咬伤急救

被蛇咬伤后，首先应观察蛇的咬伤痕迹，人被毒蛇咬伤后，除留下两排牙痕外，其顶端还有两个特别粗而深的牙印（图18.6）。如不能确定是否被毒蛇咬伤，应按毒蛇咬伤进行急救处理和观察。

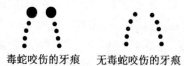

图18.6　毒蛇与无毒蛇咬伤痕迹

(1) 局部绑扎与清创。被蛇咬伤后，应立即限制伤肢活动，将伤肢放在低位，马上用布带、绷带或绳子扎紧伤口、肿胀部位的上部（近心端），以延缓蛇毒向全身扩散。每隔20～30分钟左右松解一次绷带（每次松解持续1～2分钟），以防组织缺血性坏死。直到注射抗蛇毒血清和采取有效的局部清创处理后才能停止绑扎。结扎后迅速将留在组织的毒蛇残牙等用刀尖或细针细心剔除。

(2) 冲洗。根据当时条件再用冷水、盐水、双氧水或0.02%的高锰酸钾溶液反复冲洗局部伤口。冲洗的同时，可用手从伤口上部向伤口处反复挤压，尽量将毒液冲洗出去。有条件时在伤口处用吸引器(吸乳器或拔火罐)持续吸引1小时左右,帮助毒物排出。也可用针或刀将伤口挑开扩大(切勿过深,以免伤及血管),让蛇毒流出。

(3) 尽快使用解蛇毒药物。抗蛇毒血清是中和蛇毒的有效解毒药,应尽早使用,如在30分钟内使用,效果更好。也可口服上海蛇药、季德胜蛇药、广东蛇药、南通蛇药等解蛇毒中成药物(首次口服10片,以后每隔4～6小时口服5片,连用3～5天),或采集半边莲鲜草80克左右,浓煎至300毫升后口服,或新鲜七叶一枝花50～100克磨汁口服。同时可选用上述蛇药调成糊局部伤口外敷。若毒蛇咬伤的伤口已被感染,有条件时应及时给予抗生素和破伤风抗毒素预防感染。

经以上处理后如病情不见好转或加重,应立即送往医院救治。

(余万霞)

19

几种常用的简易急救与治疗技术

一、人工呼吸术

人工呼吸是抢救呼吸停止患者的重要措施,具有疗效肯定、简便易行、便于掌握的特点。口对口法或口对鼻法是最有效的,不需要设备的人工呼吸方法,适合于现场和家庭急救时应用。

1. 口对口人工呼吸术

使患者仰卧,松解衣扣和裤带,打开气道,迅速清除患者口腔内痰液、呕吐物、泥土、血块等异物,患者昏迷时将其下颌角抬高,使下齿置于上齿之前,保持呼吸道畅通(必要时将舌头拉出,以防舌头后坠而阻塞呼吸道)。

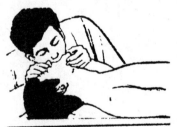

图 19.1　口对口人工吹气法

救护者一手将患者下颌托起使之张开口,并使头部尽量伸展和后仰,另一只手捏住患者鼻子;救护者中等程度吸气,将口紧贴患者口部(如不愿意与患者口直接接触,可在患者口部盖一手帕),缓慢而均匀的吹气,使患者胸部扩张;吹气后立即离开患者的口,同时松开捏鼻子的手,以便吹入肺内的气体自然排出(图 19.1)。

吹气时应连续而有节奏,用力均匀一致。成人吹气频率为 12～16 次/分,儿童、婴幼儿吹气频率为 16～24 次/分。

发现患者出现微弱自主呼吸时,人工吹气应与患者自然呼吸节律一致,切不可相反。

如同时伴有心跳停止,人工呼吸应与胸外按压同时进行,一般心脏按压 4～5 次,人工吹气 1 次。

2. 口对鼻人工呼吸术

因患者牙关紧闭,不能口对口吹气,或口对口吹气效果不佳,或救护者口过小时,可采用口对鼻人工吹气法。吹气方法与口对口法基本相同。只是将用手捏住鼻子改为用手捏住嘴唇,对准鼻孔吹气。吹气的力量比口对口人工呼吸法稍大一些,吹气时间略长一些。

对于婴幼儿抢救,救护者用口将患儿口、鼻同时包住后吹气。

二、心前区叩击与胸外心脏按压术

1. 心前区叩击术

心脏停止跳动 3~4 分钟就可出现脑组织损害,如停跳时间超过 6 分钟,大脑就会发生不可逆的永久性损害。因此,心脏突然停止跳动后,如不能及时抢救,就会造成患者死亡。

心跳停止 90 秒之内,心脏的应激性往往增强,此时叩击心前区常可使心跳恢复。做法是救护者用拳头在患者胸骨中段突然、迅速地捶击 3~5 次(拳头距离胸前 20~30 cm)。如无立即反应(心跳、脉搏恢复),应立即进行胸外按压术抢救,切不可浪费时间。

2. 胸外心脏按压术

胸外心脏按压术是抢救心跳停止患者的有效方法之一,方法简单而效果确切。胸外按压的正确部位是胸骨的下半部双乳头之间。胸部按压部位不当,不仅效果不佳,甚至可能造成危险。

对于成人,实施胸外按压时,使患者仰卧于地上(或硬板床上),救助者用一只手掌根部放在胸部正中部双乳头之间的胸骨上(手掌根部横轴与胸骨长轴方向一致,保证手掌用力在胸骨上,不要按压剑突),另一掌交叉重叠于此掌背上;按压时手臂伸直,依靠肩部和背部的力量垂直向下按压,力量以胸骨下压深度为 3~5 厘米为宜;按压后使胸廓恢复原来位置,按压和放松时间大致相等(图 19.2)。放松时双手不要离开胸壁,按压频率为 100 次/分钟。按压过程中尽量减少中断,进行一些特殊操作时中断尽量不超过 10 秒。

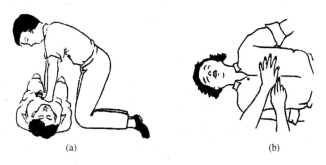

图 19.2 胸外按压

(a) 救助者肩部正对患者胸骨上方,肘部保持不动;(b) 先确定剑突,然后正确摆放手的位置

8岁以下幼儿和婴儿用中指和食指两个指头进行按压(图19.3),胸骨下压深度为1.5～2.5厘米;8岁以上儿童用一只手掌根按压(图19.4),胸骨下压深度1.5～4厘米;频率100次/分钟。

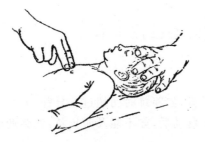

图19.3 儿童及幼儿胸外按压

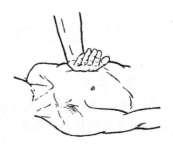

图19.4 儿童胸外单掌按压

3. 呼吸、心跳停止抢救法

对于呼吸与心跳停止者,抢救时胸外按压需与人工呼吸同时进行。方法如下(图19.5):

两人同时对患者进行抢救,其中一人进行胸外心脏按压,另一人进行人工呼吸,抢救效果优于单人抢救法。双人抢救时最有效的方法是1次人工吹气与5次胸外按压交替进行。可由按压者数1、2、3、4、5,正值按压者数完5松开手之际,吹气者进行吹气。如此反复进行。单人抢救时,按压与吹气的比例成人为15∶2,即15次按压与2次吹气交替进行,救护者连续按压15下后立即采用口对口吹气方法连续吹气2次,反复进行。

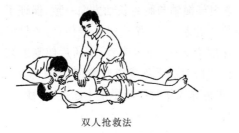

双人抢救法

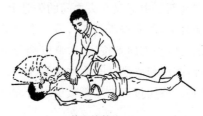

单人抢救法

图19.5 呼吸与心跳停止者的抢救方法示意图

在实施急救时,应注意观察病情变化。如患者脸色好转、嘴唇黏膜颜色转红、瞳孔由大变小、可摸到颈动脉搏动或恢复自主呼吸,都说明抢救有效。如经过上述几分钟抢救后仍然不见好转,应迅速检查原因,及时纠正。双人抢救时病情由吹气者负责观察;单人抢救时,救护者通过自己的观察和感觉进行判定,或由旁边的人协助检查颈动脉是否搏动。以后每隔4～5分钟检查一次。如果有条件,在抢救开始时可给患者枕冰袋或头部冷敷,可减少脑组织损害,并有利于以后的脑复苏。

呼吸心脏骤停是危重急症,在进行上述抢救的同时,应尽快请医生救治。上述抢救只是初级救护,即使抢救成功,也应送往医院进一步救治。

三、冷敷与热敷

(一) 冷敷

冷敷可使毛细血管收缩，减轻局部充血，降低局部新陈代谢，抑制组织细胞活动，降低神经末梢敏感性。因此，冷敷可起到止血、止痛、消炎、退热等作用。适用于退热、鼻出血、烧烫伤、毒蛇毒虫咬伤、早期运动性软组织外伤（扭伤早期）、早期面部炎症等急救。较为常用的方法有冷湿敷法、冰袋敷法、酒精擦浴法和温水擦浴法四种。

1. 冷湿敷法

在脸盆中放入凉水或冰块，将毛巾浸湿后拧干，放于需要冷敷的部位；每 2~3 分钟更换一次，每次湿敷持续 15~20 分钟，敷完后用干毛巾将湿敷部位擦干。

2. 冰袋敷法

先用锤子将冰砸成核桃大小的冰块，倒入盆内，再用冷水冲去冰块泥土和冰块上的锐角；将冰块装入不漏水的塑料袋内，然后加入少量的水，排尽袋内空气，扎紧口袋（以不漏水为度）；用干毛巾将冰袋外面的水擦干，裹上一层布后放置到需要冷敷的部位。如用于退热，可将冰袋放于前额或头顶部，也可放在腋窝、腹股沟、腘窝等处。如用于鼻部冷敷，可用绳子将冰袋悬挂起来，冰袋的底部接触鼻根，以免影响患者呼吸。

3. 酒精擦浴法

酒精擦浴多用于高热患者降温。酒精能刺激皮肤使血管扩张，从而促进散热，并且酒精在皮肤上蒸发的过程可带走大量热量。具体操作是：先脱去患者上衣露出一侧胳膊或胸部，用纱布或药棉蘸配好的酒精（酒精 1 份加水 2 份或白酒 2 份加水 1 份），拧至半干后从颈的外侧向下擦至手背，再从腋窝擦至手心；擦完一侧后穿好衣服，用同样方法擦另一侧。然后，使患者俯卧露出后背，从颈下开始擦至整个后背。接着，从髋部经腿外侧直擦到足背，再从腹股沟擦至足心，从股后经腘窝擦至足跟。四肢及后背一般各擦浴 3~5 分钟，擦完用毛巾擦干，全部擦浴过程约 20 分钟。

擦浴前关好窗户，以免患者受凉。为防止头部充血，擦浴前最好在患者头部放一冰袋、足部放一热水袋。擦浴过程中注意密切观察患者情况，如出现寒战、面色苍白时应立即停止擦浴。身体过于虚弱、对冷刺激过于敏感的患者，不能采用酒精擦浴。

4. 温水擦浴法

温水擦浴适合于高热患者降温，擦浴过程基本与酒精擦浴法相同。擦浴前在患者头部放一冰袋或在前额放一湿毛巾冷敷协助降温，足部放置热水袋以防止头部充血。擦浴时最好能一边擦浴一边按摩，可使皮肤血管扩张，从而促进散热，提高降温效果。

擦浴用的温水最好在 32～34℃。

在进行冷敷时,以下几点应特别注意:① 大面积组织受伤、局部血运不良、皮肤青紫时不可进行冷敷;慢性炎症时也不可进行冷敷。② 较长时间使用冰袋时,应防止局部冻伤。③ 进行酒精擦浴或温水擦浴时,应避开前胸、腹部和后颈部,因为这些部位对冷刺激较为敏感,可能会引起心跳减慢、腹泻等不良反应。

(二) 热敷

热敷可使肌肉松弛,减轻肌肉痉挛而引起的疼痛,能使局部血管扩张、循环加强、局部白细胞数增加,能促进化脓、帮助炎性产物吸收,从而起到消炎、消肿的作用。热敷还可提高体温,使人感觉舒服。热敷适用于腰腿痛、关节炎、胃肠痉挛、化脓性皮肤感染和乳腺炎等。常用的方法有热湿敷法和热水袋法。

1. 热湿敷法

在要进行热敷的部位涂上少许凡士林,再盖上一层纱布(如手边无凡士林,此步可免);将毛巾或纱布折成方块浸入约 80℃(以手背能忍受为宜)的热水,拧干后放于热敷部位纱布上,然后在热毛巾上覆盖棉垫或塑料布;每 3～5 分钟更换一次,每次热敷时间为 20～30 分钟;热敷完毕将局部凡士林擦拭干净,患者穿好衣服,不要急于外出,以免受凉。

手、足热敷时,将手、足直接放入热水中;会阴部热敷可坐浴。

2. 热水袋热敷法

将 70～80℃ 的热水灌入热水袋中(满度为 1/2 左右),尽量排尽袋内气体,拧紧袋盖,擦干袋表面的水,然后检查是否漏水;外面用纱布或薄毛巾包好热水袋后,放于需要热敷的部位。婴幼儿、循环不良、局部知觉麻痹的患者,热水袋不能紧靠皮肤,同时注意观察局部皮肤变化,防止烫伤。

四、简易催吐

简易催吐是抢救误服药物、毒物的有效方法之一。通过催吐,可使进入胃内的毒物及时排出体外,减少毒物吸收,使中毒者得救。

用筷子、鸡毛、压舌板或手指轻触中毒者咽喉后壁或舌根,从而引起呕吐,使中毒者将食入的毒物吐出;然后给予中毒者大量饮水或 0.02% 的高锰酸钾溶液,再采用以上方法催吐,反复多次,直至将胃中内容物吐尽,排出的液体无味为止。

当病人昏迷、抽搐或惊厥时,以及误服腐蚀性毒物等,不可进行催吐;患者原有胃溃疡出血、食管静脉曲张等情况时,一般不宜催吐;服毒时间超过 2 小时,有毒食物或药物已经进入肠道者,不必再进行催吐。

对于严重中毒者,经上述处理后,应及时送医院抢救。送医院时应带上中毒者所服的毒物、药物,以便入院后及时明确诊断,尽快作进一步抢救。

五、如何给病人注射药物

有些药物口服不能被吸收或会被消化液所破坏,因此,必须通过注射途径给药才能发挥作用。注射给药主要有肌肉注射、静脉注射、皮内注射、皮下注射四种途径。皮内注射常用于做各种过敏试验;皮下注射常用于急救;当注射的药物对组织刺激性较强,不宜做皮下注射时,可采用肌肉注射;一些需要迅速发挥作用或某些不适合用皮下或肌肉注射的药物,可采用静脉注射法给药。以下介绍家庭常用的肌肉注射药物方法。

(一) 注射前的准备

1. 注射用品准备

注射用品包括2或5毫升消毒注射器1副、注射用针头1~2支;消毒用棉签、碘酒、75%酒精(或酒精、碘酒棉球)、镊子、砂轮、无菌纱布敷料;注射用药品。

2. 注射药物及器械检查

检查注射器、针头,应完好无损,结构严密,发现包装破损不能使用。

检查注射用药品是否在有效期内,药量是否正常,是否变质、变色、沉淀等,发现异常时不可使用。

(二) 注射方法

1. 吸药及溶药方法

(1) 安瓿药液吸取:先用指尖弹一下安瓿尖端药液,用砂轮在安瓿颈部划一圈,用酒精棉球消毒安瓿颈部,然后用无菌敷料包裹安瓿头部,打开安瓿;左手食指和中指夹住安瓿,右手持注射器,将针头插入安瓿(针头斜面朝下),将药液全部吸入注射器内,排净注射器内空气备用(图19.6)。

图19.6 排尽空气

(2) 密封瓶粉剂溶解与吸取:揭开铝盖中央部分,用酒精棉球消毒瓶塞;从瓶塞中央抽出与注入稀释液量相等体积的空气,然后向瓶内注入药物稀释液,轻轻摇匀溶解;再用注射器内先吸入与所需药液量相等的空气注入瓶内,然后将药液吸入注射器内,排尽空气后备用。

2. 注射部位选择

注射时应避开大血管、神经、骨隆起、瘢痕及皮肤病灶处。臀部外上方1/4区域是肌肉注射最常用的部位。有两种常用方法确定臀部外上方注射部位,一种是连线法(图19.7(a)),做法是从髂嵴前角处与两臀沟线的上端作直线,连线的外1/3与中1/3交界区域即为注射点;另一种是十字划线法(图19.7(b)),先从髂嵴上角向下划垂线,再从两臀沟线上端向外作与之垂直的横线,两线相交的外上 1/4 区域即为注射部位。

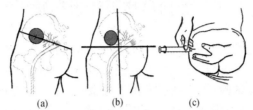

图 19.7 臀部注射部位选择与注射法

3. 注射方法

准备好注射药品;患者取舒适位置(坐位或侧卧位),消毒注射部位皮肤(先用碘酒棉签或棉球从中心向外螺旋消毒直径 2～3 厘米的区域,再用 75％酒精棉球用同样方法擦去碘酒);注射者用左手绷紧和固定注射部位皮肤,右手持注射器,垂直、迅速将针头 2/3 刺入肌肉内(图 19.7(c)),放开左手,抽动针栓,如无回血,将药物缓缓注入;注射完后迅速拔出针头,用消毒的干棉球轻擦针眼。

注射时动作要敏捷、灵巧,进针、拔针要快,推注药物要慢,进针时针头不可全部刺入,以防断针时难以取出。

六、生命指征的检查

体温、脉搏、呼吸、血压是机体活动的客观反映,是衡量人体身体状况的依据。由于体温、脉搏、呼吸、血压的存在是人体存活的根本标志,因此这些指标被称为生命指征。在健康状况下,它们的变化很小,当人体患病时即可发生不同程度的变化,尤其在急症时变化更是明显。在家庭或现场发现急症(指突发的疾病或意外伤害)病人以后,通过对病人生命指征的检查,便可初步了解分析病情,为及时正确抢救提供依据。此外,生命指征也可作为体育运动和劳动保健的自我监测。

(一) 体温测量

1. 体温表与体温测量方法

测量体温通常使用摄氏(℃)体温表,其刻度为 35～42℃,按用法不同分为口表和肛表两种;口表表头(装水银部分)细长,肛表表头为圆形或椭圆形或较粗的圆柱形。近年来,市场上有不少类型的电子体温计,使体温的测量更为方便。

体温测量常用方法有口腔测量法、肛内测量法和腋下测量法。口腔测量用口表,肛内测量用肛表,腋下测量用口表或肛表均可。具体测量程序如下:测量体温前先将体温计的汞柱甩到 35℃ 以下,然后用蘸有消毒剂的棉球从水银端开始朝另一端擦拭。口腔测量时,将表头放在舌下,嘱病人紧闭嘴唇;腋下测量时,将表头置于病人腋窝深部,紧贴皮肤,病人屈臂过胸,夹紧体温表;肛门测量时,先在表头涂少量凡士林,病人取侧卧屈膝位,将体温表前1/2插入肛门。3~5分钟后取出体温表观察,并记录体温。

三种方法中,腋下测量方便、卫生,人们易于接受,因而应用普遍。但洗澡、擦浴或浑身出大汗时,需经过10分钟后再测定腋下体温,才能结果准确。鼻塞、昏迷、精神病者和小儿不宜用口表测温;饭后、喝热水或面部、喉部热敷后,需经过15分钟才能用口腔法测量体温。肛门测量适合于小儿、重症病人及昏迷病人,但病人灌肠后20分钟内不宜用肛门法测量体温;肛门阻塞、痢疾、腹泻等病人也不宜用此法测温。

2. 体温观察

对于一般病人,每日检查体温1~2次,发热病人4~6小时检查一次,重病患者每2小时检查一次。

正常体温:口腔体温36.3~37.2℃;肛门体温36.5~37.5℃;腋下体温36~37℃。正常情况下,人的体温一般在清晨较低,午后较高,但昼夜温差不超过1℃。小儿体温稍高,老人体温略低,剧烈运动后体温可暂时升高。

异常体温可见于以下两种情况:① 发热:指体温超过正常范围,38.0℃以下为低热,38~38.9℃为中热,39~41℃为高热,41℃以上为超高热。② 低温:指体温低于36℃,常见于大出血、休克和极度衰弱的病人。

发热病人体温可在几天内降至正常,这种降温过程称为渐退,病情一般不会出现特殊变化。有时病人体温可在很短时间内突然下降至正常甚至正常体温以下,这种降温过程称为骤退,提示病人情况发生变化,如虚脱、休克等,应予以高度警惕。

(二) 脉搏检查

脉搏跳动次数与强弱可反映心脏功能状态,是早期发现危重病人的简易方法。

1. 检查脉搏的方法与部位

被查者安静状态,取舒适位置,检查者用右手食指、中指、无名指的指端,轻轻按在动脉位置上,测量每分钟脉搏跳动次数。

一般情况下,检查时多选用较为浅表的动脉,如桡动脉(图19.8)。危重病人,尤其是怀疑心跳已经停止者,应检查颈动脉(图19.9)。因为颈动脉离抢救者最近且动脉粗大,结果最为可靠,而且易于掌握。

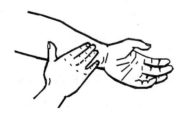

图19.8 桡动脉脉搏检查法

图19.9 颈动脉脉搏检查法

2. 正常脉搏与异常脉搏

正常人的脉搏与心跳一致,节律规律、强弱匀均。男性每分钟60～80次,女性每分钟70～90次,儿童每分钟90次,新生儿每分钟130次,老年人脉搏较慢。运动或情绪激动等均可使脉搏出现暂时的加快、加强,因此应在病人安静状态下检查脉搏。发热时,体温每升高1℃,脉搏加快10～15次/分钟。

某些疾病能显著影响脉搏频率,出现脉搏加快或减慢。脉搏每分钟超过100次,称为心动过速,常见于发热、心衰、贫血、甲亢、休克等症。每分钟低于60次者,称为心动过缓,经常体育锻炼或某些疾病(如某些心脏病)可出现此种现象。某些心脏病患者,脉搏节律、强弱可出现明显改变,如交替脉、间歇脉等,检查时应特别注意。

(三) 呼吸检查

呼吸是人体与外界进行气体交换,从自然界吸取氧气和呼出体内二氧化碳的过程。

1. 呼吸频率

正常的呼吸次数因年龄不同而有所差异,一般年龄越小呼吸越快。每一呼一吸为1次呼吸。正常成人为16～20次/分钟,节律均匀。老年人较青壮年慢,小儿较青壮年快。新生儿为40～44次/分钟,6个月至1岁幼儿30～35次/分钟,1～3岁儿童为25～30次/分钟,3～5岁儿童25次/分钟左右;运动或情绪激动可使呼吸暂时加快、加深。通常情况下,每呼吸1次心跳3～4次。

2. 呼吸观察

使被检查者处于安静状态、自然呼吸,观察被检查者胸部和腹部起伏情况。通常女性、青年人以胸式呼吸为主,男性或小儿以腹式呼吸或胸腹混合式呼吸为主。

检查呼吸时通常与脉搏检查同时进行,但危重病人应随时观察。对于危重病人呼吸非常浅者,可用棉絮贴于鼻孔处,以棉絮的摆动来计数呼吸次数。

3. 异常呼吸

很多危重病人呼吸频率、深度、节律常发生变化,观察呼吸变化、及时识别危重病患指征,对早期救治有重要意义。常见的异常呼吸表现如下:

(1) 呼吸增快:成人呼吸每分钟超过20次以上,称呼吸增快。呼吸每分钟超过40次,提示病情危重。

(2) 呼吸减慢:成人呼吸每分钟不到16次,称呼吸减慢。每分钟呼吸次数少于8次,提示病情危重。

(3) 呼吸节律异常:主要表现为失去了正常的呼吸形式,呼吸节律出现异常提示病情危重。

(4) 呼吸困难:表现为鼻翼煽动或点头样呼吸。

（四）血压测量

血压可反映心血管系统功能状况，正确测量血压在急症抢救、诊断、治疗和高血压自我监测与预防控制中有重要意义。

1. 测量血压的部位

测量血压可采取下肢腘动脉或上肢肱动脉，因肱动脉离心较近，位置浅表，动脉较粗，便于检查，临床及家庭多采用此法。目前市场上出售的自动电子血压计使家庭检测血压更为方便。

2. 测量方法

测量前让被测者休息片刻使之处于安静状态，取坐位或取卧位。

将被测者衣袖卷至上臂上端（注意不要太紧），被测者手臂完全放松，伸直肘部，掌心朝上，手臂与心脏基本处于同一平面高度。

将血压计袖带展开平缠于上臂中部（袖带松紧适宜，下缘离肘弯横纹的距离不少于2厘米）；袖带皮管连接于血压计接口；然后在肘窝偏内侧用手指寻找动脉搏动处放置听诊器头。

握住气囊，关闭气门打气，使水银升高到听不到动脉搏动时为止；然后微开气门，使水银柱缓缓下降；测量者注意观察水银柱刻度和倾听动脉搏动声音；当听到第1声动脉搏动声时水银柱到达的刻度就是收缩压；随水银柱降低，至动脉搏动声消失时的刻度，即是舒张压。测量完毕记录结果：收缩压／舒张压。如收缩压120 mmHg、舒张压80 mmHg，则记为120／80 mmHg。

3. 血压正常值范围

在安静状态，正常成人血压（收缩压/舒张压）<120／80 mmHg；血压在120~129/80~89 mmHg范围时，为临界高血压；血压≥140／90 mmHg时，即为高血压；血压≤90／60 mmHg时，称为低血压。

正常情况下，血压可因年龄、性别、体位、运动及精神因素等而发生变化。通常老年人血压高于青壮年，运动后血压可暂时升高，精神紧张、吸烟、饮酒等都可使血压出现暂时性升高。很多疾病都可引起血压升高，也有一些疾病引起血压降低。身体虚弱、某些药物可引起体位性低血压（在蹲位、坐位或卧位突然站立时出现头晕、心慌、眼前发黑，甚至昏厥等表现）。

（五）意识检查

意识是一项非常重要的体征，人体的意识状况可反映一些全身性疾病的状况，对某些病情性质和严重程度的判断具有很高的价值。一些疾病会导致机体不同程度的意识障碍，由浅至深分为嗜睡、昏睡、浅昏迷、中度昏迷和深昏迷几个层次。昏迷是一种危重急症,应尽快送往医院进行救治。很多人由于不了解睡眠与昏迷的区别,将患者的昏迷状态误认为是睡眠,而延误抢救时机。

睡眠是机体维持内环境稳定和正常生理机能的一种正常的自主性生理活动。睡眠时,机体感觉神经机能减退、运动神经机能下降、植物神经功能改变。睡眠时,人体有自主运动,如屈腿、翻身等动作;对周围的光、声刺激能做出反应,可以被唤醒,醒后呈现正常的觉醒状态。

意识障碍由浅至深分为以下几种:

(1) 嗜睡:是意识障碍的初期,以各种心理过程的反应迟钝为特征。患者表现为终日睡眠,唤之能醒,问话基本能正确回答,但很快又进入睡眠。有自主运动,各种生理反射均存在,呼吸、脉搏、血压正常。

(2) 昏睡:是一种程度介于嗜睡和昏迷状态之间的意识障碍,以语言反应接近消失为特征。患者处于深睡状态,不易被唤醒,只有在强烈和反复的痛觉或外部声响的刺激下才能唤醒,唤醒时答话含糊或答非所问,并且转瞬又进入睡眠。可有自主运动,各种生理反射均存在,呼吸、脉搏、血压正常。

(3) 浅昏迷:患者痛觉反应开始减退,对周围强烈的疼痛刺激(如针刺等)有痛苦表情和防御反射。无自主运动,对周围事物与光、声刺激均无反应,咳嗽、吞咽、瞳孔、角膜等反射可存在,呼吸、血压、脉搏基本正常。

(4) 中度昏迷:患者对周围的各种刺激均无反应,对强烈的疼痛刺激有简单的防御反射。瞳孔反射迟钝、角膜反射减弱,呼吸、血压、脉搏可出现变化。

(5) 深昏迷:患者对各种刺激均无任何反应,痛觉反应完全消失。瞳孔扩大,对光反射、角膜反射、咳嗽反射、吞咽反射、腱反射全部消失;肌张力减弱,大小便失禁或尿潴留;呼吸常不规则,血压可下降。

昏迷表明大脑功能受到严重抑制,必须高度警惕。引起昏迷的疾病很多是危重疾病,有些疾病本身并不太严重,但进入昏迷程度,说明病情已进入危急阶段。因此,正确辨明患者意识障碍的程度,就有可能使患者获得及时抢救的机会。

(华 萍)

附 录

一、常用食物的性味、归经与功效

1. 常用副食调料的性味、归经与功效

食盐：味咸、性平微凉，入肺、胃、肾和血液；具有泄热软坚、润燥通便、催吐利水之功效。将盐炒焦后用开水送服可催吐，解食物中毒；用盐水（2%～3%）洗头，每周1～2次，可防治脱发。

食醋：味酸、性温，入肝；具有消食健胃、祛瘀消肿之功效。外用可治烧烫伤、手足癣；陈醋热水洗头，可防治脱发。

糖：味甘甜、性温润，入肝、脾；具有润心肺、暖肝和中益脾之功效。

酒：味甘辛、性大热、入十二经；有通血脉、助药力、温脾胃、破症结之功效。适量饮酒能助肝胆、养脾气。

茶叶：味甘苦、性凉，入心、脾、肾、大肠；具有兴奋神经、除湿清热、消食利尿、生津止渴、祛油腻之功效。

蜂蜜：味甘、性平，入肺、脾、大肠；具有和百药、养阴润燥、润肺补虚、解药毒、养脾气、悦颜色等功效。

八角（大茴香）：味辛、性温，入心、脾、膀胱、肾；具有下气宽中、破气健胃、调中止呕之功效。

小茴香：味辛、性温，入心、脾、膀胱；具有调中下气、行气止痛之功效。生姜、小茴香各30g共碾成粉，每次3g，每日3次，温开水送服，可治受寒腹痛、寒湿凝滞所致的痛经。

花椒：味辛、性温，入脾、胃、肺；具有温中散寒、祛湿杀虫、健胃止泻之功效。花椒煎水涂抹，可祛痱止痒。

桂皮：味辛、性热，入脾、肺；具有健胃祛寒之功效。

胡椒：味辛、性温热，入肺、胃、大肠；具有温中散寒、健胃之功效。

豆豉：味苦、性寒，入肺、胃；具有清热解表、透疹解毒的功效。

生姜：味辛、性温，入肺、脾、胃；具有解表散寒、除湿祛水、止咳祛痰、健胃进食之功效。

葱：味辛、性温，入肺、肝、胃；具有发表解肌、利肺通阳、解毒消肿之功效。

大蒜：味辛、性温，入脾、肾；具有杀虫除湿、温中消食、化肉消谷、破恶血、攻积冷之功效，外用能散痈。

2. 常用蔬菜、水果的性味、功效与用途

辣椒：味苦辛、性大热，入脾、胃、肝、大肠；具有祛寒健胃、消化食滞之功效。可用于治疗食欲不佳、胃寒饱胀、消化不良；外用可治冻疮和斑秃。

大白菜：味甘、性平寒，入肠、胃；具有清热除烦、通利肠胃、解渴利尿之功效。可治疗大小便不畅、解木薯中毒。

韭菜：味辛甘、性温，入肝、脾、肾；具有补肾益阳、温中下气、调和脏腑、暖胃、除湿理血、增进食欲等功效。

芹菜：味甘、性温，入肺、胃、肾；具有健脾养胃、固肾止血之功效。可治疗高血压、糖尿病、血尿、失眠等。

菠菜：味甘、性凉滑，入肠、胃、膀胱；具有通肠胃、开胸膈、利五脏、下气调中、止渴润燥之功效。

马齿苋：味甘酸、性寒滑，入肝、大肠；具有清热解毒、生津止渴、散血消肿、除湿止痢、利尿润肺之功效。鲜马齿苋捣烂外敷患处，可治流行性腮腺炎、毒蛇咬伤、阴囊湿疹。

香菜：味辛、性微温，入心、脾、胃；具有消食通气、透疹外出、祛面部黑子之功效。可治疗发热无汗、麻疹初起疹透不出、消化不良。

白萝卜：味甘、性平，入肺、脾；具有祛痰润肺、下气消食之功效。煮食可治消化不良、肺热咳血、痰多、口干多饮、小便不畅、醉酒；白萝卜捣汁与适量食醋调匀，涂于患处可治疖肿；生萝卜切成大片，轻擦患处至自觉温暖为止，可治冻疮。

胡萝卜：味甘、性平，入脾、胃、肠；具有清热解毒、下气宽胸、补中安五脏、解麻疹热毒之功效。

黄瓜：味甘、性寒，入胃、小肠；具有清热解毒、利尿之功效。可治烦热口渴思饮、小便不畅。小黄瓜2条用果汁机打碎，将1个鸡蛋白与黄瓜汁调匀，加入面粉调成糊状敷面，适合日晒后皮肤保养。

苦瓜：味甘苦、性寒，入肠、胃；具有清心明目、除邪热、益气壮阳之效。鲜苦瓜捣汁，外涂于患处，可祛痱止痒。

丝瓜：味甘、性凉，入心、肺；具有凉血解毒、清热利肠、通经络、活血脉、下乳汁之功效。新鲜丝瓜四分之一条，加水50毫升捣烂，将面纸浸泡其中后取出敷面30分钟洗净，能使人皮肤变得光滑细腻，具有抗皱消炎，预防、消除痤疮及黑色素沉着的特殊功效，所有肌肤适用。

冬瓜：味甘、性微寒，入肺、脾、大肠；有清热解毒、止渴除烦、祛湿除暑、利小便、解鱼毒之功效。冬瓜3000克（去皮）加白酒500毫升、清水1000毫升煮烂，滤去渣，熬成膏，用瓶盛好，每夜用膏涂面，清晨洗去，可以使黑脸逐渐变白，也可使脸色黄褐、黑斑或黯黑不白润者逐渐变得光洁，适合所有肌肤。

莲藕：熟藕味甘性温、生藕味甘性寒，入心、脾、肺；熟藕具有补心生血、健脾开胃、滋养强壮之功效，生藕具有除烦解渴、散瘀止血健胃之功效。

西红柿：味甘酸、性微寒，入肝、脾、胃；有清热解毒、生津止渴、凉血平肝、健胃消食之功效。

芋头：味辛、性平滑，入脾、胃；具有益脾胃、调中气、解毒消肿之功效。外用可治筋骨病、跌打损伤、蛇虫咬伤、蜂蜇伤；芋头、生姜各1份，共捣烂成泥，敷于患处，每日换药一次，可治腰痛、腰肌劳损、坐骨神经痛、扭伤、关节痛等。

土豆：味甘、性平，入胃、大肠；具有益气调中、健脾和胃之功效。内服可治胃痛、便秘，外用可治湿疹。

山药：味甘、性平，入肺、脾、胃、肾；具有健脾厚胃肠、补肺益肾之功效。可治脾虚泄泻、久痢、虚劳咳嗽、遗精带下、小便频数、消渴、子宫脱垂等。

茄子：味甘、性寒，入胃、肠；具有活血祛淤止痛、消肿宽肠利尿之功效。

刀豆：味甘、性温平，入肺、胃；具有益肾治咳喘、利胃肠温中下气、止呃逆之功效。

豇豆：味甘、性平，入脾、肾；具有健脾、止消渴之功效。

扁豆：味甘、性平，入脾、胃；具有消暑解渴、解毒下气、除湿止泻、和中止呕、健脾和胃之功效。扁豆煮熟吃豆喝汤，可治女性白带过多、胎动不安、呕逆少食；生扁豆晒干研成末，每次9克，米汤送服，可治妊娠呕吐。

梨：味甘微酸、性寒，入心、肺、胃；具有清热解毒、除烦利尿、清心润肺、止渴生津、润喉祛痰、降火止咳等功效。大梨1个去皮和核，加入冰糖15克或川贝粉3克，放于碗内蒸熟后吃，有润肺止咳作用；1/4个成熟的梨果肉捣烂，加蛋黄1颗搅拌均匀，敷面15～20分钟，用温水洗净，用于深层滋养肌肤，让肌肤柔软细致，适合中性及干性肌肤使用。

苹果：味酸甘、性平，入脾、胃；具有止渴生津、润肺化痰、补心益气之功效。饭后吃生苹果1个，可治消化不良；每日早晚各吃苹果1个，可治便秘；苹果1个和甘草共捣碎后敷面，可去角质、美白肌肤，适合肌肤暗沉、肌肤无光彩者。

葡萄：味甘酸、性平，入肝、脾；具有健胃生津止烦渴、益气补血之功效。葡萄干能健胃益气。

西瓜：味甘淡、性平凉，入心、肺、脾、肾；具有解暑清热、利水下气、消烦止渴、解酒毒之功效。

柑：味甘、性微寒，入脾、胃；具有生津止渴、清利胃肠、通利小便之功效。

橘子：味甘酸、性平温，入肺、胃；具有生津止渴、开胃健食、润肺补肺气之功效。

橙子：味酸甘、性寒，入胃、肠；具有行血止血、通便利尿之功效。可治恶心、便秘、小便不畅、痔疮出血等。

柠檬：味酸、性凉，入胃、肠；具有生津止渴、化气和胃之功效。柠檬榨汁，加鸡蛋1个、橄榄油适量、盐少许拌匀后涂脸，可防皱，所有肌肤适用。

柿子：生柿子甘涩、凉，柿饼甘、温，入脾、肺、大肠；具有清热解毒、润心肺、止咳化痰、健脾涩肠。

香蕉：味甘、性寒，入肺、大肠；具有清热除烦止渴、润肺及大肠、解酒毒、降血压之功效。香蕉2个，加冰糖适量煮食，可治久咳、便秘、痔疮出血；香蕉500克一次服完，可润肠通便。

菠萝：味甘、性平，入肺、大肠；具有消食止泻、清热解暑之功效。菠萝1个，去皮捣汁服，可治消化不良、中暑烦渴。

罗汉果：味甘、性凉，入肺、脾；具有清肺润肠、化痰止渴、消暑润喉之功效。

红枣：味甘、性平，入脾、胃；具有补脾益阴、调和营卫、补血安神、润肺止咳、固肠止泻、和百药之功效。

荔枝：味甘酸涩、性温，入脾；具有疏肝理气、补脾益肝、养血生智、养心神之功效。荔枝干、红枣各10枚水煎服，每日1剂，分2次服，可治体虚贫血；每日吃荔枝干10个，可治小儿遗尿。

桂圆（龙眼）：味甘、性平温，入心、脾、胃；具有补心脾、益血气、健脾胃之功效。

枇杷：味甘酸、性平，入肺、脾；肉具有润肺止咳、疏肝和胃降逆之功效；叶具有清肺下气、止咳逆、治热咳之功效。

山楂：味酸、性凉，入脾、胃；具有活血散瘀、化痰行气、健脾消积之功效。

樱桃：味酸甘涩、性温，入肝、胃、肾；具有健脾开胃、止渴生津、调中益颜、止遗精、止泻痢之功效。

石榴：味甘酸涩、性平温，入脾、肾、大肠；具有润肺止咳、补气、收涩固肠、止泻止带之功效。石榴分甜、酸两种,入药多用酸石榴。

桃:味甘酸、性微温,入肠、胃;具有润肺、解劳热之功效。桃叶能发汗杀虫,桃花祛痰、消积利尿,桃仁破血祛瘀、润燥滑肠。

桑葚:味酸甘、性微寒,入肺、肝、肾、大肠;具有润肺通便、止渴解毒、滋肝肾、补血养颜、宁心利水之功效。

甘蔗:味甘涩、性平,入肺、脾、胃;具有消痰止咳、下气和中、助脾气、宽胸膈、利大小肠、解除烦渴之功效。

木瓜:味甘、性寒平,入心、肺、肝;具有润肺止咳、清暑解渴、健脾胃、助消化之功效。

栗子:味甘、性温,入脾、胃;具有益肾气、厚胃肠之功效,生食可治腰膝无力。

核桃:味甘、性平温,入肺、肝、肾;具有补肾养血、润肺纳气、润肠止带之功效。

3. 常见五谷杂粮的性味、归经与功效

黄豆:味甘、性平,入脾、胃;具有清热利小便、解毒、益气宽中、消胀散血之功效。黄豆芽味甘、性寒,入脾、胃、膀胱;能利湿清热。豆腐入肺、大肠;可清热利尿、益气宽中、消肿散血。

绿豆:味甘、性寒,入心、肝、胃;具有清热解毒、消水肿下气、止渴利尿、厚肠胃、除烦热之功效。绿豆60克、生甘草60克,水煎服,可治食物中毒;绿豆60克、金银花30克,水煎服,可防治中暑、暑湿感冒;绿豆、海带各适量,水煎服,可治湿疹、痱子、皮肤瘙痒等。

红小豆(赤小豆):味甘酸、性平,入心、小肠、肾和膀胱;具有消毒清热、散恶血、通乳、利小便、消胀满等功效。红豆碾成粉用食醋调成糊,涂于患处,可治跌打损伤。

黑豆(乌豆):味甘、性温,入心、脾、肾;具有补血明目、滋阴补肾、除湿利水之功效。

豌豆:味甘、性微寒,入心、脾、胃、大肠;具有益中气、解渴通乳、治呃逆、解毒利水、止泻痢、去黑斑之功效。

蚕豆:味甘、性温,入肺、大肠。蚕豆皮健脾利湿;蚕豆快胃、脏腑,止血解毒。

糯米:味甘、性平,入脾、肾;具有补中气、暖脾胃、缩小便之功效。

小麦:味甘、性寒,入脾、胃;具有清热养心除烦、止渴利尿之功效。

小米:味甘、性微寒,入胃;具有和胃安神、健胃除湿之功效。

玉米:味甘、性平,入胃、肾;具有利胆、利尿、止血、降压之功效。

薏米(薏苡仁):味甘淡、性微寒,入脾、胃、肺、大肠;具有清热利湿、除风湿、利小便、益肺排脓之功效。

红薯(番薯):味甘、性平,入肝、脾;具有健脾胃、益气补虚、通乳汁等功效。鲜红薯叶用油盐炒熟或加糖煮熟后食用,可治便秘;红薯煮熟常吃,可促进肠蠕动治便秘。

4. 其他常见食物的性味、归经与功效

黄花菜(金针菜):味甘、性凉,入胃、膀胱;具有清热解毒、止渴生津、利尿通乳、止血、解酒毒之功效。

海带:味咸、性寒,入肝、胃、肾;具有泻热利水、消炎软坚之功效。

白木耳(银耳):味甘、性平,入肺、胃、肾;具有清肺热、滋阴生津、益脾胃、润肠活血、解酒之功效。

黑木耳(桑耳):味甘、性平,入脾、肾;具有安神润燥、滋养益脾、活血祛瘀、去面上黑斑之功效。

芝麻:味甘、性平,入肺、脾、大肠;具有润肠通便、补肺益气、通血脉、润肌肤之功效。

花生米：味甘、性平，入肺、脾；具有润肺利水、醒脾开胃、理血通乳之功效。

莲子(肉)：干品味甘涩、性温，入心、脾、肾；具有补中养神、清心醒脾、健脾开胃、固精止泻之功效。

蘑菇(香菇)：味甘、性微寒，入肝、胃；具有解毒开胃、止泻化痰、透发麻疹、防癌抗癌之功效。鲜蘑菇做菜，可防治传染性肝炎、白细胞减少、防治胃癌；长期食用可减缓各种癌症手术后转移。

5. 动物性食物的药用价值

猪肉：味甘咸、性平微寒，入脾、肾；具有补中益气、滋养脏腑之功效。药用一般用猪瘦肉。

牛肉：味甘、性温平，入脾、胃；具有健脾养胃、温中益气、壮骨强筋、除湿气、补虚损、消水肿之功效。

羊肉：味甘、性温热，入脾、肾；具有祛寒补虚、益肾开胃、温补气血、通乳治带之功效。可治肾虚腰痛、阳痿精衰、体瘦怕冷、产后无乳或带下。

鸡肉：味甘、性温平，入肝、脾、胃；具有益气补血之功效。

鸭肉：味甘、性凉，入肺、肾；具有清肺解热、滋阴补血、定惊解毒、大补虚劳、消水肿之功效。

鹅肉：味甘、性平，入胃；具有大补五脏之功效。

鲤鱼：鱼肉味甘、性温，入脾、肺、肝、肾；具有除湿利水、安胎通乳之功效。

鲫鱼：鱼肉味甘咸、性温，具有温中健胃、滋阴补肾、补脑、除恶性肿毒之功效。

草鱼：鱼肉味甘、性温，入胃、肝；具有暖胃和中、益肝明目之功效。

鲶鱼：肉味甘、性温，鳔味甘咸、性平，入脾、肾；具有滋阴补肾、养血调中之功效。

鳝鱼：味甘、性温，入肺、肾经；具有多种药用功能。

胖头鱼(大头鱼)：鱼肉味甘、性温，入胃；具有暖胃益筋骨、治头痛、头昏之功效。

鳜鱼：味甘、性平，入胃、大肠；具有补虚劳、益脾胃之功效。

墨鱼(乌贼)：味咸、性微温，入肝、肾；具有益胃通气、养血滋阴之功效。鱼骨能和胃止酸、收敛止血。

海参：味甘咸、性微寒滑，入肺、肾、大肠；具有补肾益精、养血润燥、除湿利尿之功效。主治精血亏损、虚弱、小便频数、阳痿、遗精。

海蜇：味咸、性平，入肝、肺；具有润肺清热、软坚化结、消积润肠之功效。

虾：味甘、性温，入肝、肺；具有壮阳托疮、治风痰、下乳汁、益肾填精之功效。主治肾虚阳痿、风痰、乳汁不通。

螃蟹：味咸、性寒，入肝、胃；具有清热、散结活血、通经络、养筋益气、健胃消食之功效。

鳖(甲鱼)：鳖肉味咸、性寒，入肝、肾；鳖甲味咸、性平，入肺、脾；具有滋肝阴、补骨髓、养筋活血、消痞块之功效。

乌龟：龟肉味甘酸、性温，入肝、肾、脾；龟板味甘咸、性平，入心、肝、肾；具有除湿痹、补阴虚、滋肾水、止血解毒之功效。

(华　萍)

二、部分滋补养生膳的制作与功效

（一）补脾胃膳食

1. 山药羊肉汤

【原料】羊肉 500 克,山药 50 克,胡椒粉 6 克,酒、葱白、盐、姜各适量。

【制法】将羊肉洗净,入沸水中焯去血水;山药泡透,切段;羊肉、山药放入锅内,加水葱白、姜、胡椒粉、酒,烧沸后用小火烧至羊肉酥烂,捞出晾凉切片装碗,除去原汤葱姜,调味后倒入碗内。

【功效】强壮身体,补益脾胃。适用于脾胃气虚的身体消瘦、食欲不振等症。是冬令进补佳品。

2. 胡椒茴香牛肉汤

【原料】胡椒 10 克,大茴香(八角)10 克,牛肉 500 克,青蒜 1 条。

【制法】胡椒、大茴香洗净;青蒜洗净切节;牛肉洗净,切成大块。把全部用料放入锅内,武火煮沸后,文火煲 2 小时,调入酱油、食盐即可,饮汤吃牛肉及大蒜。

【功效】温中散寒、理气暖胃。用于脘腹冷痛、食少呕吐、身寒肢冷者。

3. 大枣粥

【原料】大枣 10 枚,粳米 100 克,冰糖适量。

【制法】将粳米、大枣洗净,放入锅内,加水用武火烧开,后文火熬至成粥,加入冰糖,搅拌均匀,盛碗内。

【功效】健脾益气。适用于脾胃虚弱、贫血、胃虚食少等症。

（二）补肝肾膳食

1. 枸杞胡桃猪肾汤

【原料】猪肾 2 个,枸杞子 15 克,胡桃肉 30 克,首乌 60 克,巴戟 30 克,生地 15 克,生姜 3 片。

【制法】枸杞子、首乌、巴戟、生地洗净,胡桃肉开水去衣;猪肾洗净,切片,用姜片略炒;把中药放入锅内,加水煮沸,文火煲 2 小时;最后加入猪肾片,煮 5 分钟后,加盐少许调味,饮汤吃猪肾,每天 1 剂。

【功效】补肾填精、乌须黑发。用于须发早白,腰膝酸软,筋骨无力、头晕耳鸣等。

2. 虫草枸杞淮山羊肉汤

【原料】冬虫夏草 10 克,枸杞子 15 克,淮山药 20 克,羊肉 500 克,生姜 3 片,蜜枣 3 枚,大蒜头 4 个。

【制法】将冬虫夏草、枸杞子、淮山药洗净;羊肉洗净、切块,用开水去膻味。将全部用料放入锅内,加水武火煮沸,再文火煲 3 小时,调入适量酱油、食盐食用。每日 2 次,佐餐食。

【功效】调补肝肾、益精养血壮阳。用于女性虚弱面色无华、腰酸气短或男性精液稀少、神疲乏力等症。

3. 枸杞蒸鸡

【原料】枸杞子15克,子母鸡1只,葱、生姜、清汤、食盐、料酒、胡椒粉、味精各适量。

【制法】将子母鸡洗净,放入锅内,用沸水余透,捞出冲洗干净,沥尽水分;将枸杞装入鸡腹内,腹部朝上放入盆里,加入葱、生姜、清汤、食盐、料酒、胡椒粉,将盆盖好,上笼蒸2小时,再放入味精即成。

【功效】滋补肝肾。适用于男女肾虚、神经衰弱等。

(三) 补气膳食

1. 爆人参鸡片

【原料】鲜人参15克,鸡脯肉200克,冬笋25克,黄瓜25克,鸡蛋清1个,精盐、料酒、葱、生姜、香菜梗、鸡汤、猪油、芝麻油、味精、水豆粉各适量。

【制法】将鸡脯切成厚片;人参洗净,切片;冬笋、黄瓜切片;葱、姜切丝;香菜梗切长段。将鸡片加盐、味精拌匀,入鸡蛋清、水豆粉拌匀。猪油烧五成热,下鸡片,熟时捞出。用精盐、味精、鸡汤、料酒对成汁。将葱丝、姜丝、笋片、人参煸炒,再下黄瓜片、香菜梗、鸡片,烹上汁水,淋上油即成。食用时可分餐佐食。感冒者禁食。

【功效】大补元气。适用于气虚、身体衰弱等症。

2. 人参升麻粥

【原料】人参5~10克,升麻3克,粳米30克。

【制法】前2药水煎取汁与粳米同煮为粥。每日1剂,连服1周。

【功效】补气摄血,升阳举陷。适用于气虚月经过多,过期不止,色淡质稀,面色如白,气短懒言,心悸,肢软无力等症。

3. 清蒸人参鸡

【原料】人参15克,母鸡1只,火腿10克,水发玉兰片10克,水发香菇15克,精盐、料酒、味精、葱、生姜、鸡汤适量。

【制法】将母鸡洗净,放入开水锅里烫一下;将火腿、香菇、葱、姜切片。人参水泡,蒸30分钟,取出待用。将母鸡放在盆内,加入人参、火腿片、玉兰片、香菇片、葱片、姜片、精盐、料酒、味精,再添鸡汤(淹没过鸡),上笼武火蒸熟。将烂鸡入碗,把人参、火腿片、玉兰片、香菇片摆在鸡肉上;将蒸鸡的汤调好口味,浇在鸡肉上即成。分餐佐食。

【功效】大补元气,固脱生津,安神。适用于劳伤虚损、食少、倦耽健忘、眩晕头痛、阳痿、尿频、气血津液不足等症。

(四) 补血膳食

1. 牛骨枸杞胡萝卜汤 (或当归熟地乌骨鸡)

【原料】牛骨头250克,枸杞子50克,胡萝卜150克。

【制法】将牛骨砸碎,胡萝卜切块,枸杞子洗净,同置锅中加水,文火煮,酌加姜、鱼露、味精,调味即可,饮汤吃枸杞子、胡萝卜。

【功效】填精益髓,养血荣发,用于精血亏虚所致的头发易裂易断易脱。

2. 美味鸡肉银耳汤

【原料】公鸡肉150克,水发银耳50克,火腿肉50克,笋片25克,水发冬菇50克,鸡汤、上等鱼露、味精各适量。

【制法】鸡肉洗净,切成丝;银耳、火腿肉、笋片、冬菇放入砂锅中下鸡汤,武火煮30分钟,放入鸡丝,再煮15分钟,加鱼露、味精调味即可食用佐膳,每天1料。连吃7天为1疗程。

【功效】补虚温中、滋阴补血,用于体质虚弱、贫血者。

3. 三七蒸鸡(或当归枸杞鸡汤)

【原料】三七20克,母鸡1只,料酒、姜、葱、味精、食盐各适量。

【制法】将鸡洗净,剁块装盆,留10克三七磨粉备用,余者切片;姜切片、葱切节;把三七片放入鸡盆中,葱、姜摆在鸡上,注水,加料酒、盐,蒸约2小时取出,调入味精,把三七粉撒入盆中拌匀。

【功效】补血。适用于贫血,面色萎黄,久病体弱等。

(五)补阳膳食

1. 附片蒸羊肉

【原料】鲜羊肉1000克,制附片30克,葱、姜、料酒、肉清汤、食盐、熟猪油、味精、胡椒粉各适量。

【制法】将羊肉洗净,整块下锅煮熟,切成肉块;大碗放入羊肉、附片、料酒、熟猪油、葱节、姜片、肉清汤、食盐,隔水蒸3小时。食用时,撒上葱花、味精、胡椒粉即成。可单食或佐餐。

【功效】补阳强心,壮骨。适用于肾阳虚所致的心悸、畏寒、手足不温、腰膝酸软、尿清长、阳痿。

2. 冬虫夏草鸭

【原料】雄鸭1只,冬虫夏草5~10枚,葱、姜、食盐各适量。

【制法】雄鸭去脏洗净,放在砂锅内;再放入冬虫夏草、盐、姜、葱等调料,加水,小火煨炖,熟烂即可(或将冬虫夏草放入鸭腹内,置瓦锅内,加水,隔水炖熟,调味服食)。

【功效】补虚助阳。适用于久病体虚、贫血、肢冷自汗、盗汗、阳痿遗精等症。

3. 核桃仁炒韭菜(或韭菜炒虾仁)

【原料】核桃仁50克,韭菜、香油、食盐各适量。

【制法】将核桃仁用香油炸黄;将韭菜洗净,切成段后,放入核桃仁内翻炒,调入食盐即可。

【功效】补肾助阳。适用于阳痿。

(六)补阴膳食

1. 桑葚乌骨鸡汤

【原料】桑葚子30克,紫草10克,熟地黄30克,丹皮5克,侧柏叶10克,乌骨鸡1只(约700克)。

【制法】将乌鸡及药料洗净,药材放入鸡腹内,用线扎好,放入锅中,加水煮至熟烂,调味即可,饮汤吃鸡肉。

【功效】凉血滋阴。用于阴虚血热之白发、脱发等。

2. 枸杞山药地黄女贞白鸭汤

【原料】枸杞子30克,生地黄100克,淮山100克,女贞子50克,白鸭1只,葱、姜、米酒、胡椒粉、味精、盐适量。

【制法】将白鸭去内脏,切小块;4味中药洗净,同放入锅中,加水煎至鸭熟烂,加调味即可,饮汤吃肉。每周1剂。

【功效】养阴滋肾。适用于妇女面部之黄褐斑,同时兼有腰膝酸软、形体消瘦、眩晕耳鸣、午后潮热等。

3. 龟羊汤

【原料】羊肉、龟肉各100克,党参、枸杞子、制附片各10克,当归、姜片各6克,冰糖、料酒、葱、味精、胡椒粉、熟猪油各适量。

【制法】将龟肉用沸水烫一下,刮去黑膜,洗净;羊肉刮洗干净;再将龟、羊肉随冷水下锅,煮开2分钟,去掉腥味,捞出洗净,切成方块。党参、枸杞、制附片、当归用水洗净。旺火放熟猪油,烧至八成热,下龟羊肉煸炒,烹入料酒煸炒,炒干水分放入砂锅,再放冰糖、党参、制附片、当归、葱节、姜片,加水750毫升,武火烧开,再文火炖九成烂,放入枸杞子,续炖10分钟,离火,去掉姜、葱、当归,放入味精、胡椒粉即成。

【功效】滋阴补血,补肾壮阳。适用于腰膝酸软、面色无光、须发早白、畏寒、尿清长、心烦口渴等阴阳俱虚者。健康人食用更能防病强身,精力充沛。

(七)美容养颜膳食

1. 美颜补血粥

【原料】当归10克,川芎3克,黄芪5克,红花5克,鸡汤1000毫升,粳米100克。

【制法】将前3味药用米酒洗后,切成薄片,与红花共入布袋,加入鸡汤和清水,煎出药汁,去布袋后,入粳米,用武火烧开,文火熬煮成粥。

【功效】补血、理气、祛瘀、和色祛斑。适用于血虚所致的面色苍白者,并可消除皮肤黑斑与黑眼圈。

2. 养颜抗皱膏

【原料】人参100克,桃仁200克(打碎),白芷100克,蜂蜜350克。

【制法】将前3味药放在砂锅内,加水600毫升,连煎3次,每次取汁250毫升,再把3次汁液合在一起,浓缩为500毫升,入蜂蜜煮沸,冷却收瓶。每日早晚食2匙。

【功效】益气活血,养颜抗皱。用于预防和治疗身体早衰,面部过早出现皱纹。

3. 红颜汤

【原料】大白菜心2个(约半斤),红枣8个,牛奶半杯,鸡蛋1个。

【制法】将白菜心洗净切成长段,用沸水余过捞出备用。将红枣放入,放入清水二碗熬半小时。至余1碗水时,将配料放入,待滚沸时再放进白菜心,再滚沸时打入鸡蛋,用筷子迅速将蛋搅散成蛋花即成。

【功效】补血、养颜,润肤。

(华 萍)

三、疾病常见症状及其意义

患病时病人主观感觉到的异常感觉或某些病态改变称为症状,如头痛、头晕、乏力、恶心、吞咽困难等;而能够被检查或察觉到的客观表现称为体征,如发热、发绀、肝脾肿大、黄疸等。广义的症状包括体征。症状是在生理功能和形态结构异常改变的基础上产生的,这些异常现象常常成为患者求医的信号,是认识疾病的导向,并能够为医生诊断疾病提供重要的线索或佐证。

1. 发热

正常人的体温是由大脑皮层和丘脑下部体温调节中枢所管理,并通过神经、体液因素调节产热和散热过程,使人体的产热和散热过程处于动态平衡状态,所以正常人体有相对恒定的体温。正常人腋下体温是 36.0～37.0℃。通常情况下,体温在午后稍高,清晨稍低,但昼夜温差＜1℃;小儿体温稍高,老人稍低;运动后体温可暂时升高。若致热原直接作用于体温调节中枢,或体温中枢功能紊乱,或各种原因引起产热过多或/和散热过少,致使体温超过正常值,则称为发热。体温在 37.5℃～38.0℃ 时称为低热,38.0℃～39.0℃ 称为中热,39.0℃～41.0℃ 称为高热,超过 41.0℃ 称为超高热。在大多数情况下,发热是人体防御疾病的一种反应;但长时间持续发热,则会对人体产生不利影响。

发热过程中,产热和散热这对矛盾在不断发生变化,其表现一般可分为 3 个阶段:

① 体温上升期:致热原进入机体改变了体温调节中枢的兴奋性,使产热增加、散热减少而引起发热。此阶段主要表现为皮肤苍白、干燥、无汗,畏寒或寒战。体温上升有两种方式,一种是急剧上升,在几十分钟到几小时内达到高峰,并常伴有寒战,见于细菌性肺炎、疟疾等;另一种是缓慢上升,在几日内达到高峰,如伤寒症等。

② 高温持续期:在体温中枢调节下,机体散热过程增强,并在一个新的基础上达到平衡。此时体温达到高峰,并维持一定的高水平上。主要表现为皮肤潮红而灼热、呼吸加快加强、出汗等。此期可持续数小时(如疟疾)至数日(如肺炎、流感)或数周(如伤寒、病毒性脑炎、脑脊髓膜炎)。如果将多次测量的病人体温用坐标纸记录并画线连接起来,就会发现许多发热疾病具有特殊的体温变化曲线(医学上称为热型),在疾病诊断和鉴别诊断上可有帮助。体温保持在 39.0～40.0℃ 左右,达数天或数周,一天内体温波动不超过 1.0℃,称滞留热,常见于大叶性(细菌性)肺炎、伤寒、急性白血病、病毒性脑炎、脑脊髓膜炎等。体温保持在 39.0℃ 以上,但波动较大,一天内体温差别超过 2.0℃,称为弛张热,常见于风湿热、败血症、脓毒血症、肝脓肿、严重结核等。如果发热与无热交替出现,称间歇热,可见于疟疾、肾盂肾炎、淋巴瘤、周期热等。有时发热无一定规律,可见于流行性感冒、风湿热、支气管肺炎、肺结核、癌性发热等。

③ 体温下降期:由于机体的防御作用或医生采取了适当的治疗措施,产热和散热恢复到正常的相对平衡状态,体温下降至正常。体温下降也有两种方式:一种是渐退,体温在数日内逐渐恢复至正常(如伤寒、风湿热等);另一种为骤退,体温在数小时内骤降至正常,并常伴出大汗(如疟疾、肺炎等)。

引起发热的原因很多,临床上大致可分为感染性与非感染性两类,以前者最为多见。

各种病原体(包括病毒、肺炎支原体、立克次体、细菌、螺旋体、真菌、寄生虫等)所引起的感染,不论是急性或是慢性、局限性或是全身性,均可出现发热。

引起非感染性发热的原因主要有以下几种:① 无菌性坏死物质的吸收。机械性、物理性或化学性损害(如大面积烧伤、大手术后组织损伤、内出血、血肿)、血管栓塞或血栓形成引起的组织或肢体坏死、癌、肉瘤、白血病、溶血等引起的组织坏死活细胞破坏。② 变态反应,可见于风湿热、药物热、血清病、结缔组织病等。③ 内分泌代谢障碍,如甲状腺功能亢进、大量失水等。④ 体温调节中枢功能失常,如中暑、重度安眠药中毒、脑颅损伤等。⑤ 神经官能症(常表现为低热)。

发热是多种疾病具有的共同症状之一,不同原因引起的发热各有不同的特点和伴随症状。如发热伴寒战,常见于大叶性肺炎、败血症、急性胆囊炎、急性肾盂肾炎、流行性脑脊髓膜炎、疟疾等;发热伴肝脾肿大,可见于病毒性肝炎、胆道感染、疟疾、白血病、淋巴瘤等;发热伴出血现象,可见于流行性出血热、重症病毒性肝炎、败血症、急性白血病、急性再生障碍性贫血等。病毒性脑炎、流行性脑脊髓膜炎、中暑、脑型疟疾等疾病,特点是现先发热后昏迷;而脑溢血、巴比妥类药物中毒则是先出现昏迷再有发热症状。

2. 疼痛

疼痛是临床上最常见的症状之一,根据病人疼痛部位、性质、程度、发作等情况,可协助诊断。疼痛是一种复杂的感觉,又有时很难形容。疼痛时还可伴随其他许多植物神经反应,如出汗、呼吸变化、血压变化、心率改变、恶心、呕吐等,也可伴有心理或情绪上的变化,如恐惧、不安、烦躁等。

疼痛的部位与发生病变的部位有关。疼痛的部位一般病人可以指出或说出,有时也很难说清。皮肤及皮下软组织外伤、炎症或其他病变很容易指出疼痛部位。有些疼痛有一定的部位和特殊表现,如心绞痛时疼痛常弥散在左前胸,胃炎或胃溃疡病人常表现为上腹痛,肝脏病人常有右胸下部或上腹痛,颅内病变常表现出头痛,关节病变或损伤引起关节疼痛等。但某些部位或内脏引起的疼痛,由于牵涉痛或放射痛等原因,往往表现在远离该器官的部位。如胆石症或胆囊炎疼痛常可在右胸或右肩部,心肌梗死时疼痛可牵涉到左臂直至指尖、左颈,颈椎病疼痛放射到单侧或双侧手臂等。

疼痛的性质一般有刺痛、烧灼痛、绞痛、撕痛、钝痛、麻刺痛、闷痛等。不同的疾病引起疼痛的性质也各有其特殊性,相似的疼痛也可能由不同的疾病引起。例如,绞痛多见于中空器官梗阻(如肠梗阻、尿路结石梗阻、胆结石梗阻等);腹部突然剧痛常见于腹腔器官破裂或穿孔、急性胰腺炎、急性阑尾炎等。有些疾病则有不明确的或不同程度的疼痛;例如,心肌梗死有胸前区闷痛、压痛,胃/十二指肠溃疡有上腹部隐痛或烧灼痛。由于精神或心理因素所致的疼痛,病人常描述得非常复杂而难以分析。

由于疼痛程度没有明确而客观的指标,很难定出标准;加上个人的耐受性、精神状态或注意力等有很大的不同,所以对疼痛程度描述的差异很大。一般可将疼痛分为严重、重度、中度和轻度。例如,胃肠穿孔、急性胰腺炎、胆囊或尿路梗阻、急性动脉栓塞等有极严重的疼痛,可伴有面色苍白、出汗、呕吐、精神紧张、脉搏加快等,有的甚至发生休克;三叉神经痛、青光眼、牙髓炎、外耳道肿疖、心肌梗死等所致的疼痛可为重度;胃和十二指肠疾病引起的上腹痛、感冒引起的头痛、坐骨神经痛等可为中度或轻度。

不同疾病所致疼痛发作的急缓和持续时间差别很大。例如,三叉神经痛常急骤发作,持续几小时到几天;肠绞痛常常骤起骤停,阵阵发作;心绞痛发作迅速,通常持续几分钟;心肌梗死发作较急,但疼痛可持续几小时或更长时间;胃溃疡、十二指肠溃疡疼痛起病多缓慢,持续几天或几周,疼痛常有一定的规律性(胃溃疡为餐时痛,十二指肠溃疡为饿时痛餐后好转)。

不同疾病引起的疼痛还常常伴随各种不同症状,可借此帮助诊断。例如,头痛伴有视力不清可见于屈光不正;头痛伴有发热多见于急性感染性疾病、中暑等;头痛伴眩晕常见于高血压、耳源性眩晕等;胸痛伴有咳嗽、咳痰、咯血症,见于呼吸系统感染等疾病;腹痛伴有腹泻、呕吐,可见于食物中毒;腹痛伴血尿,常见于尿路结石;腰痛伴有尿频、尿急、尿痛,多见于尿路感染和肾盂肾炎。各种脑膜炎、贫血、尿毒症等也可引起头痛。神经官能症也可出现多样、多变和不明的头痛。

3. 咳嗽与咳痰

咳嗽是一种反射性保护动作,呼吸道内的分泌物和从外界吸入的异物,可借咳嗽反射而排出体外。但是,频繁的刺激性咳嗽影响休息与睡眠,则失去其保护性意义。

咳痰是借助支气管黏膜上皮细胞纤毛的运动、支气管肌肉收缩以及咳嗽的冲动,将呼吸道内的分泌物排向口腔而实现的。正常支气管黏膜细胞经常分泌少量黏液,使支气管黏膜保持湿润。当咽、喉、气管、支气管或肺部发生炎症时,黏膜充血、水肿、黏液分泌增多,毛细血管壁渗透性增高,浆液渗出,渗出物(包括红细胞、白细胞、游走细胞、纤维蛋白等)与黏液混合而成痰。

咳嗽而无痰或痰少时,称为干性咳嗽,常见于急性咽喉炎、支气管炎初期、胸膜炎、轻症肺结核等。咳嗽伴有痰液时称为湿性咳嗽,常见于肺炎、慢性咽炎、慢性支气管炎、支气管扩张、肺脓肿及空洞性肺结核等疾病。

急性骤然发生的咳嗽(呛咳),多由于急性上呼吸道炎症及气管、支气管内异物引起;长期慢性咳嗽,多见于慢性支气管炎、支气管哮喘、肺结核等呼吸道慢性病。发作性咳嗽常见于百日咳、支气管淋巴结核或肿瘤压迫支气管等;周期性咳嗽可见于慢性支气管炎、支气管扩张,且于清晨起床和晚间卧下时(体位改变)咳嗽加剧;夜间咳嗽明显可见于慢性右心功能不全、肺结核等疾病。

咳嗽声音的改变对提示诊断有一定意义。咳嗽声嘶哑是声带发炎或肿瘤所致,可见于喉炎、喉结核、喉癌等;咳嗽无声或声音低微,可见于极度衰弱的病人或声带麻痹;金属声咳嗽是由于异物(如纵膈肿瘤、主动脉瘤、支气管肺癌)压迫气管或支气管痉挛所致。

不同的病因、炎症性质、组织损害不同,痰的性质和量也有所差异,故痰的性质(颜色、黏稠度)和量对疾病诊断意义也较大。正常人或呼吸道黏膜有卡他性炎症时,痰液为无色或灰白色黏液样。脓性痰表示呼吸道有化脓性感染;黄绿色痰见于肺部绿脓杆菌感染、干酪性肺炎、慢性支气管炎病人的痰液;红色或棕红色痰常见于肺癌、肺结核、支气管炎等;铁锈色痰是大叶性(细菌性)肺炎的特征。质地黏稠、无色透明或稍白的黏液性痰,多见于支气管炎、大叶性肺炎初期。

4. 恶心与呕吐

恶心与呕吐是临床常见症状。恶心常为呕吐的前驱感觉,但也可单独出现,主要表现为心窝部的特殊不适感,常伴有头晕、流涎、脉缓、血压降低等症状。呕吐是指胃内容物或一部分小肠内容物,通过食管逆流出口腔的一种复杂的反射性动作。呕吐可以将有害物质从胃中排出,从而起到保护作用;但持久而剧烈的呕吐,可引起失水、电解质紊乱、代谢性碱中毒及营养障碍。

导致呕吐的原因大致可分为中枢性和周围性两类,二者单独发生,也可能同时存在。任何中枢神经病变引起颅内压增高(如脑膜炎、脑炎、脑瘤、高血压脑病,呕吐特点是呈喷射状、顽固性,吐后不感轻松)、前庭功能障碍(如晕动症、内耳眩晕病,呕吐与头部位置改变密切相关,常伴有眩晕)、精神因素、药物中毒(如吗啡、洋地黄、土根碱等)、代谢紊乱等所致的呕吐都属于中枢性呕吐。胃部疾病(特点是与进食有关,常先有恶心,吐后感到轻松,如胃炎、胃幽门梗阻)所致的呕吐、反射性呕吐(特点是有恶心先兆、吐后不感到轻松,如腹腔器官炎症、肠梗阻、咽部受刺激)属周围性呕吐。

呕吐伴剧烈头痛,如呕吐呈喷射状,通常是颅内压增高;如呕吐伴头痛并有发热,多见于某些急性传染病(如流行性感冒、病毒性肝炎、斑疹伤寒等疾病)早期;呕吐伴肠绞痛,可见于细菌性食物中毒、其他原因引起的急性肠胃炎、肠梗阻等疾病;呕吐伴黄疸,可见于急性黄疸性肝炎、急性疸道感染、胆石症、急性胰腺炎、胆道蛔虫等。

5. 腹泻

肠管蠕动增快而引起的排便次数增多，粪便稀薄或有脓血、黏液相杂者，称为腹泻。如果仅有排便次数增多而粪便成形者，称假性腹泻。腹泻发生的机制主要是肠管运动亢进和分泌功能旺盛，以及消化和吸收功能障碍，使肠内容物迅速通过肠管，水分和营养物质不能充分吸收，粪便稀薄、排便次数频繁。腹泻时，肠道内的病原物、毒性物质或刺激物可随粪便排出体外，对机体有保护作用。但持续剧烈的腹泻可使机体丧失大量水分、电解质和营养物质等，而造成脱水、电解质紊乱、酸碱平衡失调、营养不良，甚至全身衰竭。

腹泻可分为急性腹泻和慢性腹泻两大类。急性腹泻起病急，病程多在2个月以内；慢性腹泻起病缓慢，病程常超过2个月。细菌性(腐败或污染的食物)和非细菌性(本身均有毒性或被毒物污染的食物)食物中毒、急性传染病(如霍乱、副霍乱、急性细菌性痢疾、肠道病毒感染等)、肠道过敏(如进食鱼、虾、乳类、菠萝等)、化学药物与毒物、过多进食生冷或油腻食物等是引起急性腹泻常见的原因。肠道感染性疾病、肠道非特异性炎症、胃部疾病(如萎缩性胃炎、胃酸缺乏症)、胰腺与肝胆疾病等是引起慢性腹泻的常见因素。

导致腹泻的原因不同，大便性状也可不同。如大便稀薄或水样，粪便中有未消化的食物残渣，多见于食物中毒、小肠炎症；大便带脓血、黏液，可能是细菌性痢疾或阿米巴痢疾等疾病；大便呈水样或洗肉水样，可能是急性坏死性肠炎或嗜盐菌感染等；大便呈米泔水样，常见于霍乱或副霍乱；大便内含有大量脂肪及泡沫、气多而臭，多为胰腺疾病或肠吸收不良综合征。

6. 心悸

心悸是指病人自觉心跳或心慌，伴有心前区不适感，体检时可发现心率加快或减慢、心率规则或不规则，或心搏增强等。

生理性原因及病理性原因均可引起心悸。如正常人在剧烈的体力活动或精神激动后，心脏搏动增强、心输出量增加，可引起心悸。心室肥大者、引起心输出量改变的其他疾病(如贫血、甲亢、高热等)可引起病理性心悸。心悸也可由于饮酒及应用麻黄素、咖啡因、肾上腺素等药物等引起。心率过速、过缓或心律不规则，均可使病人感到心悸。心脏神经官能症患者除感觉到心悸外，常有安静状态时心率加快、胸痛、呼吸不畅，并伴有头痛、头昏、失眠、多梦、易疲乏及注意力不集中等神经官能症表现。

心悸伴胸痛，可见于冠状动脉硬化性心脏病、心包炎、心肌炎、心脏神经官能症等。心悸伴发热，可见于风湿热、重症贫血、甲状腺功能亢进症、结核病、心肌炎、心包炎、细菌性心内膜炎及其他发热性疾病。心悸伴昏厥、抽搐，见于心动过速引起的心源性脑缺氧综合征。心悸伴呼吸困难，见于急性心肌梗死、心包炎、心肌炎、心功能不全、重症贫血、心脏神经官能症等。

7. 呼吸困难

呼吸困难是病人主观上感觉到空气不足，客观上表现为呼吸费力，严重时出现鼻翼煽动、发绀、张口呼吸、辅助呼吸肌参与呼吸活动，并可伴有呼吸频率、深度或节律异常。呼吸困难最常见的原因是呼吸系统与循环系统疾病，少数是由于中毒性、神经精神性、血源性等因素引起。腹压增高(如大量腹水、妊娠后期、急性肠梗阻等)也可引起呼吸困难。正常人在剧烈运动后，可出现一时的生理性呼吸困难。

不同疾病引起的呼吸困难各有其特点。例如,发作性呼吸困难伴窒息(气憋)感,可见于支气管哮喘、心源性哮喘等;突发性严重呼吸困难可见于气管内异物、大块肺栓塞、哮喘性支气管炎等;呼吸困难伴一侧胸痛,常见于大叶性(细菌性)肺炎、胸膜炎、肺结核、支气管肺癌、急性心包炎、自发性气胸等;呼吸困难伴发热,可见于肺炎、胸膜炎、肺结核、肺脓肿、中枢神经系统病变、咽后壁脓肿或扁桃体脓肿等。心脏病引起的呼吸困难,表现特点是劳动时加重、休息时减轻,平卧时加重、坐位时减轻。

8. 发绀

发绀又称紫绀,一般是指血液中还原性(未携带氧气的)血红蛋白增多,致使皮肤黏膜呈紫蓝色的现象。发绀多在皮肤较薄、色素较少、毛细血管丰富的循环末端,如口唇、鼻尖、面颊部、耳郭和甲床处较容易观察到,而且较明显。

由于病因不同,发绀的临床表现也有所不同。心、肺疾病所致的动脉氧饱和度不足,特点是全身性发绀。周围循环血流障碍所致的发绀,常出现于肢体下垂部分及周围部位,如肢端、耳垂与颜面等,并且这些部位的皮肤是冰冷的,如按摩或加热使之温暖,则发绀消失。药物或化学品中毒所致的高铁血红蛋白血症,发绀急骤出现,暂时性,常病情危重。大量进食含亚硝酸盐的变质蔬菜、肉类,也可引起中毒性发绀。

发绀伴有高度呼吸困难,常见于重度心、肺疾病;发绀明显而无呼吸困难者,常见于高铁血红蛋白血症;急性发绀伴有衰竭状态或意识模糊,常见于某些药品或化学品急性中毒、休克、急性肺部感染或急性心功能不全。肢端发绀常由于局部血液循环不良所致。

9. 呕血与便血

消化道出血的主要临床表现是呕血与便血,以及由于大量失血而出现的一系列全身症状,如皮肤黏膜苍白、软弱无力、眩晕、呼吸急促、四肢湿冷、冷汗、心悸、脉快而细,甚至休克等。上消化道(食管、胃、十二指肠)大量出血、胃内或返流入胃的血液经过口腔呕出,称为呕血。消化道内的出血经过肛门排出体外,称为便血。如果出血量多且在胃内停留时间短,可呕出鲜红色或暗红色血液;如果在胃内停留时间较长,则呕出棕褐色液;未被呕出的血液随大便排出可出现黑色大便(如果出血量很大、肠蠕动过快,也可出现红色或暗红色大便)。一般呕血均伴有黑便,但黑便不一定伴有呕血。

胃与十二指肠溃疡合并出血是消化道出血最常见的原因之一;急性糜烂性胃炎、各种慢性胃炎、胃癌引起的上消化道出血也较常见。肝脏疾病中以肝硬化引起的呕血最常见,各种原因引起的胆道出血或胰腺病变亦可引起呕血。尿毒症晚期、血液病(如各类出血性疾病、白血病、再生障碍性贫血)均可引起消化道出血。不同原因引起的呕血表现有所不同。呕血伴有慢性节律性腹痛,或有溃疡病史并伴有饮食不当等诱因者,多为溃疡性出血。呕血呈暗红色、量多且呈喷射状,过去有过黄疸、肝病等,多为肝硬变合并食管破裂性出血。呕血前有发热、黄疸、胆绞痛或伴有胆囊肿大,提示胆道出血。呕血伴有慢性肾病或急、慢性肾功能不全者,多为尿毒症所致出血。呕血伴有皮肤紫癜者,可能是血液病性出血。

便血可为大便带血或全便血,其颜色可为鲜红色、暗红色或柏油样黑色。一般出血部位越高,在肠道内停留时间越长,则便色越暗,且常与粪便均匀相混。便血一般分为鲜血便、柏油样便和隐血便三类。

鲜血便:鲜血一般来自回肠下端、结肠、直肠、肛门等,其颜色鲜红或暗红,可混有黏液或脓。较常见的原因有痔疮或肛裂、直肠癌或直肠息肉、结肠癌或结肠息肉、细菌性痢疾、阿米巴痢疾、溃疡性结肠炎、某些急性传染病(如伤寒、流行性出血热、爆发型病毒性肝炎)及某些血液病(如白血病、再生障碍性贫血、血友病)等。

柏油样便(黑便):凡出现柏油样便者,即表示出血量已经超过60mL;一般是来自上消化道,多见于溃疡病、肝硬化、胃炎、胃癌出血。进食大量动物血或服用大量铁剂、活性炭、某些中药等,大便也可呈黑色。

隐血便:消化道小量出血而不引起大便颜色改变时,只有靠隐血试验才能检出,称为隐血便或大便潜血。凡能引起消化道出血的疾病均可能出现隐血便。

便血伴随的症状不同,引起便血的原因也不同。便血伴有慢性节律性腹痛且常吐酸水,多为溃疡病出血。便血伴有急性上腹剧痛,可见于胆道疾病、溃疡活动期、急慢性胃炎等。便血伴有急性下腹剧痛,多见于急性坏死性肠炎等病。便血伴有发热、休克,多见于传染性疾病(如伤寒、中毒性痢疾等)出血,也可出现于急性坏死性肠炎、血液病等。

10. 血尿

尿液中含有一定量红细胞时,称为血尿。出现血尿时必须到医院请医生严格追查原因。一般来说,当1L尿液中含有1mL以上的血时,即可肉眼看到红色或呈洗肉水样尿液,称肉眼血尿。血量越多,尿液颜色越红。如果仅有极少量红细胞,用显微镜才能查出,称显微血尿。女性血尿时应排除生殖系统血液混入尿内。

血尿病人常用三杯试验检查,既一次排尿分为前、中、后三段,分别接入三个玻璃瓶中。如果前段瓶内出现血液而其余两瓶未见血液,表示血液来自尿道;如后段瓶内出现血液,称为终末血尿,提示血液来自膀胱底部、后尿道或前列腺;如果三杯中均呈血尿,说明血液来自肾脏或膀胱有弥漫性出血。

约半数以上血尿的原因是感染、结石、结核、尿路阻塞或肿瘤。不同原因导致的血尿表现各不相同:

(1)肾外伤,有肾外伤史,突然有大量全程血尿。

(2)尿路感染,常伴有尿急、尿频、尿痛,见于尿道炎、膀胱炎、肾盂肾炎、前列腺炎、泌尿道结核等。

(3)急性肾小球肾炎常有血尿,但无尿频、尿急症状。

(4)尿路结石,常伴有突然的腰痛或膀胱区痛,疼痛向外阴部及大腿内侧放射,可有排尿突然中断。

(5)尿路肿瘤、肾囊肿,常为无痛性肉眼血尿,可伴有腰部肿块,可有或没有尿频、尿急症状。

(6)血液病,除血尿外常有鼻出血、牙龈出血、皮肤紫癜或其他部位出血。

(7)药物反应,有服药史,如磺胺药、甘露醇等。

11. 咯血

咯血是指咽喉部以下的呼吸道出血,经咳嗽由口腔排出。支气管疾病、肺部疾病、某些心血管病(如风湿性二尖瓣狭窄)、某些全身性疾病(如血友病、血小板减少性紫癜、血友病等)和急性传染病(如流行性出血热等)均可引起咯血。

青壮年咯血多见于支气管扩张(咯脓血痰、伴发热)、肺炎(铁锈色痰、伴发热)、肺结核(伴胸痛、红色或棕红色痰或脓血痰)等。中年以上的人咯血痰或少量咯血,特别是有多年吸烟史的男性,多由于慢性支气管炎所致,但也要警惕支气管肺癌的可能性。

12. 皮肤黏膜出血

血液淤积于皮肤或黏膜下，形成红色或暗红色斑，压之色泽不退者，称为皮肤黏膜出血。出血如针头大小在 2mm 以下，称出血点，3~5mm 称紫癜，大于 5mm 者为淤斑；局部有隆起或有波动感者称血肿。出血的原因主要有血小板病变、血管性病变及凝血障碍。

血小板病变包括血小板减少性病变和血小板功能异常。血小板减少性出血的特点是皮下出血，压之不退色，常为下肢出血点、紫癜、淤斑，可伴有月经过多、鼻出血或牙龈出血，严重者可见血尿及黑便。血小板功能异常性出血的特点为血小板计数正常，出血轻微，以皮下多发淤斑、鼻出血或月经过多为主。

血管性病变主要有过敏性紫癜（四肢或臀部出现对称性、荨麻疹或丘疹样紫癜伴有关节痛及腹痛）、症状性非血小板减少性紫癜（主要表现为牙龈红肿及出血、紫癜，可有压痛，服用维生素 C 后迅速好转）、单纯性紫癜（慢性四肢偶发性淤斑，常见于女性月经期）和老年性紫癜（手、足伸侧淤斑，无其他出血症状）。

凝血障碍主要为凝血因子缺乏所致。自幼年即有创伤后出血不止，有关节疼痛或关节畸形史者，提示可能患有血友病。肝胆疾病（如肝硬化、慢性迁延性肝炎）、维生素 K 缺乏可导致凝血因子缺乏而出血。

13. 水肿

正常情况下，血浆的液体成分不断经毛细血管动脉端漏出，成为组织间液，又不断从毛细血管静脉端回流入血中，两者处于动态平衡。如果血浆液体成分从毛细血管的漏出量大于回流量，产生组织间隙液体积聚，称为水肿或浮肿。主要表现为水肿部位按之有陷坑且久而不退。

临床上可将水肿分为全身性水肿和局限性水肿两类。

全身性水肿：心脏病、肝硬化、肾炎、肾病综合征、营养不良（如肿瘤等慢性消耗性疾病、营养吸收不良性疾病、重度烧伤等）以及经前期综合征、某些药物可导致全身性水肿。不同疾病所导致的水肿各有特点。由于心脏病导致的水肿，水肿常先出现于人体最低部位，以后逐渐增加并向上蔓延；水肿可随体位变动而改变其部位。肾炎、肾病综合征引起的水肿，水肿先出现于眼睑和面部，并很快布及全身，程度可为轻度或中度。肝硬化所致水肿的特点是水肿发生缓慢，常先出现于踝部，后逐渐向上蔓延而头面部及上肢无水肿。营养性水肿特点是水肿前出现消瘦和体重减轻等表现。经前期综合征水肿特点为月经前 7~14 天出现眼睑、踝部与手部轻度水肿，可伴有乳房胀痛和盆腔沉重感，月经后消退。药物性水肿特点是用药后出现轻度水肿，停药后水肿消退。

局限性水肿：是由于局部病变导致局部静脉、淋巴回流受阻或毛细血管通透性增加所致。如局部炎症、创伤、过敏、肿瘤压迫局部静脉等。

14. 黄疸

由于胆红素代谢障碍，致使血中胆红素浓度增高，胆红素渗入组织，尤其是巩膜、黏膜和皮肤内，被染成黄色，称为黄疸。

血清胆红素的主要来源是血红蛋白。正常红细胞平均寿命为 120 天，衰老的红细胞被机体网状系统破坏和分解形成胆红素，经过肝脏一系列代谢，最后由肾脏排出体外。正常情况下，胆红素进入血液和离开血液循环的速度保持动态平衡，血清胆红素维持相对稳定。当血红细胞破坏增多（如地中海贫血、免疫性溶血、感染性溶血、中毒性溶血等），超过肝脏细胞移除能力而潴留在血中，超过一定浓度时,即形成黄疸。肝细胞功能受损(如病毒性肝炎、中毒性肝炎、肝硬化)使胆红素代谢发生障碍,也可使血中胆红素浓度增加而形成黄疸。各种原因(如胆结石、胆道肿瘤、胆道蛔虫等)阻塞胆道,使胆汁中的胆红素排泄不畅而返回体循环血液中,血液中胆红素浓度增高,从而形成黄疸。

不同原因导致的黄疸表现有所差异。黄疸伴有寒战、高热,可见于急性胆囊炎、败血症、疟疾、肝脓肿及其他原因引起的急性溶血等;黄疸伴肝肿大,可见于病毒性肝炎、急性胆道感染、肝脓肿、肝癌等;黄疸伴消化道出血,可见于肝硬变、重症肝炎、急性胆道炎症等;黄疸伴腹痛,持续性右上腹痛可见于肝癌、肝脓肿,阵发性绞痛多为胆道结石梗阻,轻度疼痛常见于病毒性肝炎或中毒性肝炎。

症状和体征是诊断疾病的重要依据。然而,疾病是一个非常复杂的生命现象,某种症状,如发热、疼痛等,在多疾病都可以发生,某种疾病通常都表现有多种不同的症状和体征;同时,由于个体反应性和耐受性的差异,症状和体征的表现也不是千篇一律的。因此,不能简单地通过某个症状或体征就得出结论,而应对患者的各种症状做出综合全面分析,必要时进行实验室检查,才能对疾病状况得出正确科学的判断。

(华　萍)